BIBLIOTHÈQUE SCIENTIFIQUE UNIVERSELLE

Dr PAUL MARIN

L'HYPNOTISME

THÉORIQUE ET PRATIQUE

COMPRENANT

LES PROCÉDÉS D'HYPNOTISATION

PARIS

ERNEST KOLB, ÉDITEUR

8, RUE SAINT-JOSEPH, 8

L'HYPNOTISME

THÉORIQUE ET PRATIQUE

COMPRENANT

LES PROCÉDÉS D'HYPNOTISATION

ÉMILE COLIN — IMPRIMERIE DE LAGNY.

Dʳ PAUL MARIN

L'HYPNOTISME

THÉORIQUE ET PRATIQUE

COMPRENANT LES

PROCÉDÉS D'HYPNOTISATION

L'HYPNOTISME ANCIEN — L'HYPNOTISME MODERNE
PROCÉDÉS D'HYPNOTISATION — SUJETS HYPNOTISABLES
PHÉNOMÈNES OBSERVÉS DANS L'HYPNOTISME
SUGGESTIONS HYPNOTIQUES — LES SOMNAMBULES LUCIDES
DANGERS DE L'HYPNOTISME
INFLUENCE DE L'HYPNOTISME SUR LES IDÉES
ET LES MŒURS ACTUELLES

PARIS

ERNEST KOLB, ÉDITEUR

8, RUE SAINT-JOSEPH, 8

Tous droits réservés

AU LECTEUR

Aujourd'hui tout le monde, ou à peu près, connaît l'hypnotisme... de nom. Les chroniqueurs ont, à l'envi, relaté les expériences de Donato et de Cumberland, de Charcot et de Dumontpallier. Plusieurs romanciers, et non des moindres, ont fait de la suggestion hypnotique le pivot de leur intrigue : J. Claretie dans JEAN MORNAS, Ad. Belot dans ALPHONSINE, etc. La peinture elle-même, voulant faire acte de « modernisme », n'a pas craint d'introduire au Salon de 1887 une LEÇON CLINIQUE A LA SALPÊTRIÈRE.

Le public extrascientifique en est-il mieux renseigné ? Il n'y paraît guère aux conversations que les gens du monde tiennent sur l'hypnotisme, et qui témoignent des idées vagues ou erronées qui ont *encore cours en l'an 1889. Pour les uns, c'est un simple objet de curiosité, bon à distraire l'esprit entre une partie de cartes et un tour de valse. Pour d'autres, c'est une chose merveilleuse, ayant sa place marquée entre le spiritisme et la magie noire, fleurant légèrement l'hérésie et le fagot. Celui-ci affecte d'en rire ou d'en nier l'existence; celui-là n'y voit que périls et embûches.*

Autant de mots, autant d'erreurs, bien pardonnables du reste à qui n'a pas approfondi la question. « Il y a quinze ans à peine, disait le professeur Proust, au mois de décembre dernier, dans une séance publique de l'Académie de médecine, on en était encore au souvenir de Mesmer et du marquis de Puységur. L'étrange engouement qui, durant plusieurs mois, avait attiré autour des fameux baquets de la place Vendôme, ou de l'arbre de Buzancy, les névropathes qui sont nombreux, et les amateurs du merveilleux qui ne sont pas rares, n'était pas fait pour conquérir l'attention des savants. On ne parlait de rien moins alors que de la guérison des maladies au moyen de pratiques bizarres, de la possibilité de la divination, de la transmission à distance de la pensée, de la transposition des sens, grâce à laquelle les sujets hypnotisés seraient doués de la merveilleuse faculté de voir avec la peau, entendre avec l'œil, goûter avec la main. L'énoncé de ces faits étranges devait plutôt détourner les investigateurs consciencieux que tenter leur esprit méthodique. »

Les choses en étaient là, lorsqu'au mois de novembre 1878 le professeur Charcot entreprit une série de leçons restées justement célèbres, dans lesquelles le savant médecin de la Salpêtrière montrait chez les hypnotisés « des phénomènes d'un nouvel ordre, ceux-là grossièrement tangibles et impossibles à simuler. » Immédiatement, changement à vue : le problème, ramené à ses proportions naturelles, reçoit auprès des hommes de science l'accueil qu'il mérite. Une avalanche d'observations, de critiques documentaires, s'abat sur le magnétisme ressuscité sous un autre nom (nous verrons que, théorie à part, magnétisme et hypnotisme sont une seule et même chose). Mais la plupart de ces écrits, suffisamment clairs pour ceux qui connaissent l'argot médical, font l'effet de casse-tête chinois aux profanes dont les notions sur le système nerveux s'arrêtent à la cervelle au beurre noir. Aussi le bon public persiste-t-il à confondre les hypnotiseurs avec les somnambules extra-lucides, qui, chacun le sait, guérissent le cancer et les cors aux pieds, font retrouver les objets perdus et les femmes égarées, etc.

C'est cette fâcheuse confusion, ce sont ces idées fausses sur l'hypnotisme, que nous tentons de faire cesser, en nous adressant à ceux qui, dépourvus d'études spéciales, ont néanmoins le désir très légitime d'être renseignés sur un sujet aussi plein d'actualité, c'est-à-dire à un très grand nombre de nos contemporains.

Les physiciens discutent encore sur la nature intime de l'électricité : attendrons-nous que cette discussion théorique soit close pour admettre l'existence de « cet état particulier des corps » qu'on nomme électricité, pour nous servir du télégraphe, du téléphone, et autres applications pratiques ? De même, la théorie de cette forme spéciale de sommeil, l'hypnotisme, est à l'état d'ébauche ; mais les conditions dans lesquelles on le voit apparaître, les particularités qui le caractérisent, ont été cent fois décrites par des savants dont l'autorité et la bonne foi ne font aucun doute. Que faut-il de plus pour affirmer son existence ? Ne trouvons-nous pas là le critérium requis par le déterminisme expérimental de Claude Bernard, qui recherche avant tout « le comment » d'un phénomène, quitte à en trouver plus tard « le pourquoi ? »

Second point, non moins important. L'hypnotisme a-t-il quelque chose de merveilleux en soi ou dans ses diverses manifestations ? Non, mille fois non ! C'est bien à tort que Virchow, le célèbre professeur de Berlin, posait à propos de Louise Lateau, la stigmatisée belge, dont nous aurons l'occasion de parler dans cet ouvrage, le dilemme connu : SUPERCHERIE OU MIRACLE ! Il est vraiment trop commode d'invoquer la simulation à propos de tout fait dont le mécanisme nous échappe. Quant aux miracles, il en est d'eux comme de la vertu :

> « Il faudrait être sot
> Comme un provincial débarqué par le coche
> Pour y croire. »

Sommeil artificiel, catalepsie, léthargie, somnambulisme, hallucinations, suggestions, stigmates : tout cela rentre dans la catégorie des phénomènes naturels, le merveilleux n'y joue aucun rôle. Contrairement à ce que disent quelques charlatans, qui voudraient s'arroger une puis.. .e imaginaire, le premier venu peut provoquer l' .pnotisme, pourvu qu'il se conforme aux règles que nous ferons connaître. Mais tout le monde n'est pas hypnotisable, et nous ne manquerons pas d'indiquer les sujets sur lesquels l'expérience a chance de réussir, ainsi que la façon de distinguer ceux-ci des individus réfractaires. Nous signalerons également les inconvénients qui peuvent résulter d'une application intempestive ou maladroite, chez des personnes très impressionnables.

Manié avec prudence, dans quelques cas déterminés, l'hypnotisme peut rendre de réels services, en contribuant à la guérison de certaines maladies, à la culture intellectuelle et morale de certains esprits vicieux. Par contre, entre des mains criminelles, il peut offrir de réels dangers, qu'il faut avoir le courage de regarder en face, l'autruche n'évitant pas le péril en cessant de le voir. C'est ainsi que l'hypnotisme affecte d'étroits rapports avec la médecine légale, comme avec la thérapeutique et la pédagogie.

La philosophie elle-même, et par suite la religion, sont intéressées par ces études. Car pendant le sommeil artificiel, les facultés intellectuelles paraissent dissociées, on peut saisir sur le vif le fonctionnement des diverses parties du cerveau. La psychologie s'en trouve éclairée d'un nouveau jour, et on peut prévoir le moment où l'expérimentation, source des immenses progrès réalisés par les sciences physiques, viendra remplacer en philosophie les hypothèses et les discussions chères à l'ancienne École.

Enfin, pour bien se rendre compte de l'état d'épanouissement où la science contemporaine a amené l'hypnotisme, il faut connaître les traces qu'on en peut trouver dans l'histoire. Sibylles de l'antiquité et somnambules de nos jours, magnétisés du XVIIIe siècle et hypnotisés du XIXe, sont proches parents : il est aussi intéressant qu'utile de rapprocher les erreurs anciennes des vérités nouvelles.

En résumé, nous n'avons pas d'autre but, pas d'autre prétention, que de dissiper les préventions qui règnent encore dans beaucoup d'esprits au sujet de l'hypnotisme; de montrer ce qu'on peut en espérer et en craindre; d'indiquer les moyens qui servent à le provoquer et les diverses façons dont il se manifeste; de mettre en garde contre les dangers que présenterait l'abus qui en serait fait par des individus inexpérimentés ou mal intentionnés. Nous avons cherché surtout à rendre compréhensible pour tous ce qui n'a été compris jusqu'ici que par le plus petit nombre : le temps n'est plus où la science, s'enveloppant de voiles impénétrables, dédaignait de se faire connaître du commun des mortels, et, pareille aux divinités hindoues ou égyptiennes, ne révélait ses prétendus mystères qu'à de rares privilégiés.

Dr PAUL MARIN.

L'HYPNOTISME

THÉORIQUE ET PRATIQUE

COMPRENANT

LES PROCÉDÉS D'HYPNOTISATION

I

CONSIDÉRATIONS HISTORIQUES GÉNÉRALES

Les trois âges de l'hypnotisme. — Le démon familier de Socrate. — Les extatiques célèbres. — La seconde vue. — Pythies, Sibylles et Pythonisses. — Sorcières et possédés. — Le *sigillum diaboli*. — Convulsionnaires de saint Médard. — Guérisseurs anciens et modernes.

Les adeptes du positivisme admettent, à l'exemple d'Auguste Comte et de Littré, que la philosophie a passé par trois phases successives, *théologique*, *métaphysique* et *positive*, correspondant à trois étapes parallèles de la civilisation. On peut, en modifiant légèrement la formule, en dire autant de toutes les connaissances humaines, et particulièrement de l'hypnotisme, qui, sous divers noms, ou même sans nom, présente dans son histoire trois périodes distinctes :

Période mystique ou *théologique*, dans laquelle les prêtres de toutes les religions expliquent ce qui leur semble extraordinaire par l'intervention de personnages surnaturels, d'essence divine ou diabolique ;

Période empirique (ce qui ne veut pas dire *expérimentale*), pendant laquelle les influences célestes ou infernales sont remplacées par un pouvoir simplement humain, mais dévolu, dit-on, à quelques personnages exceptionnellement doués, qui ne se font pas faute d'en abuser pour exploiter la crédulité de leurs semblables ;

Période scientifique ou contemporaine, dans laquelle sont enfin établies sur des bases solides les lois et conditions déterminantes du sommeil artificiel.

La première période s'étend de l'antiquité la plus reculée jusqu'à l'apparition de Mesmer, de l'origine de l'homme à la seconde moitié du siècle dernier. Au début de cette longue étape, l'histoire de l'humanité est faite de traditions obscures ou inacceptables; et si plus tard les documents écrits remplacent les simples légendes, l'amour du merveilleux y tient une trop grande place pour que nous puissions, au point de vue qui nous occupe, leur accorder une confiance aveugle. Enregistrer les récits des anciens auteurs ne suffit pas : il faut les interpréter, tâche parfois aussi ardue que celle de Cuvier reconstituant les formes de l'éléphant fossile, ou de Champollion expliquant les hiéroglyphes.

Mais avant d'entreprendre ces fouilles dans les vieux parchemins, il me paraît indispensable de donner une définition succincte des divers phénomènes que nous y trouverons relatés. Une description plus complète sera faite dans les chapitres qui suivent : je ne veux ici que fixer les idées sur ce qu'il faut entendre par *catalepsie, léthargie, somnambulisme, extase*, etc.

Chez l'individu atteint de *catalepsie*, tout mouvement volontaire est momentanément impossible ; mais les membres, le tronc, la tête, présentent la singulière propriété de garder pendant un temps prolongé les attitudes qu'une autre personne leur fait prendre, ou qu'ils avaient au début de l'attaque.

La *léthargie* est un sommeil profond, pendant lequel l'usage des sens est aboli ; on peut parfois l'interrompre en interpellant le malade à haute voix, mais celui-ci retombe dans son sommeil dès que cesse cette excitation, qui même n'est pas toujours suivie d'effet.

Le *somnambule* est celui qui, pendant son sommeil, parle, va, vient, exécute des mouvements divers, accomplit des actes plus ou moins compliqués, et a perdu, au réveil, tout souvenir de ces actions automatiques.

L'*extase*, médicalement parlant, est un état nerveux dans lequel une idée quelconque, religieuse le plus souvent, prend une telle exaltation que toutes les facultés intellectuelles sont absorbées par elle, que tous les mouvements sont suspendus, que toutes les sensations cessent d'être perçues.

On nomme *anesthésie* la privation plus ou moins complète de la faculté de sentir les impressions physiques; et *hyperesthésie* l'augmentation de cette faculté, qui fait que le plus léger contact est douloureux, que le moindre bruit est entendu à une distance plus considérable ou avec une netteté plus grande que d'habitude, etc.

Les *hallucinations* sont des perversions des sens, en vertu desquelles on croit voir une personne ou un objet qui ne sont pas présents, sentir une odeur qui n'existe pas, etc.

Toutes ces modifications dans le fonctionnement du système nerveux peuvent apparaître spontanément chez les névrosés, chez ces individus mal équilibrés qui se laissent guider par l'instinct plutôt que par la raison, et surtout chez les hystériques; l'anesthésie, en particulier, est souvent un aussi bon signe d'hystérie que les attaques complètes avec perte de connaissance et convulsions. Elles peuvent aussi être provoquées à l'aide de différents procédés, très simples pour la plupart et bien connus aujourd'hui. On a ainsi une *catalepsie artificielle*, une *léthargie artificielle*, un *somnambulisme artificiel*, etc., tout à fait semblables à la catalepsie, à la léthargie spontanées que nous venons de voir. Or, ces états artificiellement provoqués, et le sommeil, également provoqué, pendant lequel ils se manifestent, ne sont pas autre chose que le *magnétisme* ou l'*hypnotisme*. On peut à la rigueur leur donner indifféremment ces deux noms : le second est cependant préférable au premier, qui implique une théorie absolument fausse comme nous le verrons.

Si enfin nous convenons d'appeler *suggestion* l'influence que l'hypnotiseur exerce sur l'hypnotisé, nous avons en main tous les éléments nécessaires pour apprécier et réduire à leur juste valeur les faits soi-disant surnaturels qui formaient et forment encore le fond des préjugés populaires, divination de l'avenir, lecture de la pensée, transposition des sens, guérison des maladies par des ignorants, etc.

L'histoire cite un grand nombre d'hommes célèbres, qui, sous l'influence d'une idée fixe, d'une profonde méditation, tombaient en une extase, d'où les commotions physiques avaient peine à les tirer. Tel Archimède sortant du bain, et parcourant les rues de Syracuse en criant *Eurêka*, après avoir trouvé le moyen de déterminer la pesanteur spécifique des corps. Tel Newton « tombant évanoui et foudroyé par l'extase » après la découverte de l'attraction. Tel encore Socrate, qui, au siège de Potidée, resta dans la campagne, debout, immobile, pendant vingt-quatre heures consécutives ; c'est à cette extase prolongée que Platon fait allusion, lorsqu'il fait dire par Aristodème, personnage d'un de ses dialogues : « Laissez Socrate où il est ; il lui arrive souvent de s'arrêter ainsi, en quelqu'endroit qu'il se trouve ; vous le verrez bientôt, si je ne me trompe ; ne le troublez pas et ne vous occupez pas de lui. »

Une autre particularité propre au grand philosophe d'Athènes, et qui se rapporte aussi directement à notre sujet, c'est le *démon familier* qu'il prétendait consulter souvent, et dont la nature a été diversement interprétée. « Qu'était-ce, dit Paul Janet, que ce démon familier dont on a tant parlé ? Socrate a-t-il cru à un dieu particulier chargé de veiller sur lui seul, et admettait-il sérieusement l'existence des demi-dieux ou démons dont il s'autorise pour se défendre dans l'*Apologie*? Socrate était-il un mystique, comme le pensent les uns ? un monomane, comme on a osé l'écrire ? Était-ce enfin un imposteur qui jouait l'illuminisme pour tromper ses adeptes ? Socrate était un personnage très complexe, chez lequel mille nuances s'unissaient sans se confondre. Sans doute la raison dominait en lui, mais non sans que l'inspiration y eût aussi son rôle, et une inspiration tellement mesurée qu'elle était rarement sans un mélange de douce ironie. Cette inspiration paraît n'être chez Socrate, pour la plupart du temps, que la voix vive et pressante de la conscience ; mais quelquefois elle était quelque chose de plus, elle prenait un caractère prophétique, et enfin il était des moments *où elle était presque de l'extase.*... Il y avait, sans aucun doute, quelque chose de mystique dans l'âme de Socrate. »

Chez sainte Thérèse et saint François d'Assise, l'idée fixe qui engendrait l'extase était d'origine religieuse. Chez Jeanne d'Arc, elle était de nature patriotique : car on peut dire, avec tout le respect dû à la mémoire de l'héroïne d'Orléans, que ses entretiens avec saint Michel, sainte Catherine ou sainte Marguerite, étaient de pures hallucinations, produites par l'état extatique dans lequel tombait cet esprit mystique, surexcité par les dangers et la honte de l'occupation étrangère.

Les fakirs de l'Inde et les moines chrétiens du mont Athos tombent en extase et en catalepsie à volonté, pour la plus grande gloire de la divinité et l'édification des fidèles : les premiers en regardant le bout de leur nez pendant quelques minutes, les seconds en contemplant leur nombril, qui, reliant le fœtus à la mère, est le point le plus sacré du corps. Nous verrons ailleurs que le procédé d'hypnotisation indiqué par Braid consiste précisément dans la fixation prolongée des regards sur un objet déterminé. Retenons simplement, pour le moment, que l'extase et la catalepsie ont été, de temps immémorial, provoquées par des moyens psychiques ou physiques qui n'ont rien de surnaturel, et poursuivons notre étude archéologique.

Les lecteurs de Walter Scott se rappellent que quelques personnages du fécond romancier possédent la faculté de voir des choses éloignées ou futures, sont douées de *seconde vue* en un mot. J'ignore ce que les montagnards d'Écosse pensent de cet heureux privilège. Mais je sais bien que nombre de Français y croient fermement, puisque la divination de l'avenir forme le plus clair des bénéfices des somnambules de la foire et autres lieux. M. Moutin, auteur de l'*Hypnotisme moderne*, y croit aussi, mais avec de sages restrictions. « La double vue existe, dit-il, mais il ne suffit pas d'endormir une personne quelconque pour obtenir, du premier coup, la lucidité. On serait même particulièrement favorisé si, sur vingt sujets, on rencontrait un voyant, et encore constaterait-on beaucoup d'éclipses dans sa lucidité. On doit se garder de prendre toujours au pied de la lettre ce qu'un sujet, même très voyant, pourra dire; car, à côté de la vérité, il y a de grandes erreurs. Qu'on ne lui demande pas de lire dans l'avenir : le règne de sorciers est passé. » Que reste t-il alors de la seconde vue? Je me le demande.

Mais les anciens, plus illusionnables, ne mettaient pas en doute oracles et prédictions, et on sait le rôle que jouaient, chez les Grecs et les Romains, Pythies, Sibylles et Pythonisses. Que furent ces prêtresses, qui transmettaient aux simples mortels les volontés divines, et leur faisaient connaître l'avenir? Des hystériques évidemment, des névrosées que les prêtres choisissaient avec soin, et qu'ils mettaient dans un état d'extase, de délire, d'hallucinations, de convulsions, à l'aide de manœuvres dont la connaissance est arrivée jusqu'à nous.

La *Pythie*, par exemple, était généralement une femme jeune, sujette à des crises nerveuses. Après un jeûne de trois jours, le front ceint de laurier dont elle mâchait en même temps des feuilles, et dont les émanations avaient sur le cerveau une influence excitante, elle prenait place, dans le temple de Delphes, sur un trépied recouvert de la peau du serpent Python, tué par Apollon. Ce trépied était placé au-dessus d'une ouverture ou crevasse, d'où sortaient d'épaisses vapeurs, fortement odorantes, peut-être naturelles, plus probablement artificielles, et chargées de parfums enivrants. Entourée de très près par les prêtres du temple, menacée même par eux quand l'esprit prophétique ne se montrait pas assez vite, subissant de leur part une influence suggestive d'autant plus forte qu'elle-même était ordinairement de basse extraction et d'instruction très élémentaire, étourdie par l'odeur du laurier et des vapeurs qui se répandaient autour d'elle, elle commençait à s'agiter sur son siège ; tout son corps tremblait, l'écume paraissait à sa bouche, ses cheveux se dressaient sur sa tête.

...... On la voit, la tête échevelée,
Le cou gonflé de sang, la poitrine essoufflée.
Sa taille s'agrandit, sa voix n'a rien d'humain.
Car le dieu s'approchait et lui brûlait le sein.

1.

Vous riez? Je voudrais bien vous voir avec un dieu vous brûlant le sein. La Pythie, elle, ne riait pas. Au milieu de cris et de hurlements qui, paraît-il, annonçaient la présence de l'esprit divin, elle articulait quelques paroles plus ou moins intelligibles, dictées souvent par les prêtres eux-mêmes. Ceux-ci, en tout cas, s'empressaient de les traduire en vers au moins médiocres, qu'ils transmettaient, toujours sans rire, aux questionneurs, et la farce était jouée. Il est vrai que la réponse était généralement conçue en termes ambigus, propres à contenter tout le monde; témoin Pyrrhus, qui reçut cette mirifique consultation: *Romanos Pyrrhum vincere posse*, ce qui signifie, au choix, qu'il pourra vaincre les Romains ou être battu par eux; s'il fut défait à Bénévent, il ne put s'en prendre qu'à lui-même. Il est encore vrai qu'après chacune de ces séances la malheureuse jeune fille tombait exténuée, comme au sortir d'une crise, et qu'une mort prématurée était pour elle le revers de la médaille: mais qu'importe! Le *sujet* n'intéressait pas plus les magnétiseurs de ce temps-là, que ceux de notre époque.

Apollon était le dieu des oracles par excellence, la Pythie était sa prêtresse. Mais les autres habitants de l'Olympe, et surtout leurs représentants sur la terre, ne pouvaient tolérer qu'un privilège si fertile en pots-de-vin de toute nature fût l'apanage d'un seul: de là, les *Sibylles*, qui, inspirées d'abord par Jupiter en personne, le furent ensuite par des dieux de moindre importance. La plus ancienne opérait à Erythrée; mais Cumes possédait la plus célèbre; Tibur, Ancyre, etc., eurent leurs sibylles ; à Delphes même, une concurrence s'établit, porte à porte avec la Pythie : je ne sais laquelle était au coin du quai, mais on ne rendait l'argent nulle part. Les Sibylles étaient également des femmes nerveuses, influencées par les prêtres, dont les prophéties n'étaient quelque peu véridiques que si elles étaient postérieures à l'événement qu'elles avaient la prétention d'annoncer.

Une dernière variété de ces devineresses, intermédiaires aux hommes et aux dieux, ce sont les *Pythonisses*, qui ont laissé moins de traces dans l'histoire, à l'exception pourtant de la Pythonisse d'Endor.

On montre encore, en Palestine, la grotte qu'habitait cette prophétesse, qui eut l'honneur d'évoquer devant Saül l'ombre de Samuel, laquelle prédit à celui-ci une mort prochaine : reconnaissant de cette prédiction, et pour être sûr qu'elle ne serait pas en défaut, Saül ne tarda pas à se percer de son épée. Cette Pythonisse semble donc avoir joint à ses autres petits talents celui de *médium*... avant la lettre, ce qui montre, une fois de plus, la vénérable antiquité du spiritisme.

Qui ne reconnaîtrait dans tous ces faits soi-disant divins les conditions de l'hypnotisme expérimental, tel que nous le pratiquons aujourd'hui ? Il s'agit toujours de femmes, et de femmes *atteintes de crises nerveuses*, disent les auteurs : traduction vraie, *hystériques*. Leurs sens sont mis en état d'éréthisme par des parfums violents, par la musique exécutée dans le temple, par le goût et l'odeur du laurier. Leur imagination, naturellement superstitieuse, est frappée par la majesté du lieu, par l'attente de la divinité, par le rôle surhumain qu'on les force à jouer. Bref, elles tombent dans un état de somnambulisme artificiel, pendant lequel ceux qui l'ont provoqué, les prêtres, ont toute autorité sur elles, et peuvent leur dicter la réponse à faire. Nervosité, surexcitation des sens et de l'imagination, suggestion : ces trois termes de l'hypnotisme moderne se retrouvent dans les jongleries anciennes.

Je cite, pour mémoire, les *voyants* Chaldéens, qui ne devaient qu'à eux-mêmes le don de seconde vue ; et les *mages*, les disciples de Zoroastre, dont le savoir était certainement bien plus étendu que celui de leurs contemporains, mais qui eurent le tort, pour éblouir ceux-ci et conserver leur prestige sacerdotal, de se dire doués de pouvoirs surnaturels, tels que celui de la divination : de mages, ils sont devenus magiciens ; les savants ont fait place aux charlatans.

« La *sorcellerie*, a-t-on dit, est sœur cadette de la *magie*. » Mais quelle différence entre les deux parentes ! La magie prétend commander aux éléments, disposer à son gré de puissances surhumaines, etc. : elle est, en somme, poétique, attrayante comme les contes de fées; ses prodiges sont bienfaisants; elle n'asservit pas l'âme, elle ne touche au corps que pour le guérir. La sorcellerie, au contraire, fait intervenir sans cesse des génies malfaisants, les démons, le diable même, et les services qu'ils rendent sont achetés au prix du bûcher dans ce monde, de la damnation éternelle dans l'autre.

Sorciers et sorcières ne datent pas d'hier. Philostrate, qui vivait au deuxième siècle de notre ère, raconte ceci dans la *Vie d'Apollonius de Tyane*: « Les sages indiens que présidait Jarchas furent abordés par une femme qui réclamait leurs secours pour son fils, âgé de seize ans, qu'elle disait être depuis deux ans possédé par un démon. Ce jeune homme en avait perdu l'esprit, il avait pris du dégoût pour l'étude, abandonnait les amusements de son âge, fuyait la maison paternelle pour courir les campagnes solitaires; il avait même, disait sa mère, perdu l'usage de sa propre voix pour en prendre une plus grave. Il semble voir aussi, ajoutait-elle, par d'autres yeux que les siens; j'ai beau l'avertir, et le conseiller pour le bien, il ne m'écoute pas, et ne souffre pas mon aspect. — L'Indien dit à la mère: Ayez pleine confiance, le démon ne tuera pas votre fils si vous lui portez ceci à lire. La lettre était adressée à l'esprit, et contenait de violentes menaces s'il n'abandonnait pas le corps du jeune homme sans lui faire de mal. » Voilà donc une tentative d'exorcisme par correspondance, exécutée, il y a dix-huit siècles, sur un garçon qu'on peut soupçonner, en raison de son âge et des troubles décrits, atteint d'un dérangement mental assez fréquent au moment de la puberté.

Mais jusqu'au treizième siècle, les *possédés* étaient rares. La venue du Christ sur la terre avait été le signal de la mort des dieux ; le règne des sybilles était fini, celui de Satan n'était pas commencé. « D'où date la sorcière ? Je dis sans hésiter : Des temps du désespoir. Du désespoir profond que fit le monde de l'Église. Je dis sans hésiter : la sorcière est son crime. » Telle est l'idée profondément juste qu'a développée Michelet dans son immortelle étude sur les origines de la sorcellerie. C'est de l'écrasement physique et moral que l'Église et la Féodalité faisaient sentir à la machine humaine, qu'est né le pacte avec le diable : Jésus s'était fait impitoyable, on lui déclarait la guerre ; et naturellement on appelait à l'aide l'esprit des ténèbres, dont la puissance n'est guère inférieure à celle du Dieu de lumière. Quoi d'étonnant à ce que les bulles du Pape associent, pour les condamner ensemble, l'hérésie et la sorcellerie, puisque l'une ne va pas sans l'autre !

C'est du treizième au dix-septième siècle que les procès de sorcellerie abondent, tant en Suisse et en Allemagne, pays de protestantisme, qu'en Espagne et en France, restées fidèles à la cour de Rome : Satan n'a pas de religion. « Il n'y eut jamais une telle prodigalité de vies humaines. Sans parler de l'Espagne, terre classique des bûchers, où le Maure et le Juif ne vont jamais sans la sorcière, on en brûle sept mille à Trèves, et je ne sais combien à Toulouse; à Genève, cinq cents en trois mois (1513), huit cents à Wurtzbourg, presque d'une fournée, mille cinq cents à Bamberg (deux tout petits évêchés!) Ferdinand II lui-même, le bigot, le cruel empereur de la guerre de Trente ans, fut obligé de surveiller ces bons évêques; ils eussent brûlé tous leurs sujets. » (Michelet.) En France, il n'y en avait pas moins de trois cent mille au commencement du dix-septième siècle.

Qu'ils aient lieu à Cambrai (1491), à Nantes (1549), à Angers (1599), à Marseille (1610), à Loudun (1632), à Louviers (1640), à Auxonne (1652), qu'ils coûtent la vie à Gaufridi, à Urbain Grandier, à Boullé ou à d'autres, ces procès révèlent toujours les mêmes prodiges chez ceux ou celles qui sont *possédés* du démon, ou qui, s'étant donnés volontairement à lui, sont qualifiés de *sorciers* : pâmoisons et extases, léthargie et insensibilité, convulsions et attitudes bizarres, divination de la pensée et connaissance de toutes les langues, etc.

Eh bien, tout cela n'est pas plus prodigieux que les oracles sibyllins, et peut s'expliquer par les mêmes causes. « Pour un sorcier, dix mille sorcières », dit un contemporain de Louis XIII. « Au seizième siècle, sur deux cents accusations de sorcellerie, plus des trois quarts concernaient des femmes », écrit le docteur Ladame (de Genève). C'est que, tout simplement, l'hystérie a toujours été le terrain de prédilection des phénomènes ultra-nerveux et que l'hystérie est infiniment plus fréquente dans le sexe féminin que dans l'autre. De plus, qu'étaient ces femmes possédées ou sorcières? Tantôt des religieuses, dont l'imagination et les sens étaient surexcités par la mysticité des cloîtres, les pratiques religieuses, une attente vague de l'inconnu ; tantôt des misérables créatures, que les privations, les chagrins, les tribulations de l'existence, avaient rendues aliénées. Que chez des sujets ainsi prédisposés, survienne la moindre secousse nouvelle, physique ou morale, crainte de persécutions ou influence d'un personnage doué d'un ascendant irrésistible, et l'on voit apparaître la série de faits anormaux que les esprits crédules ou prévenus attribuaient à une action diabolique.

A Loudun, d'après la lettre d'un témoin oculaire, citée par le docteur Legué, la supérieure « avait les bras tournés et les mains aussi, les joues fort enflées, tirait la langue hors de la bouches... Ses pieds paraissaient crochus... A l'une de ses convulsions, s'est levée sur sa couche, sa tête étant soutenue par une religieuse, son corps aussi par quelques-uns qui étaient le plus près de sa personne ; a élevé son bras vers la porte et ne touchait que d'un pied à sa couche. »

Une autre Ursuline « fut jetée sur le carreau, où le diable exerça sur elle de grandes violences ; il la renversa trois fois en arrière *en forme d'arc*, en sorte qu'elle ne touchait au pavé que de la pointe des pieds et du bout du nez. » Ces attitudes appartiennent à la catalepsie, cette courbure du corps en arc de cercle caractérise les convulsions hystériques.

A Louviers, à Auxonne, la léthargie alternait avec la catalepsie dans le monde des religieuses. « Il y en a parmi elles, raconte Lebreton, qui se pâment et s'évanouissent durant les exorcismes, comme à leur gré... Pendant cet évanouissement, qui dure quelquefois une demi-heure et plus, l'on ne peut remarquer ni de l'œil ni de la main aucune respiration en elles. »

En maint endroit, les possédés avaient le don des langues, discouraient en latin surtout. Or les somnambules ont perdu, au réveil, le souvenir de ce qui s'est passé durant le sommeil lui-même ; mais pendant que celui-ci existe, leur mémoire est, au contraire, exaltée. Quoi d'étonnant à ce que des religieuses, habituées à réciter chaque jour le latin des offices, en aient retenu des bribes suffisantes pour composer des phrases que le vulgaire admirait, sans les comprendre? Un enfant de chœur ou un chantre de village en ferait autant! Quant à la divination de la pensée, à l'obéissance passive que ces mêmes religieuses manifestaient à l'égard de certaines personnes, il faut y voir l'influence de la suggestion, jointe à l'extrême acuité de l'ouïe qui a été cent fois constatée chez les somnambules hystériques.

Mais ce qui faisait principalement reconnaître l'action du diable, et distinguer ceux ou celles qu'il avait marqués de son sceau, c'était l'insensibilité à la douleur. On enfonçait donc dans la chair des misérables des aiguilles bien piquantes, des fers rougis au feu ; et quand le médecin, associé pour la circonstance aux membres des Parlements et de la haute Inquisition, avait trouvé sur ce corps palpitant un point, un seul, qui restât insensible, on triomphait : c'était le *sigillum diaboli*, le bûcher pouvait s'allumer, le bourreau était satisfait, une nouvelle sorcière allait rejoindre ses sœurs ! Aujourd'hui nous disons : cette insensibilité à la douleur, unie à quelques autres troubles nerveux et musculaires, est un signe certain d'hystérie ; on avait brûlé une hystérique de plus ! Mais un jour vint où le médecin, plus instruit ou plus humain, refusa son concours à cette sinistre comédie, s'aperçut que ces associés du diable, ces *démoniaques* comme on les appelait, étaient des monomanes, des malades dont la place était dans des asiles d'aliénés et non sur les bûchers ; ce fut la fin des procès de sorcellerie, qui ne cessèrent pourtant qu'en 1682.

Les « maladies épidémiques de l'esprit », suivant le mot heureux du docteur P. Regnard, étaient-elles terminées ? Non pas. Les pessimistes affirment même qu'elles ne le seront jamais. L'homme a un instinct d'imitation très développé, qui n'a rien de bien fâcheux quand il se révèle par la mode, si ridicule qu'elle soit, mais qui malheureusement se traduit aussi par des vésanies sociales, c'est-à-dire par des troubles nerveux, intellectuels surtout, affectant un grand nombre d'individus. Nous en trouvons la preuve dans la pullulation de sorciers dont trois siècles consécutifs furent les témoins; et dans cette danse de saint Guy ou saint Wyt (quelques-uns disent saint Jean) qui atteint à la fois plusieurs enfants d'une même famille ou d'une école, et qui, au quinzième siècle, avait pris les caractères d'une vaste épidémie. « En 1643, à Metz, ce fut une merveilleuse chose, dit un chroniqueur, que, dans la ville et en plusieurs lieux, beaucoup dansaient du mal de saint Jean ; le plus grand nombre étaient des jeunes gens et des femmes, ils dansaient tant et si longuement, qu'ils n'en pouvaient plus, et tombaient à terre quasi comme morts Il en vint beaucoup à Metz, mais on les fit mener hors avec défense de rentrer dans la ville. »

Ces aberrations collectives se retrouvent au xviiie siècle, mais sous une autre forme. La démonomanie fait place à la théomanie, Satan à Dieu ou à ses saints, la sorcière à la miraculée. Tout le monde a entendu parler de ce diacre Pâris, qui, devenu janséniste, mourut en 1727, et fut enterré au cimetière de Saint-Médard. La vie austère qu'il avait menée, la philanthropie dont il avait fait preuve à la fin de ses jours, furent sans doute l'origine du bruit qui se répandit tout à coup, que des miracles s'opéraient sur sa tombe. Aussitôt hommes et femmes (femmes surtout, comme toujours) affluent en cet endroit, et non pas seulement ce qu'on appelait les manants, mais des personnes de qualité, comme le cardinal de Noailles, qui enregistrait les guérisons jour par jour. Il n'y avait jusque-là que demi-mal ; mais une assistante, plus émotionnable que ses voisines, ayant été prise d'une crise violente dans l'enceinte du cimetière, les autres femmes entrèrent en convulsions (d'où leur nom de *convulsionnaires*), pendant lesquelles elles aboyaient, sautaient, se faisaient torturer sans manifester de douleur, etc. Un jour enfin, l'autorité, émue des scènes scandaleuses qui s'y répétaient quotidiennement, fit fermer l'enclos, et comme il faut, en France, que tout finisse par un bon mot, quelqu'un écrivit sur la porte :

> De par le Roy défense à Dieu,
> De faire miracle en ce lieu.

Il est bien évident que les convulsionnaires étaient des détraquées pour la plupart, que les crises étaient le résultat de l'imitation, que les prodiges n'étaient dus qu'à l'imagination. Celle-ci joue un si grand rôle dans les guérisons miraculeuses ! Et la liste en est longue, depuis l'amulette ou le talisman des temps antiques, jusqu'aux cures opérées par le zouave Jacob ou Notre-Dame de Lourdes ! Les rois de France guérissaient autrefois les écrouelles et autres maladies en touchant simplement ceux qui en étaient atteints Au xvɪɪ siècle, Valentin Greatrakes, Irlandais, tour à tour soldat et juge de paix, jouissait du même pouvoir. Au xvɪɪɪ, Gassner, chanoine de Ratisbonne, traitait spécialement les douleurs nerveuses, en promenant les mains sur diverses parties du corps, et frottant les régions douloureuses à sa ceinture, à son étole ou à son mouchoir: pour la forme, il prononçait en latin de cuisine quelques paroles d'exorcisme ; en réalité, il faisait des passes magnétiques. Car l'imposition des mains n'a pas d'autre effet que de provoquer chez certains sujets un état particulier du cerveau, dans lequel ils sont plus accessibles à ce que nous appellerons plus loin : *suggestion pendant la veille.*

» De nos jours, dit le docteur Cullerre, il y a encore des guérisseurs, des sorciers et des possessions démoniaques » ; et, à l'appui de son dire, il cite l'extrait suivant du *Libéral de la Vendée*, du 18 avril 1884.

« La gendarmerie de Noirmoutiers vient de dresser procès-verbal contre un individu de Barbâtre qui, depuis plus de quarante ans, s'attribue le privilège de guérir les humeurs froides, et cela par un simple attouchement, en débitant parfois certaines prières au-dessus de la portée du vulgaire. Bien entendu que les prétendues cures ne se faisaient pas pour rien. Toute peine mérite salaire, et notre individu ne se ménageait pas. Aux cinq premières fêtes de l'année, dès minuit il était debout. Il agissait ainsi au vu et au su de tout le monde ; car, à Barbâtre, on croit fort au surnaturel. Il s'était même muni d'une patente de... devinez?... de maréchal-expert. Il croit fort, paraît-il, à son pouvoir. Il faut dire qu'il est *septième garçon*, et qu'il porte sous la langue une belle *fleur de lys*. D'ailleurs, beaucoup de personnes affirment avoir été guéries par lui...

Il y a aussi, et cela naturellement, puisque le remède est à côté du mal, beaucoup de sorciers ; les uns vous donnent la fièvre, d'autres la colique ; celui-ci empêche les vaches d'avoir du lait ; celui-là ne veut pas qu'on puisse faire du beurre avec la crème ; le plus fort tire le lait des vaches de ses voisins sans les toucher, ni même les voir. Mais ils sont plus à plaindre qu'à redouter, et on peut les laisser tranquilles malgré tous leurs méfaits. »

Ainsi, dans sa période mystique, sentimentale, théosophique, le magnétisme, ou l'hypnotisme, pour nous servir de l'expression actuelle et plus exacte, avait jeté dans l'esprit des hommes de telles racines, qu'on en retrouve encore des traces en Europe, et à plus forte raison dans les contrées d'Asie et d'Afrique moins avancées en civilisation. Il s'est ignoré longtemps, mais il se manifestait par des phénomènes de deux ordres : les uns, parfaitement vrais, que nous pouvons constater, provoquer même facilement, et dont l'explication était alors scientifiquement impossible ; les autres absolument faux, dont la tradition nous a été laissée par des hommes intéressés ou trop crédules. Les premiers, rigidité cataleptique, état léthargique, sommeil somnambulique, influence suggestive, sont du domaine de l'hypnotisme sérieux, expérimental ; les seconds, prédiction des choses futures, guérisons miraculeuses, divination de la pensée, n'appartiendront jamais qu'aux charlatans. Quoique cette distinction n'ait pu être faite que dans ces dernières années, et que le baptême scientifique de l'hypnotisme soit de date bien récente, il est hors de doute que ses diverses manifestations ont été connues de tout temps. C'est ce que montrent suffisamment, je pense, les pages précédentes, qui nous ont progressivement amenés à la fin du XVIIIe siècle et à l'éclosion du mesmérisme.

II

MESMER ET LE MAGNÉTISME ANIMAL

Débuts de Mesmer à Vienne. — Pratiques mesmériennes. — Le baquet magnétique. — Démêlés de Mesmer avec les Sociétés savantes de Paris. — Intervention de Louis XVI et de Marie-Antoinette. — Rapports des commissaires royaux. — L'enfer aux convulsions. — Théorie du magnétisme animal. — Critique du mesmérisme.

Au mois de février 1778, Voltaire, le grand pourfendeur de miracles, faisait son dernier voyage à Paris, qui devait « l'étouffer sous des roses. » Le même mois de la même année, arrivait dans cette ville un homme qui prétendait réaliser le plus prodigieux des miracles : la santé rendue à tous les malades, si désespéré que fût leur état, et cela sans médicaments, sans intervention divine ou diabolique, par la seule puissance du *fluide magnétique*. Cet homme était Mesmer.

Né en 1734, dans une petite ville des bords du lac de Constance, Mesmer étudia la médecine à Vienne, et y reçut, en 1766, le grade de docteur, après avoir soutenu une thèse intitulée *De planetarum influxu*, où il parle déjà d'un fluide universel, par l'intermédiaire duquel les corps célestes exercent une influence sur les corps animés de la surface de la terre ; mais à cette époque, il jugeait lui-même que sa théorie était « moins une doctrine à recevoir qu'un système à examiner. » Aussi commença-t-il par expérimenter, de concert avec le père Hell, l'action de l'aimant et des plaques aimantées dans le traitement des maladies ; et, comme il s'adressait surtout aux affections nerveuses, il obtint quelques succès, du moins s'il en faut en croire ses *Mémoires et Aphorismes*.

Un jour, il supprima l'aimant, qu'il remplaça par la simple application des mains sur les parties malades. Ayant cru reconnaître que les effets obtenus étaient identiques, il conçut l'idée d'une force analogue à celle de l'aimant minéral, dont seraient doués, mais d'une façon inégale, les êtres animés ; ainsi naquit la doctrine du *magnétisme animal*. Son auteur s'empressa de la publier dans une *lettre à un médecin étranger sur la cure magnétique* (1775), et tenta de l'exploiter à Vienne, dans un hôpital expressément fondé pour la vulgarisation de la précieuse découverte. Les Viennois, enthousiastes d'abord, furent refroidis ensuite par la fugacité des cures annoncées à grand fracas. Les médecins surtout, gens sceptiques par nature, ne pouvaient se faire à cette idée qu'un homme pût détenir une si grande quantité de fluide à lui seul. Bref, Mesmer fut prié d'aller ailleurs continuer ses jongleries : sévères, mais justes, les Viennois !

C'est ce qui nous valut son passage en France. A Paris, les mêmes scènes se reproduisirent, mais considérablement augmentées. Si l'incrédulité scientifique poursuivit Mesmer dans la capitale du monde civilisé, la gloire en gros sous ne lui fut pas marchandée par ces dupes éternelles qui forment la clientèle des charlatans médicaux, politiques ou financiers. Ici l'enthousiasme fut d'autant plus grand qu'à la fin du xviiie siècle hommes et femmes avaient besoin d'émotions neuves, plaisantes ou sinistres ; que le magnétisme animal s'adressait surtout aux maladies réputées incurables ; que les procédés employés étaient d'une étrange nouveauté.

Au début de sa pratique, Mesmer touchait individuellement les malades. Placé en face du sujet, « de manière à opposer les pôles magnétiques, on commence par mettre les mains sur les épaules, et on suit le long des bras jusqu'à l'extrémité des doigts, en tenant le pouce du malade pendant un moment ; recommencez deux ou trois fois, après quoi vous établissez des courants depuis la tête jusqu'aux pieds ; vous cherchez la cause et le lieu de la maladie et de la douleur ; le malade vous indique celui de la douleur et souvent sa cause... Vous étant bien assuré de ce préliminaire, vous touchez constamment la cause de la maladie, vous entretenez les douleurs symptomatiques jusqu'à ce que vous les ayez rendues critiques... On touche, dans la position ci-devant indiquée, avec le pouce et l'indicateur, ou avec la paume de la main, ou avec un doigt renforcé par l'autre, et en suivant le plus qu'il est possible la direction des nerfs, ou enfin avec les cinq doigts ouverts et recourbés. Le toucher à une petite distance de la partie est plus fort parce qu'il existe un courant entre la main ou le conducteur et le malade. » Le *conducteur* dont parle Mesmer, et qui peut remplacer la main dans l'attouchement, c'est une baguette de verre, d'or ou d'argent, qui n'a pas absolument besoin d'être magnétisée, quoique cela soit préférable : en tout cas, le fluide émané du magnétiseur s'écoule par la baguette vers les points du corps avec lesquels elle est en contact.

Mais le moment vint où l'affluence des malades fut telle que Mesmer ne put suffire à toucher séparément chacun d'eux : il eut alors l'idée géniale du *baquet magnétique* collectif (il paraît même qu'il y eut un baquet de famille à l'usage des délicats). « Au milieu d'une grande salle, disent les commissaires royaux qui eurent à examiner le magnétisme animal, est une caisse circulaire faite de bois de chêne et élevée d'un pied ou d'un pied et demi ; ce qui fait le dessus de cette caisse est percé d'un nombre de trous, d'où sortent les branches de fer coudées et mobiles. Les malades sont placés à plusieurs rangs autour de ce baquet et chacun a sa branche de fer, laquelle, au moyen du coude, peut être appliquée directement sur la partie malade ; une corde passée autour de leur corps les unit les uns aux autres ; quelquefois on forme une seconde chaîne en se communiquant par les mains, c'est-à-dire en appliquant le pouce entre le pouce et le doigt index de son voisin ; alors on presse le pouce que l'on tient ainsi, l'impression reçue à la gauche se rend par la droite et elle circule à la ronde. » Au fond de la caisse sont des couches alternatives de limaille de fer, de sable et de verre pilé, sur lesquelles reposent des bouteilles contenant de l'eau magnétisée ; l'eau qui remplit le baquet est elle-même magnétisée. Vous demanderez peut-être comment Mesmer s'y prenait pour magnétiser l'eau ? C'est bien simple. Il déterminait dans la cuve quatre points, qui étaient les points cardinaux ; à l'aide d'une baguette ou d'une canne, il traçait dans l'eau une ligne droite allant de l'est au nord, puis une autre de l'ouest au nord ; même cérémonie pour la partie sud, et le contenu de la cuve était devenu magnétique.

La vogue dont il jouissait dans le monde non scientifique ne suffisant pas à l'ambition de Mesmer, il s'adressa aux corps savants, et tenta, sans succès, de leur faire approuver sa doctrine. Dans une communication du mois de septembre 1780, il « se flatte que la Faculté de médecine de Paris ne verra dans ses propositions qu'un juste hommage rendu à ses lumières, et l'ambition de faire prospérer, par les soins d'un corps cher à la nation, la vérité qui peut lui être la plus avantageuse. » Peu sensible à cet hommage, la Faculté ne consentit pas à examiner le nouveau remède, refusa même d'en entendre parler. Bien plus, elle prononça la suspension d'un de ses membres, le docteur Deslon, qui s'était fait le défenseur de Mesmer, et enjoignit audit Deslon de désavouer ses écrits sur le magnétisme, sous peine de radiation : menace qui, d'ailleurs, ne fut pas suivie d'exécution.

Mais Mesmer avait des protecteurs en haut lieu. Le baron de Breteuil, alors ministre, lui fit savoir que le roi lui accordait une pension de 10,000 livres pour le loyer de la maison nécessaire à l'instruction magnétique des médecins, ses élèves, parmi lesquels trois seraient choisis par le gouvernement, et que, quand ceux-ci auraient reconnu l'utilité de la découverte en question, de nouvelles grâces seraient octroyées à son auteur.

Mesmer refusa net, et déclara qu'il quitterait Paris au mois d'avril 1781, comme ces coquettes avisées qui se dérobent pour être poursuivies sous les saules. Pareille nouvelle jeta la consternation parmi les riches clients du jongleur allemand, qui, pour le retenir, eurent recours à la reine elle-même : à l'instigation de Marie-Antoinette, M. de Maurepas fit proposer à Mesmer, de la part du roi, une pension viagère de 20,000 livres, et la jouissance en toute propriété d'un emplacement destiné au traitement de ses malades, à la seule condition qu'il divulguerait son secret aux médecins. Le grand homme ayant exigé 500,000 livres comptant (ô désintéressement!) les négociations furent rompues: empressons-nous d'ajouter, pour rassurer les cœurs sensibles, que l'avocat Bergasse et le banquier Kormann ouvrirent en sa faveur une souscription, qui ne lui rapporta pas moins de 340,000 livres; il est vrai qu'il n'en livra pas davantage son prétendu secret à ses disciples chéris, mais pas contents.

Enfin, le 5 mai 1784, Louis XVI nomma une commission chargée de « faire l'examen et lui rendre compte du magnétisme animal. » Recrutée parmi les membres de la Faculté de médecine et de l'Académie des sciences, cette commission comptait dans son sein Franklin, Lavoisier, Darcet, Borie, Guillotin, Bailly. Le rapport, rédigé par ce dernier, conclut en ces termes: « Les commissaires ayant reconnu que ce fluide magnétique animal ne peut être perçu par aucun de nos sens, qu'il n'a aucune action ni sur eux-mêmes, ni sur les malades qui lui sont soumis; s'étant assurés que les pressions et les attouchements occasionnent des changements, rarement favorables, dans l'économie animale, et des ébranlements toujours fâcheux dans l'imagination; ayant enfin démontré par des expériences décisives que l'imagination sans magnétisme produit des convulsions et que le magnétisme sans imagination ne produit rien, ils ont conclu d'une voix unanime, sur la question de l'existence et de l'utilité du magnétisme, que rien ne prouve l'existence du fluide magnétique animal; que ce fluide sans existence est par conséquent sans utilité; que les violents effets que l'on observe du traitement public appartiennent à l'attouchement, à l'imagination mise en action, et à cette imitation machinale qui nous porte malgré nous à répéter ce qui frappe nos sens. Et, en même temps, ils se croient obligés d'ajouter, comme une observation importante, que les attouchements, l'action répétée de l'imagination pour produire des crises, peuvent être nuisibles; que le spectacle de ces crises est également dangereux, à cause de cette imitation dont la nature semble nous avoir fait une loi, et que par conséquent tout traitement public où les moyens du magnétisme seront employés ne peut avoir à la longue que des effets funestes... Il n'y a point de guérison réelle, les traitements sont fort longs et infructueux. Il y a tel malade qui va au traitement depuis dix-huit mois ou deux ans sans aucun soulagement. »

A ce rapport officiel était annexé un rapport secret, dans lequel Bailly avertissait le gouvernement des dangers que faisaient courir aux bonnes mœurs les manœuvres du magnétisme, particulièrement les attouchements pratiqués sur diverses parties du corps. « Le visage s'enflamme par degrés; l'œil devient ardent, et c'est le signe par lequel la nature annonce le désir. On voit la femme baisser la tête, porter la main aux yeux et au front pour les couvrir ; sa pudeur habituelle veille à son insu et lui inspire le soin de se cacher, etc. »

En même temps que l'Académie des sciences et la Faculté, l'Académie de médecine, qu'on appelait alors Société royale de médecine, était consultée sur le magnétisme animal, et nommait une commission dont les conclusions étaient aussi défavorables que les précédentes. « Le prétendu magnétisme animal est un système ancien, vanté dans le siècle précédent et tombé dans l'oubli ; ce système est absolument dénué de preuves ; les effets produits par ce prétendu moyen de guérir sont tous dus à l'imitation et à l'imagination, sont plutôt nuisibles qu'utiles, et sont dangereux en ce qu'ils peuvent faire contracter à des personnes bien constituées une habitude spasmodique des plus fâcheuses pour la santé. » Seul parmi les commissaires, Laurent de Jussieu refusa de s'associer à ces conclusions : non pas qu'il admît l'existence d'un fluide magnétique, mais parce que, d'après lui, l'imitation et l'imagination ne pouvaient produire quelques-uns des phénomènes constatés, qu'il attribuait à l'action d'un fluide moins hypothétique, la chaleur.

On a beaucoup critiqué la sévérité de ces rapports académiques, qu'on a attribuée à l'esprit de dénigrement que les savants pratiquent trop souvent entre eux, et surtout à l'égard des idées neuves. On n'a pas manqué de rappeler, à cette occasion, que la Faculté de Paris déclarait encore la circulation du sang impossible en 1642, plus de vingt ans après la découverte d'Harvey ; qu'elle a sollicité du Parlement un arrêt défendant au peuple l'usage de l'émétique, et chassé de son sein un docteur régent, nommé Paumier, qui employait le quinquina, jusqu'à ce que ces deux médicaments eussent conquis leurs lettres de grâces en guérissant Louis XIV ; qu'elle a proclamé la supériorité hygiénique des perruques sur les cheveux naturels ; qu'elle a longtemps proscrit la vaccine, etc. Je n'ai pas à prendre la défense des sociétés savantes, que je crois aussi sujettes à l'erreur qu'une individualité quelconque, fût-elle papale. Mais je pense qu'en ce qui concerne le magnétisme animal, les commissaires royaux apprécièrent sainement les faits parvenus à leur connaissance et les expériences dont on les rendit témoins.

Une de ces expériences, rappelée par le docteur Cullerre, « eut lieu dans un jardin de Passy, en présence de Franklin. Deslon avait magnétisé un arbre de ce verger : un jeune homme, sensible au fluide, ne devait éprouver les phénomènes magnétiques qu'en l'embrassant. On le présenta successivement à quatre arbres non magnétisés : au premier, il suait à grosses gouttes ; au troisième, il eut un fort mal de tête et des étourdissements ; au quatrième, il tomba en convulsions. Il était à vingt-sept pieds de distance de l'abricotier magnétique. » N'y a-t-il pas là de quoi justifier amplement l'influence attribuée à l'imagination sur les phénomènes annoncés par Mesmer?

Et ces phénomènes eux-mêmes, quels étaient-ils? D'abord un malaise indéfinissable, avec bâillements, renversement de la tête et du tronc en arrière, besoin d'étendre ou de remuer les bras et les jambes, en un mot tous les signes précurseurs de l'attaque d'hystérie. Un degré de plus et 'attaque éclatait : cris, convulsions, contorsions en tout genre, rien n'y manquait. Ne croyez pas d'ailleurs que c'était là un cas exceptionnel. Le « maître » lui-même a soin de nous dire que les attouchements doivent être poursuivis « jusqu'à ce que les douleurs symptomatiques soient rendues critiques », ce qui signifie, en bon français, que la crise fait partie du traitement. Cela est si vrai que la pièce commune où se trouvait le fameux baquet avait pour annexe un petit local capitonné dans lequel on transportait les malades trop agités, et qu'on nommait la *chambre aux crises*, ou *l'enfer aux convulsions*, enfer où les damnés ne demandaient qu'à revenir le lendemain. Le rapport académique avait-il tort de dire que les pressions et les attouchements occasionnent des ébranlements fâcheux, et que les crises ainsi provoquées peuvent être nuisibles?

Est-ce à dire que tout soit mauvais, qu'il n'y ait rien à prendre, dans le système de Mesmer? Non, certes. D'abord les attouchements prolongés pendant quelques minutes, les *passes magnétiques* omme on les nomme, sont encore aujourd'hui n des plus sûrs moyens d'hypnotisation. Que eur mode d'action soit physique ou psychique eu nous importe ici : ce qui est incontestable, e que nous verrons plus loin, c'est que leur influence sur les sujets hypnotisables est aussi sensible que la fixation d'un objet brillant, la suggestion, etc.

En second lieu, il ne faudrait pas croire que ces passes ne produisaient jamais que des convulsions... ou rien. Bailly lui-même, dans son rapport, parle de sujets qui « ont beau être dans un état d'assoupissement apparent : la voix de l'opérateur, un regard, un signe, les en retire. » D'autres tombaient dans un état où ils agissaient « comme pendant la veille, pouvaient s'habiller, marcher, faire toutes sortes d'exercices à la manière des somnambules naturels. » Certains, « au lieu d'éprouver des convulsions, paraissaient, au contraire, plongés dans un repos profond. » Ne trouvons-nous pas là les principaux phénomènes qui caractérisent l'hypnotisme, sommeil artificiel, suggestion, somnambulisme provoqué, léthargie? Le reproche qu'on peut faire aux commissaires royaux, c'est d'être passés à côté de ces phénomènes sans en reconnaître la nature et l'origine. Mais la faute, s'il y en a une, est plus grande encore de la part de Mesmer et de Deslon, qui, pratiquant chaque jour le magnétisme, n'ont pas reconnu ses effets les plus curieux.

Mais l'erreur capitale de Mesmer, c'est la croyance à un agent jusque-là inconnu, sur lequel il échafaude toute sa théorie du magnétisme animal. Cet agent est « un fluide universellement répandu ; il est le moyen d'une influence mutuelle entre les corps célestes, la terre et les corps animés ; il est continué de manière à ne souffrir aucun vide ; sa subtilité ne permet aucune comparaison ; il est capable de recevoir, propager, communiquer toutes les impressions du mouvement ; il est susceptible de flux et de reflux. Le corps animal éprouve les effets de cet agent, et c'est en s'insinuant dans la substance des nerfs qu'il les affecte immédiatement. On reconnaît particulièrement dans le corps humain des propriétés analogues à celles de l'aimant, on y distingue des pôles également divers et opposés. L'action et la vertu du magnétisme animal peuvent être communiquées d'un corps à d'autres corps animés et inanimés ; cette action a lieu à une distance éloignée, sans le secours d'un corps intermédiaire ; elle est augmentée, réfléchie par les glaces ; communiquée, propagée, augmentée par le son ; cette vertu peut être accumulée, concentrée, transportée. Quoique ce fluide soit universel, tous les corps animés n'en sont pas également susceptibles ; il en est même, quoiqu'en très petit nombre, qui ont une propriété si opposée que leur seule présence détruit tous les effets de ce fluide dans les autres corps... La propriété du corps animal qui le rend susceptible de l'influence des corps célestes, et de l'action réciproque de ceux qui l'environnent, manifestée par son analogie avec l'aimant, m'a déterminé à la nommer *magnétisme animal*... Le magnétisme peut guérir immédiatement les maux de nerfs, et médiatement les autres; il perfectionne l'action des médicaments; il provoque et dirige les crises salutaires de manière qu'on peut s'en rendre maître; par son moyen, le médecin connaît l'état de santé de chaque individu et juge avec certitude l'origine, la nature et les progrès des maladies les plus compliquées, il en empêche l'accroissement et parvient à leur guérison, sans jamais exposer le malade à des effets dangereux ou à des suites fâcheuses, quels que soient l'âge, le tempérament et le sexe. La nature offre dans le magnétisme un moyen de guérir et de préserver les hommes. »

Ainsi le *fluide magnétique* dont disposent les magnétiseurs ne serait qu'une fraction très minime d'un fluide universel, au moyen duquel s'établirait une influence mutuelle entre les corps célestes, la terre et les corps animés. La conception n'était pas neuve, même au temps de Mesmer; l'action des planètes, les unes sur les autres, et sur tels ou tels hommes, était la base de l'astrologie, qui avait la prétention de déterminer l'influence du *mégacosme* (univers) sur le *microcosme* (homme) et d'en connaître les effets. Paracelse, médecin du seizième siècle, professait qu'un fluide émané des astres unissait les esprits aux corps. Bien d'autres savants dont les écrits sont parvenus jusqu'à nous ont cru à ces rapports hypothétiques entre la lune et l'homme.

De nos jours, une idée analogue à celle de Mesmer, sinon identique, a été soutenue, avec plus de talent que de succès, par le Dr Baréty. Ayant remarqué qu'une douzaine de ses malades tombaient en hypnotisme, devenaient insensibles, ou au contraire ressentaient de vives piqûres, quand ils approchaient les doigts d'un point de leur corps, ou qu'il y dirigeait son souffle ou son regard, il supposa que ces effets étaient dus à une force particulière, qu'il appela *force neurique rayonnante*. Cette force se propagerait par rayonnement ou ondulations, serait soumise aux lois physiques de réflexion, etc., qui régissent la chaleur et la lumière, et se rapprocherait surtout de l'électricité, sans se confondre avec elle. Il est hors de doute que les phénomènes électriques peuvent se manifester à divers degrés dans tous les corps : l'électricité favorise la germination ; dès 1827, Nobili a établi l'existence d'un courant propre dans l'organisme animal ; on peut aimanter une aiguille de fer doux en l'approchant de l'appareil électrique de la torpille, et, d'après Despine et Burdarch, en la mettant au contact de certaines personnes exceptionnellement nerveuses ; enfin Claude Bernard a montré que l'électricité se produit chez tous les animaux, particulièrement dans le système musculaire.

Mais bien différents sont le fluide électrique et la force neurique rayonnante, ou, ce qui revient au même, le fluide magnétique ; car, que le docteur Baréty le veuille ou non, c'est bel et bien le fluide de Mesmer et des magnétiseurs qu'il ressuscite sous un autre nom. Or le courant électrique ne se manifeste pas seulement par les piqûres, brûlures, contractions musculaires, etc., que provoque son passage dans le corps animal : il décèle sa présence par les effets qu'il détermine sur les appareils de laboratoire ; on le saisit sur le fait, on le provoque au besoin à l'aide d'un aimant ou d'une pile ; et on constate que l'action de ce courant artificiel est en tout semblable à celle du courant naturel du corps.

Avec le fluide magnétique et la force neurique rayonnante, rien de pareil : leur existence est indémontrable ; jamais on n'a pu prouver expérimentalement leur mode de propagation, de convergence, etc., ce sont des hypothèses, des vues de l'esprit, et rien de plus. Jusqu'ici nous ne sommes nullement autorisés à admettre qu'un agent inconnu et mystérieux, quel que soit le nom qu'on lui donne, émane à volonté d'un individu pour passer en un autre, et établit entre eux une influence réciproque, une série de rapports inexplicables. Nous savons, au contraire, et nous verrons plus loin, que la plupart des phénomènes réputés autrefois merveilleux sont dus à l'état momentané et spécial dans lequel se trouve le système nerveux, sous diverses influences physiques et morales. Encore une fois, la meilleure preuve que la volonté du magnétiseur, ou une force inhérente à sa personne, n'est pas indispensable, c'est que le sommeil artificiel, et les phénomènes qui l'accompagnent peuvent être obtenus par le sujet lui-même, fixant son attention sur un objet déterminé : comme l'a montré Braid, c'est le sujet qui est tout ici ; c'est en lui, et non dans une personne étrangère, qu'il faut chercher l'explication de ce qu'on observe.

Ainsi le mérite de Mesmer est d'avoir appelé l'attention sur des faits, sinon nouveaux, du moins tombés dans l'oubli, et d'avoir provoqué à leur sujet un mouvement de curiosité qui, se réveillant à diverses époques, a abouti à la découverte de l'hypnotisme. Mais il eut le tort d'attribuer à une puissance spéciale, à un fluide émané de sa propre personne ou de quelques rares privilégiés, la production artificielle du sommeil léthargique, de la catalepsie, et autres états provoqués par les passes : aucun fait ne démontre l'existence de ce fluide, dont l'hypothèse n'est pas indispensable à l'explication de ces états. En second lieu, par ignorance ou par affectation d'un pouvoir surnaturel, il poussa beaucoup trop loin l'application de sa méthode, et provoqua souvent des crises terribles, qu'il prétendait salutaires, mais qui étaient surtout funestes à ses sujets. Quant aux prétendues guérisons qu'il rapporte, il est permis de douter de leur réalité, en raison de l'insuffisance notoire des renseignements qu'il fournit : si vraiment il en obtint, elles furent aussi fugaces que celles qu'engendre l'imagination à Lourdes ou à la Salette, sauf dans ces rares cas de maladies nerveuses qu'une violente secousse peut guérir.

Quoi qu'il en soit, Mesmer agit toute sa vie en charlatan. Riche des fonds recueillis par son ami Bergasse, il quitta Paris sans livrer à personne son prétendu secret. Il y revint pourtant lorsqu'il apprit que Deslon, continuant son petit commerce, avait recueilli son héritage de gloire et d'argent. Mais voyant que la vogue restait à son ancien disciple, et que son propre crédit était fortement ébranlé par les rapports académiques qu'on a lus plus haut, il abandonna définitivement la France en 1784, chercha inutilement un regain de succès en Angleterre et en Allemagne, et mourut riche, mais oublié, dans une petite ville de Souabe, en 1815.

III

LES SUCCESSEURS DE MESMER. — PUYSÉGUR ET LE SOMNAMBULISME

L'arbre magnétique de Buzancy. — Victor le somnambule. — Somnambulisme naturel et artificiel. — Grandeur et décadence de l'abbé Faria. — Le général Noizet et le Dr A. Bertrand. — Le magnétisme devant l'Académie de médecine. — Mésaventures de trois médecins et de trois somnambules.

Parmi les admirateurs et les défenseurs les plus convaincus de Mesmer, se trouvait le marquis de Puységur, qui, en 1784, était colonel d'artillerie, et tenait garnison à Strasbourg. Pendant un congé qu'il passa dans sa terre de Buzancy, aux environs de Soissons, il résolut d'expérimenter lui-même l'effet curatif du magnétisme dans un but purement humanitaire, sans aucun esprit de lucre (contrairement à son illustre maître). Là, comme à Paris, l'enthousiasme fut tel que le marquis, ne pouvant toucher individuellement les clients qui se présentaient en foule, magnétisa un arbre, dont l'ombre abritait jusqu'à cent trente malades. « Je continue, écrit-il à son frère, de faire usage de l'heureux pouvoir que je tiens de M. Mesmer, et je le bénis tous les jours, car je suis bien utile, et j'opère bien des effets salutaires sur tous les malades des environs ; ils affluent autour de mon arbre ; il y en avait ce matin plus de cent trente. C'est une procession perpétuelle dans le pays ; j'y passe deux heures tous les matins ; mon arbre est le meilleur baquet possible ; il n'y a plus une feuille qui ne communique la santé ; chacun y éprouve plus ou moins de bons effets ; vous serez charmé de voir le tableau d'humanité que cela représente. »

Cette lettre, pleine de bonhomie, ne contraste-t-elle pas heureusement avec les vantardises auxquelles nous ont habitués tant de magnétiseurs de profession ? Ajoutez à cela que de Puységur faisait soigner au château ceux que leur faiblesse ou l'éloignement de leurs chaumières aurait empêchés de venir chaque jour faire provision de santé sous l'arbre de Buzancy, et qu'il se rendait lui-même, pour les toucher, chez ceux qui ne pouvaient quitter leurs pénates.

Au nombre de ces malades, il en est un dont l'histoire vaut la peine d'être relatée, à cause de la découverte dont elle a été le point de départ. Il s'agit d'un paysan, nommé Victor, qui, depuis quatre jours, gardait le lit, crachait le sang, avait une fièvre vive, souffrait d'un point de côté, bref présentait les signes d'une fluxion de poitrine. De Puységur lui fit une première visite, qu'il raconte en ces termes. « Après l'avoir fait lever, je le magnétisai. Quelle ne fut pas ma surprise de voir, au bout d'un demi-quart d'heure, cet homme s'endormir paisiblement dans mes bras, sans convulsions, ni douleurs ! Je poussai la crise, ce qui lui occasionna des vertiges ; il parlait, s'occupait tout haut de ses affaires. Lorsque je jugeais ses idées devoir l'affecter d'une manière désagréable, je les arrêtais et cherchais à lui en inspirer de plus gaies ; il ne me fallait pas pour cela faire de grands efforts ; alors je le voyais content, s'imaginant tirer à un prix, danser à une fête, etc. Je nourrissais en lui ces idées, et par là je le forçais à se donner beaucoup de mouvement sur sa chaise, comme pour danser sur un air qu'en chantant (mentalement) je lui faisais répéter tout haut ; par ce moyen, j'occasionnai dès ce jour-là au malade une sueur abondante. Après une heure de crise, je l'apaisai et sortis de la chambre. » Victor mangeait avec appétit le soir même, dormait tranquillement la nuit suivante. Le lendemain, il se trouvait mieux, et, ayant oublié au réveil la crise qui avait été provoquée sur lui, il ne savait à quoi attribuer cette amélioration. Il guérit définitivement, après plusieurs autres séances de magnétisme, pendant lesquelles le même état mental se reproduisit.

Des phénomènes semblables se montrèrent chez dix des malades de Puységur, en l'espace de deux mois. Il est inutile de rapporter les détails de ces nouvelles observations, analogues à la première ; mais celle-ci nous fournit quelques enseignements dignes d'intérêt. Qu'est-ce, d'abord, qu'un homme qui, endormi, parle, s'occupe tout haut de ses affaires, se donne du mouvement, et a oublié en se réveillant tout ce qui s'est passé pendant son sommeil ? Reportons-nous aux définitions générales que nous avons données dans le premier chapitre, et nous n'hésiterons pas à dire : cet homme est un *somnambule*. Dans le cas particulier, le somnambulisme a été provoqué par des passes magnétiques ; dans d'autres circonstances, il naît spontanément, chez des individus dont le système nerveux conserve pendant le sommeil une activité égale à celle qu'il possède pendant la veille : mais l'état somnambulique est toujours le même.

Je citerai, entre mille, un exemple de somnambulisme naturel que Alf. Maury a communiqué aux *Annales médico-psychologiques*. « Un jeune cordier, âgé de vingt-deux ans, était depuis trois ans, sujet à des attaques de somnambulisme qui le prenaient à toute heure du jour au milieu de son travail, soit qu'il fût assis, soit qu'il marchât ou se tînt debout ; son sommeil était subit et profond, il perdait alors l'usage des sens, ce qui cependant ne l'empêchait pas de continuer son ouvrage. Au moment du paroxysme de la crise, il fronçait les sourcils, les yeux s'abaissaient, les paupières se fermaient et tous les sens devenaient obtus. On pouvait alors impunément le pousser, le pincer, le piquer; il ne sentait, n'entendait rien, même si on l'appelait par son nom et si l'on déchargeait un pistolet à ses oreilles. Sa respiration ne faisait aucun bruit : il ne voyait pas; on ne pouvait lui ouvrir les paupières; tombait-il dans cet état en filant sa corde, il continuait son travail comme s'il eût été éveillé; marchait-il, il poursuivait son chemin, parfois un peu plus vite qu'auparavant et toujours sans dévier. Il alla ainsi plusieurs fois, en dormant, de Naumbourg à Weimar. Un jour, passant par une rue où se trouvait du bois coupé, il sauta par-dessus, preuve qu'il apercevait les objets. Il se garait également bien des voitures et des passants. Une fois, étant à cheval, à environ deux lieues de Weimar, il fut pris par son accès; il continua néanmoins à faire trotter sa monture, traversa un petit bois où il y avait de l'eau, et y abreuva son cheval. Arrivé à Weimar, il se rendit au marché, se conduisant au travers des passants et des étalages comme s'il eût été éveillé; puis il descendit de son cheval et l'attacha à un anneau qui tenait à la boutique, monta chez un confrère où il avait affaire, lui dit quelques mots et ajouta qu'il se rendait à la chancellerie; après quoi, il s'éveilla tout à coup, et, saisi d'étonnement et d'effroi, il se confondit en excuses. »

Ces deux observations, celle de Victor et celle du jeune cordier, suffisent à montrer qu'il existe de grandes analogies entre le somnambulisme spontané et le somnambulisme provoqué. Mais une différence capitale sépare ces deux états. Puységur modifiait à son gré le cours des idées de Victor, transformait en pensées riantes et agréables celles qui l'affectaient désagréablement. Le cordier, au contraire, perdait l'usage de ses sens, n'entendait rien, n'était accessible à aucune influence étrangère. Nous avons aujourd'hui le secret de cette différence : c'est que le sujet en état de somnambulisme *provoqué* (quel que soit d'ailleurs le moyen de provocation) est suggestible, apte à recevoir les suggestions, surtout quand elles viennent de la personne qui l'a endormi ; tandis que le somnambule *spontané* est, dans la grande majorité des cas, rebelle à toutes les tentatives qu'on fait pour imprimer une direction quelconque à son activité cérébrale.

Puységur s'est-il rendu compte de l'existence et de l'importance de la suggestion ? C'est peu probable : le mot ne se trouve nulle part sous sa plume, l'idée qu'il entraîne n'apparaît dans aucun de ses écrits. Partisan enthousiaste de la théorie mesmérienne, il n'abandonnait pas l'idée du fluide magnétique ; seulement, d'après lui, ce fluide était assimilable au fluide électrique, et son émanation, au lieu d'être attribuable aux pratiques plus ou moins bizarres inventées par Mesmer, dépendait « d'un regard, d'un geste, d'une volonté » de l'opérateur.

Mais ce qui est incontestable, ce qui justifie la place honorable prise par Puységur dans l'histoire du magnétisme, c'est qu'il a découvert le somnambulisme magnétique ou artificiellement provoqué, découverte dont l'hypnotisme moderne a largement profité, ainsi que nous le verrons. Certes, ce curieux état du système nerveux s'était déjà manifesté plusieurs fois, en particulier pendant les expériences faites devant les membres de l'Académie des sciences et de la Société royale de médecine : mais ceux-ci n'y avaient prêté qu'une médiocre attention, et du reste les procédés violents de Mesmer étaient plus propres à engendrer des convulsions qu'à provoquer le somnambulisme. Puységur, au contraire, redoutait, s'efforçait d'éviter les crises que son modèle regardait comme salutaires : « Tout magnétiseur, dit-il, ne saurait assez se persuader combien l'état de convulsions abandonné à lui-même est dangereux. » Grâce à ses procédés de douceur, grâce au judicieux emploi qu'il fit du somnambulisme artificiel, le châtelain de Buzancy obtint un certain nombre de guérisons pendant les mois de mai et de juin 1784 qu'il passa dans ses terres, et au bout desquels il fut obligé de suspendre ses cures pour regagner Strasbourg et son régiment.

Malheureusement l'enthousiasme populaire, exagérant les mérites de ce nouveau moyen curatif, voulut y voir une panacée universelle, propre à guérir tous les maux. Metz, Nancy, Strasbourg, eurent leurs *Sociétés de l'harmonie*, créées en vue de tirer parti de la merveilleuse découverte.

Puységur, parlant de Victor, avait écrit : « Je ne connais rien de plus profond et de plus clairvoyant que ce paysan quand il est en crise. » Cette prétendue clairvoyance des somnambules, qui n'était due qu'à la suggestion, souvent involontaire, de l'endormeur, fit croire qu'ils pouvaient, sans études préalables, découvrir la nature et l'origine des souffrances des malades qu'ils touchaient, ou même des personnes absentes dont on leur apportait une mèche de cheveux, un fragment de vêtement, etc. ; et qu'ils étaient capables, toujours sans connaissances spéciales, d'indiquer les remèdes à employer dans un cas quelconque. De là à prévoir l'avenir, à découvrir les trésors, à faire retrouver les objets perdus, il n'y avait qu'un pas, qui fut vite franchi. C'est ainsi que le somnambulisme devint, pour les gens sérieux, l'objet de risée qu'il est encore actuellement, et que le magnétisme retomba dans l'ornière mystique d'où Puységur avait pensé le tirer.

Du reste, la Révolution approchait, et, comme le dit M. Bersot, Beaumarchais et Mirabeau firent oublier pour un temps Mesmer et Puységur. Mais le magnétisme sommeillait, il n'était pas mort. Dès 1813, il rentra en scène, sous les auspices d'un homme aussi honorable que savant, Deleuze, qui, dans son *Histoire critique du magnétisme animal*, proclame que « la première condition pour magnétiser, c'est la volonté ; la seconde, c'est la confiance que celui qui magnétise a en ses forces ; la troisième, c'est la bienveillance ou le désir de faire du bien. » Bien que Deleuze se déclarât partisan du fluide magnétique, il fut taxé de tiédeur par les intransigeants de la doctrine, et ne fit pas école. La discorde, d'ailleurs, était au camp d'Agramant, l'un tenant pour une influence purement spiritualiste, la force de l'âme, l'autre pour une action exclusivement physique, l'électricité, etc.

En 1814, on s'occupa beaucoup à Paris d'un prêtre portugais, l'abbé Faria, qui donnait des séances de somnambulisme rue de Clichy, dans un bâtiment dépendant de l'ancien jardin de Tivoli. Le général Noizet, qui assista à plusieurs séances, en a rendu compte en 1884, dans une lettre adressée à M. Jules Claretie, alors rédacteur du journal *Le Temps*. « La séance commençait par la lecture monotone et embarrassée d'un manuscrit dans lequel l'auteur donnait l'explication de son système. Il y insistait sur ce point que, dans tous les faits qu'il produisait, rien ne venait de lui-même, mais dépendait uniquement du sujet sur lequel il opérait et dont la conviction était le seul principe de tous les effets obtenus. Il repoussait aussi avec force l'idée que l'action du démon fût pour quelque chose dans les phénomènes qui se produisaient, et n'admettait pas davantage l'action d'un fluide magnétique quelconque. Après une demi-heure d'impatiente attente de l'auditoire, les expériences commençaient. Il y avait auprès de lui une espèce de gouvernante et deux ou trois personnes habituées sur lesquelles il produisait le somnambulisme par le seul fait de son commandement. Puis il s'adressait au public, et choisissait trois, quatre, cinq ou un plus grand nombre de personnes sur lesquelles il essayait d'obtenir des phénomènes analogues. Il les faisait asseoir commodément, leur disait de penser au sommeil, de le regarder; il fixait lui-même de loin ses grands yeux sur eux, leur montrait le revers élevé de sa main, avançait de quelques pas, puis abaissait brusquement le bras devant eux en leur ordonnant avec autorité de dormir. Quelquefois, mais rarement, il marchait vers eux, et, leur appuyant le doigt sur le front, il répétait le commandement : Dormez! Trois fois au moins sur cinq, je l'ai vu réussir ainsi au bout de moins d'une minute. »

Ainsi l'abbé Faria niait l'existence du fameux fluide; pour provoquer le sommeil, il fixait l'attention et les regards des sujets, puis leur commandait de dormir. En d'autres termes, il faisait, de parti pris, appel à la suggestion; sa doctrine et ses procédés étaient, à peu de chose près, ceux de l'hypnotisme moderne. Pourquoi donc devint-il ridicule du jour au lendemain? C'est qu'un comédien, après avoir feint de s'endormir au commandement de Faria, se leva tout à coup, en riant et s'écriant : « Eh bien! monsieur l'abbé, si vous magnétisez les gens comme vous m'avez magnétisé, moi, vous ne faites pas dormir grand monde. Je me suis moqué de vous ! » C'en fut assez pour faire traiter de fourbe et de saltimbanque la victime de cet enfantillage.

Pourtant le général Noizet, « intimement convaincu de la bonne foi du pauvre Faria, de la réalité des effets qu'il obtenait, de la justesse d'une grande partie de sa doctrine », fit un certain nombre d'expériences conformément à la méthode de l'abbé portugais, particulièrement sur un officier prussien qui était en garnison à Stenay. Il eut la bonne fortune de convaincre un savant distingué, le Dr A. Bertrand, qui, après avoir professé, dans un cours public sur le magnétisme, la doctrine du fluide mesmérien, se rallia aux idées du disciple de Faria, et fit paraître en 1823 le premier ouvrage sérieux sur la matière, le *Traité du somnambulisme*.

Le baron Du Potet et d'autres magnétiseurs firent, en 1820 et 1821, des expériences publiques sur le magnétisme et le somnambulisme, à l'Hôtel-Dieu de Paris, par exemple. Là, dans le service du Dr Récamier, on appliqua des moxas à deux malades mis en état de somnambulisme, et l'amadou en combustion brûla toute l'épaisseur de la peau, sans que les patients donnassent d'aucune façon le moindre signe de douleur. Récamier se déclara ébranlé, mais non convaincu.

Puis l'Académie de médecine eut, à trois reprises différentes, à s'occuper de la question. La première fois, le Dr Foissac attacha le grelot, en « offrant les somnambules qu'il avait à sa disposition, pour que des commissaires pussent constater, aussi souvent qu'ils le désireraient, leurs surprenantes facultés. » Nommée le 28 février 1826, la commission ne déposa son rapport qu'au mois de juin 1831. Ce rapport, rédigé par Husson, était si affirmatif, si favorable au magnétisme, au point de conclure qu'il peut « donner lieu au développement de facultés nouvelles désignées sous les noms de clairvoyance, d'intuition, de prévision intérieure, » que l'Académie, stupéfaite (on le serait à moins), ne discuta même pas ces conclusions, et enterra le rapport purement et simplement.

En 1837, ce fut un jeune magnétiseur, nommé Berna, qui écrivit à l'Académie, pour lui proposer de répéter les expériences à propos desquelles aucune décision n'avait été prise. L'Académie accepta, nomma une nouvelle commission, dont le rapporteur, Dubois (d'Amiens), déclara qu'aucune preuve « n'a été donnée sur l'existence d'un état particulier, dit état de somnabulisme magnétique. » Quelques-unes des expériences annoncées par Berna avaient échoué, c'est vrai. Ce n'était pourtant pas une raison suffisante pour faire de tous les magnétiseurs des dupes ou des fripons. Malgré l'intervention de Husson, défendant son récent rapport, celui de Dubois fut adopté.

A la fin de la même année, le Dr Burdin, « pour placer la question sur un terrain bien limité, sans issue, sans subterfuges, dans le cercle de Popilius, pour ainsi dire », offrit à l'Académie, dont il était membre, une somme de 3,000 francs, destinée à récompenser celui qui prouverait qu'on peut lire sans le secours des yeux, de la lumière ou du toucher.

Le premier concurrent fut le Dr Pigeaire, de Montpellier, dont la fille était somnambule : amenée à Paris, cette jeune personne fut d'abord présentée à plusieurs personnes, fort honorables sans doute, mais parfaitement étrangères à la science expérimentale, qui n'en attestèrent pas moins la clairvoyance de Léonide, laquelle, à les entendre, pouvait lire et jouer aux cartes, avec un bandeau sur les yeux. La commission académique, suspectant ce bandeau, qui pouvait se déplacer pendant le temps souvent fort long qui s'écoulait avant que Léonide se décidât à être clairvoyante, proposa de le remplacer par un masque de soie couvrant la figure de la jeune somnambule, ou par une feuille de papier interposée entre celle-ci et l'écriture à déchiffrer. Pigeaire refusa ; l'Académie tint bon, aucune expérience n'eut lieu.

Le numéro deux fut le Dr Hublier, de Provins, qui amena à Paris une somnambule nommée Émélie, mais ne la présenta même pas à l'Académie : avant toute épreuve publique, il avait été convaincu par son confrère, le Dr Frappart, que son sujet l'avait trompé, et n'était pas plus clairvoyant que vous et moi.

Le troisième concurrent, le Dʳ Teste, échoua piteusement. La somnambule présentée par lui devait lire un écrit ou un imprimé enfermés dans une boîte, en présence des commissaires de l'Académie; au bout d'une heure, elle annonça que le papier inclus dans la boîte portait deux lignes, dans lesquelles se trouvaient les mots : *nous sommes*. Or aucun de ces mots ne figurait dans les six vers (et non deux lignes) qu'on lui avait présentés.

Dès lors, l'Académie se déclara suffisamment renseignée sur le magnétisme animal, et annonça qu'elle ne s'en occuperait plus. A-t-elle tenu parole? Pas le moins du monde. Récemment encore, au mois de décembre 1888, le professeur Proust lisait devant la docte compagnie un rapport aussi judicieux dans le fond qu'élégant dans la forme, qui montre que la question est loin d'être enterrée, qu'elle est simplement placée sur un terrain plus solide. Le magnétisme a changé de nom, il s'appelle *hypnotisme;* et cette modification d'état civil est de la plus haute importance, puisqu'elle remplace la théorie injustifiable d'un fluide dont personne n'a démontré l'existence, par l'idée simple d'un sommeil spécial, que chacun peut provoquer. Le magnétisme, tel que nous le comprenons, est débarrassé de tout l'attirail charlatanesque, de toutes les apparences surnaturelles, qui ont fait la joie des âmes mystiques, et qui ne sauraient convenir à nos esprits positifs... ou positivistes, au choix.

La clairvoyance, la lucidité, la prévision de l'avenir, et autres facultés mystérieuses, ne se trouvent plus que dans les bagages de saltimbanques. Mais le sommeil provoqué subsiste, avec le somnambulisme artificiel, et tous les phénomènes qui en dérivent. Seulement nous les étudions avec méthode, au lieu de les enregistrer au hasard; nous tentons de les expliquer scientifiquement, au lieu de les attribuer à un pouvoir céleste, diabolique, ou réservé à quelques mortels; nous tentons d'en tirer parti pour le plus grand bien de l'humanité, au lieu d'exploiter dans un intérêt misérable la crédulité publique, si facile à duper. Cet immense progrès date de la nouvelle incarnation du magnétisme, de sa transformation en hypnotisme, que nous allons voir dans le chapitre suivant, et qui n'est pas, comme le croient quelques-uns, un simple changement de mot.

IV

BRAID ET L'HYPNOTISME MODERNE

Origine de l'hypnotisme. — Expériences de Braid. — Ses procédés d'hynoptisation. — Sa théorie sur le sommeil provoqué. — Ses erreurs. — Progrès scientifique réalisé par le braidisme. — Les successeurs de Braid. — Éclipse et résurrection de l'hypnotisme.

Nous avons, dans les chapitres précédents, montré ce qu'avait été le magnétisme pendant les siècles antérieurs au nôtre ; nous avons vu que le somnambulisme, l'extase, la suggestion, etc., ont été souvent provoqués, mais rattachés à des influences surnaturelles et mystérieuses, exploités de mille façons, dans un but le plus souvent intéressé. Nous entrons maintenant dans la période scientifique, contemporaine, où l'hypnotisme remplace le magnétisme, son ancêtre ; où l'expérimentation et la saine raison succèdent au charlatanisme et aux conceptions absurdes de l'ancien temps ; où les savants de tout ordre daignent chercher ce qu'il peut y avoir de vrai et d'utilisable dans des faits dont les empiriques seuls avaient jusque là fait leur profit. Braid fut l'initiateur de cette métamorphose.

Le 13 novembre 1841, James Braid, médecin de Manchester, assistait à une séance donnée par un magnétiseur français, nommé Lafontaine, adepte du mesmérisme, qui se trouvait en tournée en Angleterre. « Complètement sceptique quant aux prétentions du magnétisme animal ou mesmérisme, je me mis cependant, écrit-il, à faire des recherches à ce sujet; je desirais découvrir la source d'erreurs dans certains phénomènes qui s'étaient, dit-on, produits à des séances de M. Lafontaine. Comme résultats, je fis quelques découvertes qui me parurent jeter un jour nouveau sur certains des phénomènes qu'il rendait extrêmement intéressants, tant au point de vue spéculatif que pratique. » Il était profondément sceptique à l'égard des exercices chers aux magnétiseurs, et ne voulait y voir « que de véritables supercheries, ou l'effet de l'imagination surexcitée, de la sympathie ou de l'imitation. » Mais c'était un observateur sagace et de bonne foi, qui, nullement convaincu par une première séance, n'en retourna pas moins chez Lafontaine.

Bien lui en prit : car à une des séances suivantes, son attention fut vivement attirée par ce fait, qu'un sujet magnétisé était dans l'impossibilité d'ouvrir ses paupières. Il constata la réalité de ce phénomène, le trouva étrange, et en chercha l'explication, que ses idées, parfaitement justes, sur l'inexactitude de la théorie mesmérienne, l'empêchaient de rattacher à l'influence du fluide magnétique.

De prime abord, il trouva cette explication dans la fatigue cérébrale causée par la fixation prolongée du regard. « Le regard fixe et prolongé, paralysant les centres nerveux dans les yeux et leurs dépendances, et détruisant l'équilibre du système nerveux, produit ainsi les phénomènes en question. » Pour justifier cette théorie, il entreprit, dès le 23 novembre, en présence du capitaine Brown et de quelques amis, une série d'expériences, qui eurent lieu sur madame Braid, sur un domestique, et plusieurs autres personnes : toutes tombèrent dans un profond sommeil au bout de quelques minutes, pour avoir simplement regardé le col d'une bouteille, ou tout autre objet, placé un peu au-dessus de leurs yeux. Par ces expériences, Braid a donné le coup de grâce à la doctrine du fluide magnétique. « Il a prouvé, dit le professeur Brown-Séquard, qu'aucune force spéciale n'est émise par l'individu qui agit comme hypnotiseur. Il a montré que la volonté ou les idées de cet individu, tant qu'elles ne sont pas exprimées par la parole ou par d'autres sons, que son regard, s'il n'est pas vu, que ses gestes, s'ils n'agitent pas l'air, ne produisent aucun effet chez l'hypnotisé ou chez le sujet à hypnotiser. Enfin, et comme complément nécessaire de ce qui précède, il a prouvé que l'état hypnotique et tous les phénomènes qu'il comporte ont leur source uniquement dans le système nerveux de l'individu hypnotisé... que tout ce qui se produit dans l'hypnotisme dépend d'actions de l'individu sur lui-même, et non d'une force extérieure autre que les forces physiques connues. »

L'action étant purement subjective, se produisant chez une personne dont la vue et l'attention sont attachées sur un point de mire quelconque, sans manœuvres de l'opérateur, que devenait le fluide? Il allait rejoindre les vieilles lunes; le terme de *magnétisme* disparaissait logiquement, comme propre à perpétuer une erreur, et était remplacé par celui d'*hypnotisme*, qui, littéralement, signifie *sommeil*, mais qui, dans la pensée de son créateur, avait une plus large acception, puisqu'il le définit : état nerveux déterminé par des manœuvres artificielles.

C'est une chose bien remarquable que Braid ait, du premier coup, observé, provoqué, commenté, tous les phénomènes que nous qualifions aujourd'hui d'hypnotiques. On peut s'en convaincre en lisant quelques passages de l'ouvrage qu'il publia en 1843, sous le titre de *Neurypnologie ou Traité du sommeil nerveux, considéré dans ses rapports avec le magnétisme animal et relatant de nombreux succès dans ses applications au traitement des maladies*, ouvrage traduit en français par le Dr Jules Simon (1883). On y lit ceci :

« Chez quelques individus, le sommeil plus ou moins profond était accompagné d'une perte de connaissance et de volonté à un point tel, que l'oreille n'était pas affectée par le son le plus bruyant, que le patient ne s'apercevait pas de la présence d'ammoniaque très forte tenue sous les narines, que les piqûres et les pincements de la peau n'attiraient pas son attention. On pouvait faire passer de forts courants galvaniques par les bras sans qu'il accusât de douleurs ; des opérations chirurgicales fort pénibles avaient même été faites tout à fait à son insu ; il n'en conservait pas le moindre souvenir, une fois sorti de son sommeil anormal. Chose étonnante, plongé dans un second sommeil, mais à un degré un peu moins prononcé, le patient se rappelait parfaitement ce qui s'était passé pendant le premier. Ces faits furent reproduits à maintes reprises : oubli au réveil, souvenir au second sommeil ; c'est ce qu'on a appelé le *dédoublement de la conscience*. Dans certains cas, les muscles restaient à l'état de relâchement, la respiration et la circulation étaient paisibles ; dans d'autres, il y avait catalepsie avec respiration laborieuse et accélération considérable de la circulation. Mais, circonstance remarquable, un courant d'air dirigé sur la face ou sur les oreilles faisait disparaître la catalepsie et l'anesthésie, et rendait au patient conscience et volonté ; un état de sensibilité excessive de tous les organes des sens s'établissait, et, si l'on renouvelait le courant d'air avec la main, au moyen d'un soufflet ou autrement, le patient s'éveillait rapidement...

« Quelques-uns de ces changements peuvent être provoqués immédiatement dans la phase voulue de l'hypnotisme par des suggestions auditives ou tactiles ; car les patients montrent une sensibilité exagérée ou de l'insensibilité, une puissance musculaire incroyable ou la perte complète de volonté, selon les impressions que l'on crée chez eux sur le moment. Ces impressions se produisent à la suite de suggestions auditives, c'est-à-dire provenant d'une personne en laquelle le patient a confiance, ou à la suite de quelque impression physique, à laquelle il avait précédemment associé la même idée, ou bien encore par suite de la position, de l'activité ou du repos que l'on a communiqué à sa personne ou à certains groupes de muscles. En effet, on peut jouer avec de semblables patients, dans la phase appropriée du sommeil, comme sur un instrument musical, et leur faire prendre les rêves de leur imagination pour la réalité actuelle. Leur jugement et leur volonté sont tellement obscurcis, ils sont tellement soumis à leur enchanteur momentané, et leur imagination est excitée à un tel point, qu'ils voient, sentent et agissent comme si toutes les impressions qui leur passent par la tête étaient la réalité ; ils sont pleins de ces idées, ils en sont possédés, et agissent en conséquence, quelque folles qu'elles soient. »

Ces lignes du médecin de Manchester renferment un catalogue complet des phénomènes hypnotiques : les trois phases léthargique, cataleptique et somnambulique, le passage de l'une à l'autre sous l'influence du déplacement de l'air, l'oubli au réveil et la réapparition de la mémoire pendant le sommeil suivant, les modifications de la sensibilité produites spontanément ou par suggestion, tout y est ; et, quand nous voudrons décrire les phénomènes de l'hypnotisme, nous n'aurons qu'à suivre l'exposé de Braid pour ne rien omettre. Il n'est pas jusqu'à l'heureux emploi qu'il a fait de cet « état nerveux artificiel » dans le traitement des maladies nerveuses, qui ne trouve encore aujourd'hui son application. Toutefois il n'est guère possible d'admettre la méthode thérapeutique qu'il nomme *phréno-hypnotisme*, et qui consiste à agir, pendant le sommeil provoqué, sur les bosses du crâne auxquelles correspondent, dans le système de Gall, telle ou telle faculté intellectuelle, tel ou tel instinct : l'hypothèse phrénologique n'ayant pas été vérifiée par l'expérience, le phréno-hypnotisme est tombé dans l'oubli.

Une autre erreur de Braid, qui expérimentait les passes magnétiques en même temps que la fixation d'un objet brillant, consiste à croire que ce dernier procédé ne peut donner tout ce que produit le mesmérisme, et qu'il y a probablement dans celui-ci autre chose que la concentration du regard et de l'attention. Les Drs Durand (de Gros) et Liébeault (de Nancy) se sont, plus récemment, faits les champions de cette idée, qui nous paraît complètement fausse. Sur quoi s'appuie-t-elle? Sur la prétendue faculté qu'auraient certains sujets de « lire l'heure sur une montre tenue derrière la tête ou placée au creux épigastrique, lire des lettres pliées ou un livre fermé, reconnaître ce qui se passe à plusieurs kilomètres de distance, deviner la nature des maladies et en indiquer le traitement sans connaissances médicales. » On peut se demander si Braid, écrivant ces lignes, croyait sérieusement lui-même aux faits surnaturels qu'il rapporte, et s'il ne les cite pas pour en montrer l'invraisemblance. En tout cas, nous avons vu précédemment que les somnambules, quand ils sont aux prises avec des savants qui ont l'habitude de l'expérimentation, perdent leur lucidité, leur clairvoyance et autres facultés merveilleuses. Rayons donc celles-ci du cadre du magnétisme, comme de l'hypnotisme, et tenons pour certain que, procédés et théorie à part, les phénomènes sont semblables et parfaitement naturels dans les deux cas.

Ces réserves faites, il n'est que juste de reconnaître le signalé service rendu à la science par Braid, dont la découverte fit faire un grand pas à la physiologie et à la pathologie du système nerveux, et qui, lorsqu'il mourut subitement d'apoplexie, le 25 mars 1860, avait vu et décrit tout ce qu'il est intéressant de connaître sur l'hypnotisme.

Malgré leur grande valeur, les recherches et les travaux de Braid ne firent pas sur le monde savant l'impression qu'ils auraient dû produire. Dès 1848, il est vrai, le Dr Charpignon, médecin des prisons d'Orléans, avait publié sa *Physiologie, médecine et métaphysique du magnétisme*. En 1853, le Dr Durand (de Gros) avait, sous le pseudonyme de Dr Philips (c'était un proscrit du 2 décembre), fait des conférences sur le braidisme ou hypnotisme nerveux, dans plusieurs villes de France et à l'étranger, conférences dont il développa longuement le sujet dans un livre paru en 1855. Mais ces ouvrages surtout théoriques, ayant pour but d'expliquer par des hypothèses plus ou moins admissibles des phénomènes dont la réalité même était mise en doute, n'étaient pas faits pour enthousiasmer un public naturellement sceptique.

L'année 1860 fut plus favorable à l'hypnotisme. D'abord, au mois de janvier, le Dr Azam, professeur suppléant à l'école de médecine de Bordeaux, publia, dans les *Archives générales de médecine*, une *note sur le sommeil nerveux ou hypnotisme*, « moyen particulier de provoquer un sommeil nerveux, un somnambulisme artificiel, accompagné d'anesthésie, d'hyperesthésie, de catalepsie et de quelques autres phénomènes portant sur le sens musculaire et l'intelligence. » Cette note avait eu pour point de départ l'observation d'une jeune fille du peuple, Félida X, qui présentait spontanément des phénomènes singuliers de catalepsie, d'anes-

4.

thésie, etc.. Ayant appris que Braid avait découvert un moyen de reproduire artificiellement des phénomènes analogues à ceux observés chez Félida, Azam expérimenta le procédé de Braid sur sa malade, puis sur une autre jeune fille très bien portante, réussit parfaitement et fit part de son succès au D' Broca, de Paris. Celui-ci, de concert avec un de ses collègues des hôpitaux, le D' Follin, endormit une malade de l'hôpital Necker en tenant un objet brillant devant ses yeux, et pratiqua sur elle une opération douloureuse sans qu'elle donnât le moindre signe de sensibilité. Broca fit connaître cette heureuse tentative à l'Académie des Sciences, qui, le 27 février 1860, recevait par l'intermédiaire de Velpeau un exemplaire de l'œuvre de Braid, avec plusieurs opuscules du même auteur.

Dans le courant de la même année, Demarquay et Giraud-Teulon publiaient leurs *Recherches sur l'hypnotisme*, dans lesquelles ils faisaient bon marché de l'anesthésie hypnotique au point de vue chirurgical, mais démontraient expérimentale la réalité des phénomènes annoncés par Braid. Gigot-Suard faisait la même démonstration. Durand (de Gros) s'efforçait, dans son *Cours théorique et pratique de braidisme*, de mettre à la portée de tous les nombreuses applications qu'on peut faire du sommeil nerveux aux sciences psychologiques et médicales.

Vains efforts! L'hypnotisme sommeillait plus

profondément encore que les sujets soumis à son influence. Les rares savants qui consentaient à s'en occuper osaient à peine prononcer son nom, qui rappelait encore le magnétisme animal à des esprits prévenus, ou n'obtenaient que la dédaigneuse indifférence de leurs confrères. C'est ainsi que Lasègue, un des esprits les plus élevés et les plus indépendants de notre temps, publiant en 1865 un mémoire sur les *catalepsies partielles et passagères*, n'employait pas une fois le terme d'*hypnotisme*, quoique les procédés qu'il employait, les phénomènes qu'il observait, fussent exactement les mêmes que ceux décrits par Braid. Quant à l'ouvrage publié en 1866 par le Dr Liébeault (de Nancy) : *Du sommeil et des états analogues considérés surtout au point de vue de l'action du moral sur le physique*, il passa complètement inaperçu.

Il faut arriver à l'année 1875, aux recherches très étendues que M. Charles Richet publia dans le *Journal de l'anatomie et de la physiologie*, pour voir la science officielle apprécier l'hypnotisme et ses applications de toute sorte à leur juste valeur. C'est surtout à partir de 1878 que la découverte de Braid reçut une éclatante consécration, qui lui vint des leçons faites par le docteur Charcot à la Salpêtrière, à la suite d'expériences de somnambulisme provoqué chez les hystériques. A dater de ce moment, les recherches se multiplient et font éclore les travaux de P. Richer, Regnard, Féré,

Luys, Dumontpallier, Magnin, etc, à Paris ; de Beaunis, Bernheim, Liébeault, Liégeois, à Nancy ; de Pitres, à Bordeaux ; de Ladame, Eug. Yung, à Genève ; de Heidenhein, Berger, à Breslau, etc.

Je n'analyserai pas, pour le moment, tous ces documents, auxquels j'aurai à faire de fréquents emprunts dans le cours de cet ouvrage. Depuis quinze ans, les savants de tout pays paraissent vouloir rattraper le temps perdu en négations systématiques ou en discussions oiseuses. Tout n'est pas dit sur l'hypnotisme, bien s'en faut : mais ce que nous en savons présente déjà un intérêt de premier ordre, et nous pouvons clore ici cet historique, déjà bien long, pour commencer l'examen des faits définitivement acquis à la science.

V

PROCÉDÉS D'HYPNOTISATION, SUJETS HYPNOTISABLES

Conditions générales nécessaires à l'hypnotisation. — Procédé des passes. — Fixation du regard sur un objet. — L'hypnotiseur hypnotisé. — Effets des impressions visuelles, auditives, tactiles. — Sommeil provoqué par suggestion, par correspondance. — Influence du tempérament, de l'âge, du sexe. — L'hypnoscope. — Choix entre les procédés d'hypnotisation. — Réveil du sujet. — Hypnotisation des animaux.

Les moyens à l'aide desquels on peut provoquer le sommeil hypnotique et les phénomènes qui l'accompagnent, les procédés d'hypnotisation en un mot, sont extrêmement variés. Tous ont pour but de déterminer dans le système nerveux un ébranlement capable d'amener cet état spécial qui constitue le sommeil artificiel. Qu'il soit brusque et violent, ou faible et prolongé, qu'il résulte d'une impression faite sur les sens du sujet (vue, ouïe, tact) ou sur son esprit (suggestion), cet ébranlement est toujours le fait initial, et doit être favorisé par l'observation de quelques règles générales, applicables à tous les cas.

Il faut que la pièce dans laquelle se fait l'expérience ait une température moyenne de 13 à 16 degrés ; que la lumière y soit douce, diffuse, placée derrière le sujet, et non de face ; et, par-dessus tout, que le silence y règne : les bruits extérieurs ne doivent pas y arriver ; les assistants, aussi peu nombreux que possible, ne doivent échanger aucune impression.

Les tentatives seront faites le soir de préférence, une heure ou deux après le repas, quand l'estomac est à moitié vide. Il est bon que le sujet n'ait pris ni café, ni thé, ni boisson alcoolique ou excitante quelconque ; qu'il s'abandonne complètement, sans complaisance exagérée, mais sans résistance ni préoccupation d'aucune sorte, qu'il ne pense qu'à dormir. Pour éloigner de son esprit toute idée de danger à courir, il est utile, s'il se soumet pour la première fois à ce genre d'expérience, d'endormir devant lui un ou deux sujets qui ont déjà été hypnotisés : on le rassure de cette façon mieux que par les plus longs discours. Si pourtant il laisse paraître la moindre crainte, s'il ne donne pas son consentement formel aux tentatives qui doivent suivre, s'il est incapable de la bonne foi et de l'attention nécessaires, mieux vaut remettre à une autre occasion l'épreuve qu'on avait en vue : elle échouerait sans doute. Dans le cas contraire, si toutes les conditions requises sont réalisées, on fait asseoir le sujet commodément, à l'abri de toute fatigue physique, et on commence.

Je ne cite que pour mémoire le baquet et la baguette de Mesmer, procédés charlatanesques qui ne pouvaient agir que par l'intermédiaire d'une imagination fortement surexcitée, et qui produisaient alors des crises violentes et redoutables, ce qui explique suffisamment le dédaigneux oubli dans lequel ils sont tombés. De tout l'arsenal de Mesmer, les *passes* seules, les mouvements rythmiques des mains, ont survécu. Non seulement Puységur, Deleuze, le général Noizet, le baron Du Potet, Teste, et autres successeurs directs de Mesmer, s'en sont servis; mais, de nos jours même, de savants hypnotiseurs y ont parfois recours, concurremment avec d'autres procédés. Tel est M. Charles Richet, qui résume ainsi sa manière d'agir : « Je fais mettre le patient dans un fauteuil, bien en face de moi; puis je prends chacun de ses pouces dans une main et les serre assez fortement, mais d'une manière uniforme. Je prolonge cette manœuvre pendant trois à quatres minutes; en général, les personnes nerveuses ressentent déjà une sorte de pesanteur dans les bras, aux coudes, et surtout aux poignets. Puis je fais des *passes*, en portant la main étendue sur la tête, le front, les épaules, mais surtout sur les paupières. Les *passes* consistent à faire des mouvements uniformes de haut en bas, au-devant des yeux, comme si, en abaissant les mains, on pouvait faire fermer les paupières. Au début de mes tentatives, je pensais qu'il était nécessaire de faire fixer un objet quelconque par le patient; mais il m'a semblé que c'était là une complication inutile. La fixation du regard a peut-être quelque influence, mais elle n'est pas indispensable. »

Ainsi les passes peuvent, sans aucun doute, produire l'hypnotisme : mais elles déterminent plutôt la léthargie, la torpeur et autres phénomènes peu intéressants, que le somnambulisme proprement dit.

Quant à la *fixation du regard* sur un objet déterminé, c'est la méthode de Braid, c'est le procédé le plus employé. Voici en quoi elle consiste : Prenez un objet brillant, tel qu'une lancette, une boule de métal, une boule de thermomètre à mercure, etc. Tenez-le au-dessus du front, à une distance de 15 à 20 centimètres des yeux du patient, juste au niveau de la racine du nez, en recommandant d'avoir constamment les yeux fixés sur l'objet, et l'esprit uniquement attaché à l'idée de cet objet et du sommeil. Après un espace de temps qui est d'autant plus court que le sujet est plus nerveux, que son imagination est plus facilement frappée, les pupilles, d'abord resserrées, se dilatent considérablement, les paupières se ferment involontairement avec une sorte de frémissement vibratoire, le sommeil survient. Il est évidemment dû à la fatigue nerveuse qui résulte de la fixité prolongée du regard et de la convergence forcée des globes oculaires vers le nez.

Peu importe d'ailleurs la nature de l'objet fixé ; il n'est pas nécessaire que celui-ci soit brillant, comme le croyait Braid, il suffit que les yeux convergent vers un point donné. Nous avons déjà vu que les moines du mont Athos et les fakirs de l'Inde tombent en hypnotisme après avoir longtemps regardé leur nombril ou le bout de leur nez. Certains sujets s'endorment en regardant leur doigt placé assez près des yeux. Le docteur Bouchut rapporte qu'une petite fille présentait les phénomènes de l'hypnotisme au complet quand elle faisait des boutonnières, à cause de la fixité du regard et de l'attention que nécessitait pour elle ce genre de travail. D'autres auteurs citent plusieurs femmes hystériques qui tombaient en catalepsie quand elles se regardaient pendant un certain temps dans une glace, en se coiffant.

Cette *autohypnotisation* donne lieu parfois à des scènes comiques. Presque toutes les personnes qui arrivent facilement à l'état de somnambule aiment beaucoup à hypnotiser les autres : mais il arrive qu'elles s'hypnotisent elles-mêmes. Un ami de Braid, un de ceux sur lesquels furent faites les premières expériences de Manchester, M. Walker, voulant hypnotiser un gentleman, se tenait debout devant lui, le doigt levé à la hauteur du front ; au bout de quelques minutes, Braid, arrivant dans la pièce, trouva le gentleman parfaitement éveillé, les yeux toujours fixés sur le doigt de M. Walker... qui était profondément endormi.

Au lieu d'inviter le sujet à fixer un objet, l'hypnotiseur peut essayer de l'endormir en le regardant, comme on dit, dans le blanc des yeux. « Vous vous asseyez vis-à-vis de votre sujet, dit M. Teste. Vous l'engagez à vous regarder le plus fixement qu'il pourra, tandis que, de votre côté, vous fixez sans interruption vos yeux sur les siens. Quelques profonds soupirs soulèveront d'abord sa poitrine; puis ses paupières clignoteront, s'humecteront de larmes, se contracteront fortement à plusieurs reprises, puis enfin se fermeront. » Ce procédé est connu sous le nom de *fascination*; nous le retrouverons quand nous parlerons des magnétiseurs de profession, auxquels il est cher. Contentons-nous de dire ici qu'il ne réussit guère que chez des sujets qui ont déjà été endormis plusieurs fois par d'autres moyens; qu'il est très fatigant pour le patient et pour l'opérateur; que, de même que les passes, il n'a pas pour condition d'existence un prétendu fluide qui émanerait des mains et des yeux de l'hypnotiseur, mais simplement la fatigue du sujet, comme dans les cas qui précèdent.

Lasègue, pour endormir ses hystériques, se bornait à tenir leurs paupières fermées pendant deux ou trois minutes, tandis qu'il pressait légèrement leurs globes oculaires avec les doigts. Ce moyen employé seul, sans passes, sans fixation du regard, ne réussit que chez les sujets particulièrement nerveux, tels que les hystériques.

Au lieu d'impressionner la vue d'une façon douce et prolongée, on peut déterminer sur ce sens une impression brusque et intense. Chacun sait que l'éclair produit parfois une catalepsie spontanée chez certains individus. Le même effet peut être artificiellement provoqué en envoyant subitement sur le visage du sujet un jet de lumière électrique ou oxhydrique, ou encore à l'aide de ce qu'on appelle la lampe à magnésium, instrument qui permet de régler et de projeter dans une direction voulue l'éclat aveuglant de cette substance.

De même, on peut agir sur le sens de l'ouïe d'une manière faible et répétée, ou violente et brusque. Heidenhain vit s'endormir en deux minutes trois étudiants en médecine qui, les yeux fermés, écoutaient le tic tac monotone d'une montre placée sur une table, au bord de laquelle ils étaient assis. A la Salpêtrière, on endort chaque jour les hystériques en faisant résonner tout d'un coup, près de leur oreille, un gong, un tam-tam, un diapason de grandes dimensions.

De même encore, le sens du tact peut être influencé de telle sorte que l'état hypnotique s'ensuive. Ce sens est réparti, nul ne l'ignore, sur toute la surface du corps; mais certains points présentent une impressionnabilité spéciale. Ainsi le docteur P. Richer a montré, il y a plus de dix ans déjà, qu'en pressant, grattant, ou frictionnant légèrement le sommet de la tête, au vertex, on faisait facilement arriver les hystériques à l'état somnambulique. D'autre part, le professeur Pitres (de Bordeaux) a appelé l'attention sur ce qu'il nomme les *zones hypnogènes*, « régions circonscrites du corps dont la pression a pour effet, soit de provoquer instantanément le sommeil hypnotique, soit de modifier les phases du sommeil artificiel, soit de ramener brusquement à l'état de veille les sujets préalablement hypnotisés. » La situation et le nombre de ces zones varient suivant les sujets ; on les trouve souvent au niveau des ovaires, des chevilles, des poignets, de la pointe de l'omoplate, mais elles peuvent exister sur divers points des membres et de la tête ; tantôt il n'y en a que deux ou trois, tantôt cinquante et plus. D'un diamètre très limité, n'offrant aucune particularité extérieure, elles ne peuvent être trouvées qu'avec certaines difficultés, après des recherches minutieuses ; quand on les a découvertes, il suffit de les presser brusquement pour provoquer un sommeil immédiat ; mais le sujet ne peut s'hypnotiser lui-même en les pressant, comme il le fait, par exemple, en fixant son doigt ou tout autre objet.

Jusqu'ici nous n'avons eu en vue que des procédés *physiques* d'hypnotisation : passes, fixation des yeux du sujet sur un objet quelconque ou sur le regard de l'hypnotiseur, impressions visuelles, auditives ou tactiles. Nous arrivons maintenant à un moyen très éloigné des précédents, d'ordre *psychique*, à la *suggestion*, qui fera l'objet d'un chapitre spécial, mais que nous devons signaler dès maintenant, puisqu'elle peut suffire à provoquer le sommeil. On trouve l'embryon de ce procédé dans la pratique de l'abbé Faria, qui, tout en fixant les yeux du sujet, ou tenant ses paupières fermées, *lui commandait de dormir*. Mais il est surtout mis en usage, depuis quelques années, par les expérimentations de Nancy, et voici comment procède l'un d'eux, le professeur Bernheim.

« Je commence par dire au malade qu'il ne s'agit d'aucune pratique nuisible ou extraordinaire ; que c'est un sommeil qu'on peut provoquer chez tout le monde, sommeil calme, bienfaisant, qui rétablit l'équilibre du système nerveux, etc... Alors je lui dis : « Regardez-moi bien et ne songez qu'à dormir. Vous allez sentir une lourdeur dans les paupières, une fatigue dans vos yeux ; ils clignotent, ils vont se mouiller ; la vue devient confuse ; ils se ferment. » Quelques sujets ferment les yeux et dorment immédiatement. Chez d'autres, je répète, j'accentue davantage, j'ajoute le geste ; peu importe la nature du geste. Je place deux doigts de la main droite devant les yeux de la personne et je l'invite à les fixer, ou bien avec les deux mains je passe plusieurs fois de haut en bas devant ses yeux ; ou bien encore je l'engage à fixer les miens, et je tâche en même temps de fixer toute son attention sur l'idée de sommeil. Je dis : « Vos paupières se ferment, vous ne pouvez plus les ouvrir. Vous éprouvez une lourdeur dans les bras, dans les jambes ; vous ne sentez plus rien, vos mains restent immobiles, vous ne voyez plus rien, le sommeil vient », et j'ajoute d'un ton un peu impérieux : « Dormez. » Souvent ce mot emporte la balance, les yeux se ferment, le malade dort.

« Si le sujet ne ferme pas les yeux, ou ne les garde pas fermés, je ne fais pas longtemps prolonger la fixation de ses regards sur les miens ou sur mes doigts : car il en est qui maintiennent les yeux indéfiniment écarquillés, et qui, au lieu de concevoir ainsi l'idée du sommeil, n'ont que celle de fixer avec rigidité : l'occlusion des yeux réussit alors mieux. Au bout de deux ou trois minutes de fixation, je maintiens les paupières closes, ou bien je les étends lentement et doucement sur les globes oculaires, les fermant de plus en plus, progressivement, imitant ce qui se produit quand le sommeil vient naturellement, je finis par les maintenir closes, tout en continuant la suggestion : « Vos paupières sont collées, vous ne pouvez plus les ouvrir ; le besoin de dormir devient de plus en plus profond ; vous ne pouvez plus résister. » Je baisse graduellement la voix, je répète l'injonction : « Dormez », et il est rare que plus de quatre ou cinq minutes se passent, sans que le sommeil soit obtenu. C'est le *sommeil par suggestion ;* c'est *l'image du sommeil que je suggère, que j'insinue dans le cerveau.*

« Si chez quelques-uns on réussit mieux en procédant avec douceur, chez d'autres, rebelles à la suggestion douce, il vaut mieux brusquer, parler d'un ton d'autorité pour réprimer la tendance au rire ou la velléité de résistance involontaire que cette manœuvre peut provoquer. Beaucoup de personnes déjà à la première séance sont impressionnées ; d'autres seulement à la seconde ou à la troisième. Après une ou deux hypnotisations, l'influence devient rapide. »

Certains individus chez lesquels la *suggestibilité hypnotique* est très développée, c'est-à-dire qui sont facilement influencés par la suggestion, peuvent être hypnotisés par le fait même d'une suggestion quelconque, sans que l'idée du sommeil soit émise. L'un d'eux a pu être endormi, en lui disant : « Vous voyez bien que j'ai un nez en argent. » Cette simple affirmation équivalait pour lui à ces deux autres : « Dormez ! » Puis : « Vous allez me voir avec un nez en argent. »

D'autres peuvent être endormis par lettre, comme l'a montré M. Liégeois sur une jeune fille des environs de Nancy. Il lui envoya le billet suivant, à une distance de 30 kilomètres : « Mademoiselle, moins d'une minute après que vous aurez lu ces lignes, vous dormirez, que vous y consentiez ou non. Vous vous éveillerez au bout de cinq minutes. Vous ne pourrez plus ensuite lire ce billet, sans dormir de nouveau pendant cinq minutes. Dormez ! » Deux fois la jeune fille lut le billet, deux fois elle s'endormit.

Le Dr Burot (de Rochefort) a également endormi une hystérique par correspondance ; M. Liégeois a obtenu le même effet par téléphone ; M. Ch. Richet a provoqué le sommeil à distance, sans prévenir le sujet, sans lui parler ni lui écrire, par suggestion mentale. Comme les conditions étaient plus complexes dans ces divers cas que dans le précédent, comme il s'agissait alors de suggestions plus étendues que celle du sommeil, que nous avons surtout en vue pour le moment, la relation en trouvera mieux sa place dans les chapitres suivants. Du reste, l'existence de la suggestion mentale est très problématique ; la suggestion écrite ou par téléphone ne réussit qu'exceptionnellement, mais suffit à montrer une fois de plus que le fluide magnétique est une hypothèse vide de sens, puisqu'il ne peut exercer son influence en l'absence du magnétiseur ; la suggestion verbale, exprimée à haute voix, est au contraire la règle.

On peut enfin faire passer une personne naturellement endormie dans un sommeil artificiel, somnambulique, à l'aide d'un procédé déjà indiqué par le général Noizet, vérifié depuis par les Drs Liébeault et Bernheim, par Berger, etc. Il consiste à s'approcher de l'individu qu'on suppose profondément endormi, et à lui appliquer légèrement la main sur le front, ou mieux sur le creux de l'estomac, pendant quelques minutes ; puis à lui dire doucement : « Ne vous réveillez pas, continuez à dormir. » Alors si on lève son bras en l'air il y reste sans être soutenu, en état de catalepsie ; et souvent, si on interroge le dormeur, il répond sans se réveiller, avec tous les caractères du somnambulisme.

Ce fait, et l'action hypnotisante que nous avons reconnue à la projection brusque d'une lumière vive, au retentissement soudain et inattendu d'un instrument sonore, prouvent que l'acquiescement du sujet n'est pas absolument indispensable à la production de l'hypnose. Certes, la concentration de la pensée sur l'idée du sommeil, l'attente de ce sommeil, *l'attention expectante* comme on l'appelle, facilite cette production, et on a pu endormir certains individus en leur affirmant qu'ils seraient hypnotisés dès qu'ils toucheraient un bouton de porte ou qu'ils boiraient une tasse d'eau. Mais il est certain qu'on peut jeter quelqu'un dans l'état hypnotique sans son intervention, sans qu'il le veuille, et même contre sa volonté.

Cela nous amène à nous poser une question fort importante : *tous les sujets sont-ils accessibles aux influences hypnotiques ?* Hippocrate dit oui, Galien dit non, et cette divergence de vues entre gens de bonne foi tient à un défaut d'entente sur le fond même de la question. Il y a hypnotisme et hypnotisme, comme il y a fagots et fagots, ce qui veut dire que, comme nous le verrons dans le chapitre

5.

suivant, ce trouble spécial et momentané du système nerveux peut, ainsi que le mal de tête par exemple, présenter dans son intensité de très grandes variétés. Les expérimentateurs de Nancy, MM. Liébeault, Bernheim, Liégeois, etc., admettent six degrés de sommeil provoqué, depuis le simple assoupissement, avec fatigue et pesanteur, jusqu'au somnambulisme complet : aussi, sur 1,014 sujets en expérience, n'en ont-ils trouvé que 27 tout à fait réfractaires aux influences hypnotiques (soit 2,6 p. 100), d'où ils concluent qu'il n'y aurait qu'une très faible minorité d'individus qui ne se laisseraient pas endormir.

Endormir, oui, leur a-t-on répondu, mais d'un sommeil léger, naturel qui ne doit pas plus être confondu avec le véritable hypnotisme, qu'une courbature consécutive à la fatigue ne peut se confondre avec l'horrible mal de reins de la petite vérole ou de certaines maladies de la moelle épinière. Si on admet cette interprétation, qui est la vraie, la proportion précédente est renversée : 70 p. 100 des sujets ne peuvent pas être hypnotisés; sur les 30 qui restent, 15 ne dépassent pas la période léthargique ou cataleptique, 15 seulement peuvent arriver au somnambulisme. Cette constatation a une grande importance, puisque ce dernier état est seul favorable à la suggestion, qui fait tout l'intérêt thérapeutique, pédagogique, et médico-légal de l'hypnotisme.

A quoi tient cette différence ? En d'autres

termes, *quels sont les sujets hypnotisables* ? Il est incontestable que l'impressionnabilité du système nerveux joue ici un grand rôle : les individus qu'un rien émeut, sur lesquels les influences extérieures se font vivement sentir, qui souffrent de la présence de l'électricité dans l'air ou de l'approche d'un aimant, sont très accessibles à l'hypnotisation. Voilà pourquoi chez les hystériques, qui présentent spontanément les phénomènes de l'hypnose, on les provoque facilement en général, et on les observe alors au plus haut degré. A ce propos, je rappellerai que M. Liégeois a dit, bien à tort, que l'hystérie est presque sans exemple chez l'homme : l'hystérie mâle a été observée maintes fois, jusque dans l'armée, où elle est devenue un cas d'exemption ou de réforme, et, si elle est souvent méconnue, c'est que les signes en sont rarement aussi faciles à déchiffrer qu'on se le figure ; aussi quelques expérimentateurs ont probablement considéré comme sains des individus névropathes, et ceux-ci tiennent le premier rang parmi les personnes hypnotisables. Puis viennent les anémiques, les chlorotiques, les gens affaiblis par les excès. Les aliénés, au contraire, les idiots, les déments, sont peu hypnotisables, à cause de la difficulté qu'on éprouve à fixer leur attention : on y arrive cependant avec du temps et de la patience, ou à l'aide de procédés spéciaux.

Mais il s'en faut de beaucoup que l'hypnotisme soit l'apanage exclusif des névropathes, que tous les hypnotisés soient des gens nerveux.

Beaucoup de ceux qui ont été trouvés hypnotisables et suggestibles présentaient toutes les apparences d'une excellente santé. L'aptitude à l'hypnotisation se rencontre souvent chez les ouvriers, journaliers, marins, soldats, campagnards, êtres robustes, illettrés, chez lesquels la pensée se cristallise facilement, comme dit le Dr Liébeault : c'est que ces gens sont surtout dominés par les instincts, et les phénomènes de l'hypnotisme sont des actes principalement instinctifs, automatiques, indépendants de l'action de l'intelligence.

L'*âge* et le *sexe* ont aussi une grande importance. Les enfants à partir de l'âge de raison, s'hypnotisent en général très facilement : c'est de 7 à 14 ans qu'on trouve le plus grand nombre de somnambules, puis de 4 à 7, et de 14 à 21 ans. Le nombre en diminue dans les années suivantes, pour se relever un peu au-dessus de 60 ans, où il atteint un chiffre relativement élevé.

Considérées en bloc, les femmes, étant plus impressionnables que les hommes, sont aussi plus hypnotisables : toutefois on a remarqué que les femmes bien portantes sont généralement moins sensibles aux manœuvres hypnotiques que les hommes également sains, tandis que, parmi les malades, c'est du côté des femmes qu'on trouve le plus grand nombre de sujets. « En général, dit M. Ch. Richet, les femmes petites, brunes, aux yeux noirs, aux cheveux noirs abondants, aux sourcils épais, sont des sujets très favorables. Cependant on réussit très bien avec des femmes pâles et lymphatiques, et on échoue avec des personnes très nerveuses. En somme, les femmes délicates, nerveuses, languissantes, atteintes d'une maladie chronique, sont certainement plus que toutes les autres aptes à subir l'influence du magnétisme. »

On a cherché le moyen de savoir à coup sûr si telle ou telle personne est hypnotisable. Ainsi M. Julian Ochorowicz, ayant constaté qu'il existe un rapport entre la sensibilité hypnotique et la faculté d'être influencé par l'aimant, a proposé l'emploi de l'*hypnoscope*, petit aimant nickelé, en forme de tube fendu, dans lequel on introduit, pendant deux minutes, le doigt de la personne soumise à l'épreuve.

Si celle-ci présente, dans le doigt ou dans tout le corps, des mouvements involontaires, de l'insensibilité, de la paralysie, des sensations de chaleur, de froid, des picotements, des fourmillements, etc., c'est qu'elle est nettement hypnotisable. Ce procédé serait d'une application très facile : malheureusement d'autres expérimentateurs n'ont pas obtenu des résultats aussi concluants, et on ne peut se fier absolument aux indications de l'hypnoscope.

M. Moutin (d'Avignon) indique un autre moyen de reconnaître l'aptitude d'une personne à éprouver les effets hypnotiques. Il applique une main entre les omoplates de cette personne : si, après deux ou trois minutes, elle ressent une chaleur dans le dos, et si la chaleur va en augmentant, il met une main sur chaque omoplate en imprimant à ses doigts un léger tremblement. La chaleur ne tarde pas à devenir intolérable chez les sujets très impressionnables, et ceux qui ont cette sensation sont aptes aux expériences d'hypnotisme. Ceux qui n'éprouvent rien peuvent être éliminés de suite ; ceux qui accusent subitement une fatigue générale doivent l'être également, pour une autre raison : ils sont trop impressionnables, des accidents pourraient survenir chez eux pendant le sommeil. Enfin les personnes qui ne ressentent qu'une légère chaleur, ou qui, au lieu de chaleur, éprouvent des frissons, une sensation de froid, des crampes dans les jambes, etc., sont moins sensibles que les premières : mais on peut cependant obtenir sur elles des effets marqués. Pour endormir, M. Moutin emploie concurremment les passes et la fixation du regard du sujet sur ses propres yeux.

Pour résumer cette longue énumération des sujets aptes à l'hynoptisation, et des procédés propres à l'obtenir, je dirai que tous les moyens indiqués peuvent réussir, à condition qu'ils soient mis en œuvre sur un individu disposé à subir l'influence : encore une fois, tout le monde peut hypnotiser, ce pouvoir n'a rien de personnel, ni de mystérieux ; mais tout le monde n'est pas hypnotisable. Or cette prédisposition est, d'une part, naturelle, due aux conditions d'âge, de sexe, de trouble nerveux, que nous avons vues; d'autre part, acquise par l'habitude. Car le plus souvent, même chez les individus hypnotisables, on n'obtient dans une première séance que des effets peu marqués, fugaces, lents à se manifester, tandis que dans les séances suivantes ils s'obtiennent de plus en plus vite, ils s'accroissent, se précisent de plus en plus. Il arrive très bien qu'une personne qui a résisté quinze à vingt minutes les deux premières fois, s'endort en deux minutes à la troisième tentative, puis instantanément.

La suggestion réussit rarement du premier coup, parce qu'elle nécessite un rapport intime entre l'hypnotiseur et l'hypnotisé, une influence qui ne s'acquiert qu'après un certain temps; je ne conseille donc pas de l'essayer sur un sujet qu'on veut endormir pour la première fois. Dans ce cas, c'est au procédé braidique, ou à ses dérivés, qu'il faut donner la préférence; c'est lui qui, au moins au début, a le plus de chance de réussir. La fixation d'un objet brillant, suivant la méthode de Braid, a l'inconvénient de provoquer un strabisme fatigant, et a parfois produit des convulsions: mieux vaut suivre le conseil de Durand (de Gros), qui fait fixer son doigt, ou le doigt du sujet, ou un objet peu brillant tenu par le sujet lui-même à la hauteur des yeux.

Mais ce procédé nécessite une grande attention, une fixité prolongée du regard, il n'est pas applicable chez les aliénés et autres sujets que leur nervosité rend très mobiles. Chez eux on a recours, soit à des pressions de zones hypnogènes quand on les trouve ; soit à une impression visuelle ou auditive. Il est connu, que, quand ces impressions ébranlent violemment le système nerveux (jet de lumière, bruit du gong, etc.), elles donnent lieu à un sommeil brusque, avec catalepsie ou léthargie ; tandis que celles qui sont faibles ou prolongées (tic tac d'une montre, occlusion des paupières, etc.,) produisent un sommeil sans secousses, progressif, semblable au sommeil naturel, et conduisant au somnambulisme ; les dernières sont donc préférables.

Les passes demandent une grande expérience, et, comme nous l'avons dit, l'état qu'elles provoquent s'arrête souvent à l'inertie et à la torpeur. La prise du regard, la fascination, mène plutôt à la catalepsie et est bien loin d'être inoffensive : des convulsions peuvent en être la conséquence.

Nous verrons que, le sujet une fois endormi, il est parfois utile de passer d'un procédé à l'autre pour lui faire traverser les différents états de l'hypnotisme. Mais, je le répète, pour le plonger dans la première phase, le sommeil, c'est la fixation d'un objet qu'il faut choisir, comme le moins dangereux et le plus sûr de réussir.

Il ne suffit pas d'avoir endormi le sujet, *il faut le réveiller*. Car si le réveil est spontané et parfois rapide, il peut se faire attendre une ou plusieurs heures, ce qui est au moins inutile, gênant pour l'hypnotisé, effrayant pour un entourage non prévenu, bien que non dangereux en réalité. Or, à toutes les périodes de l'hypnose, il suffit de souffler légèrement sur les yeux du sujet pour le réveiller : une insufflation suffit ordinairement ; sinon, on y revient trois et quatre fois. Si le sujet est en état de somnambulisme, apte à recevoir les suggestions, on peut lui dire en même temps : « C'est fini, réveillez-vous. » Les aspersions d'eau froide n'ont aucune raison d'être, le réveil se fait facilement par insufflation et suggestion.

Les animaux peuvent aussi présenter quelques phénomènes hypnotiques, sous l'influence de procédés assez analogues à ceux qu'on applique à l'homme : fixation du regard, passes, impressions sensorielles, etc. Le père Athanase Kircher, savant jésuite du dix-septième siècle, a montré, dès 1646, qu'en posant une poule sur le sol, les pattes liées, et en traçant devant elle une ligne qui attire ses regards, on peut ensuite la délier, l'exciter même, sans qu'elle fasse le moindre mouvement. Czermak en 1873, Preyer en 1878, constatèrent les mêmes phénomènes sur des oiseaux, des écrevisses, des lapins, etc., en les tenant immobiles pendant quelque temps, ou en plaçant devant leurs yeux un objet quelconque. Les animaux s'endorment alors, ou tombent en catalepsie, probablement sous l'influence de la peur.

Si on presse une grenouille entre le pouce appliqué sur le ventre et les quatre autres doigts placés sur le dos, elle s'endort au bout de deux minutes, en catalepsie, sans sortir de l'attitude plus ou moins bizarre qu'on lui a fait prendre, et qu'elle peut conserver une heure et plus. Si, avec l'autre main, on presse sur la mâchoire inférieure de l'animal, de façon à faire sortir ses yeux de l'orbite, la rigidité cataleptique cesse, le sommeil devient léthargique.

De même les charmeurs de serpents pressent fortement avec deux doigts près de la tête de l'animal, qui s'endort presqu'immédiatement.

» Dans le pays de Caux, disent les Drs Binet et Féré, quand une poule a pondu un certain nombre d'œufs dans le nid de son choix et qu'elle a commencé à couver, si, pour des raisons particulières, on veut lui faire couver d'autres œufs dans un autre nid, on lui place la tête sous son aile et on la balance jusqu'à ce qu'elle dorme, ce qui arrive rapidement, puis on la place dans le nid qu'on lui destine. A son réveil, elle ne songe nullement à son propre nid, elle a adopté les œufs étrangers. Quelquefois on peut, par le même procédé, faire couver des poules qui n'ont pas encore manifesté l'intention de le faire. C'est là une modification de l'instinct par l'hypnotisme, qui peut faire penser que l'application pédagogique de la suggestion n'est pas aussi absurde ni aussi ridicule que certains auteurs ont bien voulu le dire. »

Les animaux peuvent aussi être impressionnés par l'intermédiaire des sens. Qui ne connaît l'influence de la musique sur les serpents, l'attraction exercée par la lumière sur les insectes, par le miroir sur les alouettes? La pêche avec les torches n'est-elle pas interdite ou limitée, à cause de la facilité avec laquelle les poissons se laissent prendre quand une lumière vive vient les frapper? Ce sont là autant de manifestations hypnotiques, comparables à celles que nous verrons plus loin.

Les essais ont porté également sur de plus grands animaux, sur les cochons d'Inde, sur les chevaux. En 1828, un Hongrois nommé Balassa, cherchant le moyen de ferrer un cheval rétif, disait : « En le fixant carrément, le cheval est amené à reculer, à lever la tête, à raidir la colonne cervicale, et on peut en imposer à quelques-uns à tel point qu'ils ne bougent pas, même si un coup de fusil est tiré dans le voisinage. La friction douce, avec la main en croix, sur le front et les yeux, serait aussi un moyen auxiliaire précieux pour calmer et assouplir le cheval le plus doux comme le plus violent. » C'est aussi à l'aide de ces sortes de passes, auxquelles il joignait la répétition prolongée, douce et monotone, des mêmes paroles, qu'un écuyer célèbre, Rarey, dressait les chevaux indociles.

Certes il existe entre l'hypnotisme de l'homme et celui des animaux de grandes différences, dont la principale est que les animaux n'arrivent jamais à l'état somnambulique. Il n'en est pas moins très intéressant de noter que « le roi de la création » n'est pas seul à présenter les phénomènes hypnotiques.

VI

PRINCIPAUX PHÉNOMÈNES OBSERVÉS DANS L'HYPNOTISME

Le grand hypnotisme. — Catalepsie, léthargie, somnambulisme. — Émotions et attitude communiquées. — Perte de la sensibilité. — Hallucinations, illusions, exaltation des sens. — État de l'intelligence. — Hypnotisme unilatéral. — États mixtes de l'hypnotisme. — Degrés du sommeil provoqué.

L'hypnotisme n'est pas, comme on l'a dit, un « sommeil somnambulique provoqué. » Le somnambulisme peut en faire partie ; il en est même, si l'on veut, l'expression la plus accusée, mais il ne le constitue pas à lui seul. Que de sujets manifestement hypnotisés, insensibles, cataleptiques, etc., qui n'arrivent pas au somnambulisme !

Pour Braid, l'hypnotisme est « un état particulier du système nerveux déterminé par des manœuvres artificielles. » Contentons-nous de cette définition, qui se rapproche suffisamment de la vérité, en remarquant toutefois que l'hypnotisme n'est pas toujours semblable à lui-même, et que ses manifestations peuvent considérablement varier, de sorte qu'elles représentent, à vrai dire, plusieurs états distincts. Mais un double lien les unit toujours : leur provocation artificielle ; leur point de départ dans un trouble momentané du fonctionnement du système nerveux.

Ces différences dans les manifestations hypnotiques tiennent à une cause principale, le tempérament et les dispositions nerveuses spéciales du sujet en expérience ; et à une cause accessoire, le procédé d'hypnotisation qu'on emploie. Il était donc nécessaire, pour apporter un peu de lumière dans une question aussi obscure, de s'adresser d'abord à des individus présentant des conditions de santé identiques, en n'essayant sur eux que des pratiques d'un seul ordre. C'est ce qu'a fait le professeur Charcot, qui a eu recours aux procédés physiques, à l'exclusion de la suggestion, et qui a choisi pour sujets de ses premières expériences les hystériques, comme présentant des « types complets et réguliers dont les autres formes de l'hypnotisme ne sont que des degrés atténués ou imparfaits. »

Plus tard, le cercle de nos connaissances s'est élargi. On a décrit les états mixtes et intermédiaires qui existent chez d'autres personnes que les hystériques, et dont nous parlerons à la fin de ce chapitre. On a étudié sous toutes ses formes la suggestion, qui fera l'objet des chapitres suivants. Il n'en est pas moins vrai que si l'on veut, suivant la méthode de Descartes, aller du simple au composé, il faut d'abord connaître ce qu'est l'hypnotisme dans sa forme la plus précise, la plus correcte. C'est pourquoi nous l'étudierons d'abord tel que M. Charcot l'a décrit, tel qu'il existe chez les hystériques, qui, suivant l'expression du docteur Bérillon, offrent pour cette étude les qualités du réactif le plus sensible qu'on puisse employer dans un laboratoire.

L'hypnotisme complet et régulier, le *grand hypnotisme*, comme on l'appelle encore, comprend trois états nerveux : *cataleptique, léthargique, somnambulique*, ayant leurs modes d'apparition et leurs signes particuliers.

Sous l'influence d'un bruit intense, d'une lumière vive, ou de la fixation prolongée des yeux sur un objet quelconque, le premier phénomène qui apparaît est la *catalepsie*, dont le principal symptôme est l'immobilité. Le sujet, comme pétrifié, a les yeux ouverts, le regard fixe; ses membres gardent toutes les situations qu'on leur fait prendre; si on lève ses bras, ils restent en l'air; de même pour ses jambes; si on le place dans une attitude forcée, il se maintient en équilibre, sur le bout d'une table, sur le dossier d'une chaise, et cela pendant un temps relativement fort long, pendant vingt, ving-cinq minutes, au bout desquelles les membres retombent. Ceux-ci, déplacés par l'expérimentateur, lui donnent la sensation d'une grande légèreté, n'offrent aucune résistance. Les larmes coulent sur les joues, par suite de l'absence de clignement des paupières. La respiration est régulière, mais plus rare.

La simulation de l'immobilité cataleptique serait facile à déceler : chez le sujet cataleptisé, une plume placée au bout du bras étendu, et mise d'autre part en contact avec un tambour sur lequel un papier se déroule automatiquement, inscrira pendant toute la durée de l'expérience une ligne droite, régulière, qui montre l'absence de fatigue, tandis que chez le simulateur la fatigue se manifestera, au bout de quelques minutes, par une ligne brisée, irrégulière.

Pour réveiller le sujet en catalepsie, il suffit de lui souffler sur les yeux. On le fait passer à l'état somnambulique en lui frictionnant seulement le sommet de la tête. On le plonge en léthargie en abaissant ses paupières.

La *léthargie* peut donc succéder à l'état cataleptique, par occlusion des yeux, ou en plaçant le sujet dans l'obscurité ; on peut aussi la faire naître primitivement, sans catalepsie préalable, par fixation d'un objet : alors il est nécessaire que l'objet ne soit pas brillant, et que la fixation soit prolongée. L'état léthargique est plus lent à s'établir que la catalepsie. Au début, un peu d'écume monte aux lèvres, le regard devient fixe, les yeux sont injectés ; puis ils se tournent en haut et en dedans, les paupières se ferment, le sommeil arrive, profond et calme.

Si on soulève les membres, ils retombent flasques et pendants ; la tête déplacée roule sur les épaules. C'est un état de mort apparente, qui pourrait être confondu, comme la léthargie spontanée, avec la mort réelle, si la persistance des battements du cœur ne rendait la distinction facile, avec un peu d'attention. Notons en passant que c'est la période la plus favorable à la perpétration d'attentats sur les personnes, en raison de l'inertie complète du sujet : nous y reviendrons à propos de la médecine légale.

Ici encore, le réveil s'obtient par une insufflation sur les yeux, et la pression du vertex produit le somnambulisme. Au contraire, l'ouverture des yeux ramène l'état cataleptique.

Le *somnambulisme* enfin peut succéder, comme nous l'avons vu, à la catalepsie ou à la léthargie : une légère friction ou pression sur le vertex suffit à opérer cette transformation. Il est beaucoup plus rare de le faire naître d'emblée, par les procédés physiques ordinaires, tandis que la suggestion le provoque assez facilement chez les sujets hypnotisables. Dans l'état somnambulique, les yeux sont fermés ou entr'ouverts, parfois même complètement ouverts ; dans ce dernier cas, cet état « ressemble beaucoup à l'état de veille, dit le docteur Cullerre, en raison de la tendance du sujet à l'activité, qui même semble parfois plus grande qu'à l'état normal. » Les membres soulevés gardent quelques minutes la position qu'on leur donne, mais ne tardent pas à retomber. Cette période est de beaucoup la plus intéressante à étudier, moins pourtant au point de vue physique, seul en cause ici, qu'au point de vue de la suggestion, que nous verrons plus tard. La durée est très longue (24, 48 heures), si on ne l'abrège en soufflant sur les yeux du sujet.

Voilà l'apparence extérieure qu'on constate du premier coup, sans études préalables, sans recherches minutieuses, sur les sujets chez lesquels se déroulent les trois périodes classiques de l'hypnotisme : c'est l'hypnotisme à l'état brut, si je puis dire. Mais, avec un peu de patience et un léger effort, l'expérimentateur peut provoquer d'autres manifestations aussi intéressantes que les premières : il lui suffit de savoir et de vouloir observer. Pour la clarté de l'exposition, je passerai ces particularités en revue dans les trois grandes sphères de l'activité cérébrale : la mobilité, la sensibilité, les facultés intellectuelles.

Nous savons déjà que le cataleptisé reste spontanément immobile, garde, pendant un temps bien plus long qu'à l'état normal, l'attitude qu'on fait prendre à ses membres : c'est là le principal phénomène qu'on observe du côté de la mobilité, ce n'est pas le seul.

En premier lieu, si on presse fortement et assez longtemps sur un muscle placé immédiatement sous la peau, sur le biceps du bras par exemple, on voit le bras se paralyser plus ou moins complètement, et perdre la rigidité cataleptique qu'il avait au début, pour retomber flasque et inerte le long du corps.

En second lieu, un phénomène de mouvement très curieux est celui des *attitudes communiquées,* déjà observé par Braid qui l'appelait *suggestion par les gestes,* puis par Azam, et décrit plus récemment par Dumontpallier sous le nom de *suggestion par l'intermédiaire du sens musculaire.* En imprimant aux membres du sujet une attitude déterminée, on voit se peindre sur son visage une émotion qui correspond à cette attitude. « Si, pendant la période de catalepsie, dit le docteur Azam, je place les bras de mademoiselle X... dans la position de la prière, et les y laisse pendant un certain temps, elle répond qu'elle ne pense qu'à prier, qu'elle se croit dans une cérémonie religieuse ; la tête penchée en avant, les bras fléchis, tout son esprit est envahi par toute une série d'idées d'humilité, de contrition ; la tête haute, ce sont des idées d'orgueil. » Si on ferme le poing du sujet, sa physionomie prend l'expression de la colère, du défi, etc. Toutes les passions peuvent ainsi se peindre sur le visage sous la seule influence d'un changement dans la position des mains, et cela chez tous les cataleptisés. Comment expliquer ce phénomène étrange et constant ? Il ne s'agit pas là d'une véritable suggestion, au sens propre du mot, puisque l'expérimentateur n'a fait au sujet aucune espèce de commandement verbal.

C'est certainement une manifestation de l'instinct d'imitation qui caractérise les cataleptiques, et dont nous aurons encore l'occasion de parler. C'est aussi une application de la théorie de Dugald Steward et Stricker, d'après laquelle toute espèce d'idéation donne lieu à un ordre particulier de mouvements, et inversement : pensez à une lettre de l'alphabet, et vos lèvres exécuteront inconsciemment les mouvements nécessaires pour prononcer cette lettre. De même le cataleptique, ayant l'esprit influencé par l'attitude donnée à ses mains, extériorise ce qui se passe dans son esprit par des mouvements corrélatifs des muscles de son visage. Réciproquement, si on électrise les muscles de la face qui traduisent la colère à l'état normal, on voit les poings se fermer, les bras se tendre en avant dans l'attitude correspondante à cet état passionnel.

Quoi qu'il en soit de l'explication, le fait est incontestable. Mais il est spécial à la catalepsie hypnotique ; il n'existe plus dans *la léthargie* ni dans *le somnambulisme*. Par contre, un phénomène nouveau se produit dans ces deux états : c'est la contraction des muscles sous l'influence d'une excitation qui, à l'état normal, serait incapable de la déterminer. Nous avons vu que, dans la catalepsie, la friction simple du biceps du bras épuise ce muscle, fait retomber le membre comme paralysé ; dans la léthargie, c'est l'inverse qui a lieu : en frappant ou en frictionnant le tendon de ce muscle pendant une ou deux minutes, on le voit durcir, se contracter, et soulever l'avant-bras sur le bras, comme lorsqu'on veut faire un effort. Cette contraction se prolonge pendant un certain temps si on n'intervient pas; elle cesse immédiatement si on exécute la même manœuvre, friction ou massage, sur les muscles dont l'action est antagoniste de ceux sur lesquels on a agi d'abord, c'est-à-dire si on excite le muscle situé à la partie postérieure du bras, après avoir agi sur le biceps, placé en avant.

Pendant le somnambulisme, le même effet se produit. Mais il faut alors que l'excitation soit très faible, ne dépasse pas la peau. Le plus léger contact suffit à faire contracter le muscle, à le faire durcir et raidir comme s'il était atteint de tétanos. Le même frôlement de la peau qui a amené la contraction la fait instantanément cesser, suivant cette loi formulée par MM. Dumontpallier et Magnin : en hypnotisme, l'agent qui fait, défait; c'est-à-dire que tout phénomène provoqué par un excitant quelconque est détruit par l'emploi immédiat de ce même excitant.

Passons maintenant à *la sensibilité*. Dans la catalepsie, et surtout dans la léthargie, on peut piquer, pincer, brûler la peau du sujet, sans qu'il manifeste la moindre douleur. C'est sur cette insensibilité qu'est basé l'emploi qu'on a voulu faire de l'hypnotisme dans la pratique des opérations chirurgicales. Dans le somnambulisme, l'anesthésie est aussi habituelle; mais elle peut être limitée à un point du corps, les autres régions continuant à percevoir les excitations extérieures; elle peut même être remplacée par l'exaltation de la sensibilité, par l'hyperesthésie.

Quant aux *sens spéciaux*, vue, ouïe, tact, ils cessent complètement de fonctionner dans l'état léthargique; mais ils sont conservés, au moins en partie, chez le cataleptique. Fait-on devant l'un d'eux le simulacre de poursuivre un oiseau ou de reculer à l'approche d'un serpent, il verra immédiatement l'animal dont on n'a pas prononcé le nom, mais qu'il devine par ce qu'il voit faire, et chassera lui-même l'oiseau ou fuira le reptile. Joue-t-on dans le voisinage un air de musique dansante, il se mettra à sauter. Met-on dans les mains d'une hypnotique cataleptisée de la laine et des aiguilles à tricoter, elle tricotera sans interruption jusqu'à ce qu'on lui enlève son ouvrage. Ainsi, la vue, l'ouïe, le tact, sont ouverts aux impressions extérieures; c'est par leur intermédiaire, par suite des hallucinations dont ils sont l'objet, et aussi de l'instinct d'imitation propre aux cataleptiques, que ceux-ci exécutent des actes assez semblables à ceux que les somnambules accomplissent par suggestion. Mais il n'y a pas là encore de véritables suggestions : celles-ci sont fort difficiles à réaliser pendant l'état cataleptique. Le cataleptique exécute des mouvements en rapport avec ce qu'il croit voir, entendre, toucher; mais il est incapable d'accomplir plusieurs actes successifs, associés de sa propre initiative. Cesse-t-on la musique, retire-t-on le tricot, il redevient immobile, jusqu'à ce qu'une nouvelle excitation auditive, tactile ou visuelle, le tire de sa torpeur.

Ainsi, le léthargique est un véritable cadavre : son intelligence est abolie, aussi bien que sa sensibilité et l'exercice de ses sens. Le cataleptique est un automate : son intelligence est obscurcie, mais ses sens veillent assez, ses membres sont assez libres pour qu'il puisse voir, entendre et exécuter machinalement un certain nombre de mouvements instinctifs, non réfléchis, à la façon d'une mécanique qui s'arrête d'elle-même quand ses ressorts cessent de fonctionner.

Pendant le période somnambulique, non seulement tous les sens sont conservés, mais ils ont une acuité infiniment plus grande qu'à l'état de veille, comme le prouvent les observations suivantes. La première, du Dr Azam, se rapporte à la jeune fille dont il a déjà été question à propos des attitudes communiquées. « Mademoiselle X... se rejette la tête en arrière, son visage exprime la douleur. Interrogée, elle répond que l'odeur du tabac que je porte sur moi lui est insupportable. Le bruit de ma voix ou de celle des assistants, celui de la rue, le moindre son enfin, paraît affecter cruellement la sensibilité de l'ouïe; un contact ordinaire amène une certaine douleur; puis deux doigts placés, l'un sur la tête, l'autre sur la main, amènent comme une forte commotion très douloureuse;

une montre est entendue à une distance de huit à neuf mètres, ainsi qu'une conversation à voix très basse. Une main nue est-elle placée à quarante centimètres derrière son dos, mademoiselle X... se penche en avant et se plaint de la chaleur qu'elle éprouve; de même pour un objet froid et à même distance; et tout cela sans que je lui eusse jamais parlé de ces mêmes phénomènes décrits par Braid. Mademoiselle X... enfile rapidement une aiguille très fine, et écrit très correctement, un gros livre étant placé entre ses yeux et l'objet. Elle marche dans sa chambre sans se heurter. En un mot, le sens d'activité musculaire est hyperesthésié. »

Une autre observation, du Dr Taguet, concerne une hystérique de dix-neuf ans. « Noëlie est mise en somnambulisme. Nous opérons la prise du regard (1) à l'aide d'une carte de visite que nous déchirons, presque aussitôt, en un certain nombre de morceaux. Pendant que nous la faisons maintenir de vive force sur son lit, nous nous rendons dans la pièce voisine, et là, nous les dissimulons sous le tapis, derrière les meubles, dans des verres, dans des pots de fleurs, dans le poêle, dans les poches des personnes présentes; puis nous revenons vers la malade, n'ayant plus qu'un seul bout de carton que nous lui remettons. La malade le

---

(1) Nous verrons, à propos de la fascination, ce qu'il faut entendre par *prise du regard*.

flaire à plusieurs reprises, hésite un instant, puis se précipite dans la salle, reniflant comme un chien ; tout à coup elle s'arrête, renifle encore, et, après quelques tâtonnements, elle salue par un cri de joie la découverte d'un des précieux fragments. Elle passe indifférente devant les objets, les personnes qu'elle sait ne rien recéler de ce qu'elle cherche ; s'arrête, au contraire, devant les autres, et ne s'éloigne que lorsqu'elle est arrivée à ses fins. C'est inutilement qu'on proteste, qu'on se défend, qu'on la rebute ; tout est inutile. Lorsqu'elle a découvert de la sorte un certain nombre de ces bouts de carton, elle cherche à le reconstituer ; puis elle compte, additionne le chiffre qu'elle connaît avec celui des morceaux qui lui restent à trouver : le total annoncé correspond exactement à celui que nous connaissons... Pendant que la malade est tout entière à la reconstitution de la carte de visite, nous jetons un bandeau sur ses yeux ; elle n'en continue pas moins le travail commencé, et arrive, après quelques tâtonnements, à donner à chaque bout de carton sa place respective. Est-ce là un simple effet du hasard, ou devons-nous admettre une certaine hyperesthésie ? Pendant que la vision est ainsi interrompue mécaniquement, nous invitons, par signe, une des personnes à faire disparaître un ou plusieurs bouts de carton ; la malade, d'abord impassible, paraît bientôt ennuyée, inquiète ; elle compte à nouveau, puis tout à coup ses traits se contractent, le regard devient farouche, et elle se jette sur le voleur comme une furie, criant, gesticulant, le frappant avec une brutalité excessive, et cela tant qu'elle n'est pas rentrée en possession de son bien. Si la personne a quitté la salle, elle la suit à la piste, la perd, la retrouve, et arrive, en général, assez rapidement à découvrir la cachette, n'ayant d'autre guide que l'odorat. »

Je citerai encore les expériences de MM. Dumontpallier et Magnin, qui ont vu le pied ou la main se fléchir, prendre une position forcée et prolongée, lorsqu'ils touchaient à peine la peau de la jambe ou du bras, ou qu'ils soufflaient très légèrement sur cette région, qu'ils y déposaient une goutte d'eau tiède, qu'ils y dirigeaient un jet de lumière, qu'ils en approchaient l'extrémité d'un cornet acoustique à l'autre bout duquel résonnaient les vibrations minimes engendrées par le tic-tac d'une montre, ou enregistrées par un microphone.

De tout cela nous pouvons conclure que tous les sens présentent, dans la période somnambulique, une exaltation des plus remarquables, qui suffit à expliquer bien des phénomènes restés obscurs jusqu'ici, et exploités de mille façons par les magnétiseurs de profession. L'acuité extraordinaire du toucher et de la sensibilité musculaire, qui fait que le moindre ébranlement de l'air, tout à fait imperceptible à l'état normal, est senti très vivement par le somnambule, n'explique-t-il pas que celui-ci peut dans une large mesure se passer du secours des yeux ? Quel besoin avons-nous d'imaginer l'hypothèse d'une clairvoyance, d'une seconde vue indémontrable, qui serait dévolue à ceux qui écrivent, lisent, ou enfilent une aiguille, dans une obscurité à peu près complète, ou un bandeau sur les yeux, quand nous voyons le tact et l'odorat suffire à l'accomplissement d'actions qui nécessitent d'habitude l'intervention d'autres sens ? Ceux-ci ne sont pas transposés ; ils sont exaltés, ou se suppléent les uns aux autres, voilà tout.

Quant à l'*intelligence*, elle est, pendant le somnambulisme provoqué, aussi vive, parfois même plus vive qu'à l'état normal. La mémoire des sujets est exaltée, au point qu'ils peuvent chanter un air de musique, ou réciter une pièce de vers, qu'ils n'ont entendus qu'une fois, à une époque souvent très lointaine, et dont ils sont incapables, une fois réveillés, de se remémorer une note ou un seul mot. Au réveil, ils ont oublié tout ce qui s'est passé pendant ce sommeil artificiel : mais le souvenir leur en revient très précis, dès qu'on les endort de nouveau (ce qui, comme nous le dirons, a une certaine importance médico-légale). Toutefois ces facultés mentales, intelligence et mémoire, ne se manifestent pas spontanément chez le somnambule, qui est un automate plus conscient sans doute que le cataleptique, mais un automate : pour qu'elles se révèlent extérieurement, il faut les solliciter par des suggestions, par des ordres donnés à haute voix, qui seront exécutés pendant ou après le sommeil, au choix de l'hypnotiseur.

Enfin un dernier phénomène, commun aux trois états de l'hypnotisme, consiste dans la possibilité qu'a l'opérateur d'hypnotiser un seul côté du corps du sujet, l'autre côté conservant son état normal, ou de plonger les deux côtés du corps dans des périodes différentes d'hypnotisme. Déjà signalé par Braid, puis étudié par Charcot, P. Richer, Dumontpallier, etc., ce phénomène consiste en ceci : placez un bandeau sur l'œil gauche d'un sujet hypnotisable, et invitez celui-ci à fixer votre doigt avec son œil droit, tout le côté droit de son corps sera hypnotisé, en état de catalepsie, de léthargie, de somnambulisme, tandis que le gauche ne le sera pas. Puis réveillez le sujet, enlevez-lui son bandeau, et endormez-le par les procédés ordinaires, par la fixation d'un objet par exemple : il tombe en catalepsie, les yeux grands ouverts ; si à ce moment vous fermez son œil gauche, le côté gauche du corps tombe en léthargie ; mais le côté droit, non influencé, reste cataleptisé. Enfin la léthargie se transforme en somnambulisme dans le côté gauche du corps, en catalepsie dans le côté droit, si on frictionne légèrement le côté gauche du sommet de la tête, en même temps qu'on ouvre l'œil droit. Ces expériences montrent que, contrairement à ce qu'on croyait autrefois, les deux côtés du cerveau ne sont pas solidaires l'un de l'autre, mais possèdent une certaine indépendance, qui leur permet de fonctionner isolément, et même d'une manière opposée. Cette dualité cérébrale est tout aussi appréciable au point de vue psychique : nous en reparlerons à propos des découvertes philosophiques que l'hypnotisme a permis de faire dans ces dernières années.

Telle est, en résumé, la description donnée par le professeur Charcot et ses élèves de l'hypnotisme complet, régulier, qu'on observe chez les hystériques, ou du moins chez les sujets atteints d'hystérie grave. C'est la clef de voûte de l'édifice, c'est le fil qui empêchera de s'égarer dans le dédale de ces faits nouveaux et obscurs que révèle chaque jour l'étude du système nerveux. Mais on se tromperait étrangement si, prenant cette description au pied de la lettre, on s'attendait à en trouver tous les détails sur tous les hypnotisés : la pratique amènerait de fortes déceptions.

D'abord toutes les hystériques soumises à l'hypnotisme ne traversent pas forcément les trois phases indiquées : il en est qui atteignent du premier coup la période somnambulique, et présentent exclusivement cet état ; d'autres, au contraire, s'arrêtent à la catalepsie ou à la léthargie ; chez d'autres encore l'ordre classique est modifié, c'est le somnambulisme qui ouvre la scène, la catalepsie ne vient jamais qu'après lui.

D'autre part, tous les sujets hypnotisables ne sont pas des hystériques, ni même des gens nerveux : nous l'avons vu dans le précédent chapitre.

Or, sur les individus sains, chez lesquels on est parvenu à produire l'hypnotisme, on n'observe que très rarement la succession et la régularité des périodes indiquées plus haut. Chez eux les phénomènes se déroulent sans ordre apparent, s'enchevêtrent ou s'associent, de façon que l'observateur a quelque peine à retrouver ce qu'on lui a dit devoir apparaître avec une précision presque mathématique. Ainsi la contraction musculaire prolongée qui caractérise la catalepsie, et qui permet au sujet de conserver longtemps une attitude fatigante et bizarre, peut s'allier soit à la léthargie, soit au somnambulisme. De ce mélange des phénomènes caractéristiques des trois états francs, résultent les *états mixtes de l'hypnotisme* (Dumontpallier et Magnin), les *phases intermédiaires de l'hypnotisme* (Pierre Janet). Ces états mixtes « ne sont, dit le Dr Magnin, que les traits d'union entre les précédents, et, en somme, tous les états différents décrits dans l'hypnose ne sont que des degrés d'une même affection, degrés entre lesquels il ne saurait y avoir de transition brusque. L'hypnotisme doit être envisagé comme un processus essentiellement progressif, et depuis l'état de veille jusqu'à la léthargie, qui nous semble être le degré le plus profond du sommeil provoqué, on observe tous les intermédiaires. »

De là il suit que, tout en ayant son unité, en formant un cercle dont tous les points se touchent, le sommeil hypnotique comprend, en plus des trois périodes fondamentales, une série d'états intermédiaires, qui se relient les uns aux autres, que les sujets atteignent ou non, suivant leurs dispositions particulières, et dont on peut sans grand inconvénient augmenter ou réduire le nombre. A Nancy, où, notons-le en passant, on rapporte tout à la suggestion, sans jamais employer les procédés physiques d'hypnotisation, on admet, avec le D⁰ Liébeault, que le sommeil hypnotique comprend six degrés :

Somnolence, signes variables et peu précis : tantôt les hypnotisés présentent de l'assoupissement, de la torpeur, tantôt de la fatigue locale ou générale, de la pesanteur de tête, etc ;

Sommeil léger, où, en plus de quelques-uns des caractères du degré précédent, la catalepsie commence à apparaître ; les membres restent dans la position qui leur est donnée, mais il est encore possible aux dormeurs de modifier l'attitude de ces membres ; car si on leur dit : Essayez de mouvoir le bras, vous ne le pouvez pas ? » ils y arrivent encore ;

Sommeil profond, où, en plus de l'engourdissement et de l'attitude cataleptique du degré précédent, les sujets deviennent aptes à exécuter des mouvements automatiques malgré leur volonté ; si on fait tourner les bras l'un autour de l'autre, et qu'on dise : « Vos bras continuent à se mouvoir », les bras ne peuvent cesser leurs mouvements ;

Sommeil très profond, où, en plus des signes

précédents, les dormeurs ont cessé d'être aptes à porter leur attention sur toute autre chose ou toute autre personne que leur hypnotiseur, ils n'entendent que lui seul, ils n'ont gardé que le souvenir de ce qui s'est passé entre eux et lui ;

Sommeil somnambulique léger, qui renferme les degrés antérieurs; de plus, les sujets ne se souviennent au réveil absolument de rien, sont déjà susceptibles d'éprouver pendant leur sommeil des hallucinations plus ou moins vives si on leur en fait la suggestion, et sont, à un haut degré, devenus soumis à la volonté de l'être seul avec lequel ils sont restés en communication ;

Sommeil somnambulique profond, qui comprend les caractères des degrés précédents, et, en plus, la possibilité pour l'hypnotiseur de réveiller chez les hypnotisés, après réveil, leurs hallucinations.

Ainsi on admet trois états hypnotiques, à Paris ; on admet six degrés de sommeil hypnotique à Nancy; on pourrait aussi bien en décrire neuf, douze, également manifestes et caractérisés. Cela tient, comme je l'ai dit plus haut, à ce que l'hypnotisme peut revêtir diverses formes, qui dépendent des conditions propres au sujet en expérience. La fièvre typhoïde, par exemple, est une des maladies dont les signes sont les plus accentués, les plus constants,.. dans les livres : pourtant chacun sait combien elle diffère dans sa forme, dans sa marche, dans sa gravité, si bien qu'on a pu dire qu'il y a des malades, et non des maladies. Eh bien! l'hypnotisme, ce trouble des fonctions nerveuses, se présente avec les mêmes variantes : c'est toujours un sommeil provoqué, mais que de degrés dans ce sommeil! que de différences dans les phénomènes qui l'accompagnent! Il me serait d'autant plus impossible de les énumérer tous, qu'il en est qu'on ne peut prévoir à l'avance, chaque sujet ayant sa façon personnelle de réagir vis-à-vis des procédés d'hypnotisation. J'ai décrit les faits principaux, ceux autour desquels il sera toujours possible de grouper les faits secondaires et inattendus : je laisse à la sagacité du lecteur le soin d'opérer ce groupement, après lui avoir présenté toutes mes excuses pour les considérations un peu ardues dans lesquelles j'ai dû entrer malgré moi.

Du reste, quelle que soit la classification qu'on adopte, il est un fait sur l'existence duquel tout le monde est d'accord, et c'est justement le plus intéressant des phénomènes hypnotiques : je veux parler de la *suggestion*, qui mérite bien un chapitre spécial.

VII

SUGGESTIONS HYPNOTIQUES

Histoire de la suggestion. — Conditions dans lesquelles elle est possible. — Mouvements et paralysie suggérés. — Hallucinations positives et négatives. — Visite dans un cimetière. — Suggestions de vol, d'homicide, etc. — Un combattant de Gravelotte et de Patay. — Meurtre d'un ancien magistrat. — Suggestions par téléphone. — Suggestion mentale.

Dans ce que nous connaissons déjà de l'hypnotisme, bien des choses sont surprenantes ; il est étrange qu'un individu s'endorme pour avoir fixé son doigt pendant deux minutes, pour avoir reçu un jet de lumière dans l'œil, pour avoir entendu un coup brusque de tam-tam ; la rigidité des membres dans la catalepsie, l'état de mort apparente dans la léthargie, l'exaltation des sens dans le somnambulisme, sont au moins bizarres. Mais avec la suggestion, nous touchons au fantastique, à l'incroyable : les faits pourtant, les faits indéniables, observés par des hommes de bonne foi, aux quatre coins de la France, de l'Europe même, sont là pour en attester la réalité ; c'est donc par des exemples multipliés que je tâcherai de combattre ce scepticisme outré par lequel on accueille trop facilement ce qui n'est pas conforme aux idées reçues, et qui, en science, est tout aussi fâcheux qu'une aveugle crédulité.

L'abbé Faria et Alexandre Bertrand sont les premiers expérimentateurs qui aient eu une idée de la suggestion, et qui l'aient mise en pratique : ils *commandaient de dormir*, ils se faisaient obéir du sujet en agissant sur son imagination. Braid, au contraire, faisait appel à une action purement physique, la fatigue cérébrale produite par une fixation prolongée : il eut cependant une idée nette d'une forme de suggestion, celle qui résulte de l'imitation, et qui se révèle chez les cataleptiques par une expression du visage en rapport avec l'attitude qu'on leur fait prendre. Vers 1853, un Américain du nom de Grimes créa dans son pays une nouvelle école hypnotique, dont les adeptes, qui se proclamaient *électrobiologistes*, employaient exclusivement la suggestion verbale : il n'est rien resté de leur doctrine, mélange de vérités incontestables et d'hypothèses extra-scientifiques. En France, c'est le Dr Liébeault (de Nancy) qui exposa d'abord, dès 1866, la théorie et la pratique de la suggestion, dans son ouvrage intitulé : *Le sommeil et les états analogues* ; mais ce livre, de grande valeur pourtant, était resté ignoré même du public médical, ce n'est qu'en 1883 que les expériences furent reprises sur cet intéressant sujet. Il est juste de dire que c'est à Nancy que ces études ont été poursuivies avec le plus d'ardeur : on y a bien tort, je crois, de proclamer que la suggestion est la clef de l'hypnose, qu'elle est le point de départ de tous les phénomènes hypnotiques; les expérimentateurs nancéens n'en ont pas moins le mérite d'avoir provoqué et observé un nombre considérable de faits nouveaux, parmi lesquels nous aurons souvent à glaner.

A l'état normal, chez l'homme sain et éveillé, les manifestations extérieures de la pensée se font surtout à l'aide de mouvements, dont chacun correspond à une idée donnée. Cette loi de l'association des mouvements aux idées, aussi connue que celle de l'association des idées entre elles, explique la suggestion hypnotique. Pendant le sommeil hypnotique, le sujet a perdu en grande partie sa liberté d'action; c'est un automate inconscient, apte à subir les influences étrangères, et particulièrement celle de la personne qui l'a endormi : car il est remarquable que c'est à celle-là qu'il obéit le mieux, quelquefois même exclusivement, les autres assistants cessant d'exister pour lui. Si donc l'hypnotiseur fait pénétrer dans le cerveau de l'hypnotisé, par l'intermédiaire des sens, par la parole, par le geste, par lettre, etc., une idée quelconque, celle-ci amènera de la part de l'hypnotisé une réaction en rapport avec le degré où la nature de l'impression reçue. C'est là le secret de l'obéissance passive avec laquelle il exécute tous les ordres donnés, et du soi-disant rapport qui lie les magnétiseurs de tréteaux avec leurs sujets : c'est simplement l'application d'une loi psycho-physiologique, et non la cause d'une toute-puissance que personne ne possède.

On peut, avec M. Paul Janet, classer en trois groupes les phénomènes de suggestion : suggestions de mouvements, suggestions de sensations (ou hallucinations), suggestions d'actes (les actes ne doivent pas être confondus avec les simples mouvements, qui n'en sont que des éléments). Or dans la léthargie, où le dormeur est *perinde ac cadaver*, suivant la devise des Jésuites, aucune idée ne peut pénétrer dans un cerveau dont le fonctionnement est suspendu par l'intermédiaire de sens qui sont fermés : toute suggestion est impossible. Dans la catalepsie, les suggestions de mouvement peuvent seules être réalisées. Dans le somnambulisme, où les sens sont ouverts et exaltés, où l'intelligence existe, où la spontanéité seule fait défaut, toutes les suggestions sont possibles : c'est donc le dernier état que nous aurons principalement en vue.

Il n'est pas besoin, pour que les suggestions se réalisent, que le sommeil soit bien profond : on peut y parvenir dans la simple somnolence hypnotique. Bien plus, l'état psychique dans lequel le sujet est incapable de contrôle et de résistance aux influences étrangères, disposé à accepter toutes les volontés d'autrui, suggestible en un mot, cet état passif et inerte peut exister en dehors de tout sommeil hypnotique, chez des personnes qui ne sont pas hypnotisées : on peut ainsi pénétrer leur esprit d'une idée quelconque, et leur faire accomplir l'acte qui correspond à cette idée.

Enfin on peut, pendant le sommeil hypnotique, suggérer un acte qui ne sera accompli qu'au réveil, et au bout d'un temps parfois fort éloigné de ce réveil.

Nous avons donc des *suggestions hypnotiques* (accomplies pendant le sommeil), des *suggestions post-hypnotiques* (accomplies après le réveil), des *suggestions à l'état de veille*.

Nous avons déjà vu, à propos des procédés d'hypnotisation, le moyen d'endormir et de réveiller par suggestion. Nous n'y reviendrons pas, et, supposant le sommeil obtenu par un procédé quelconque, nous commencerons l'étude des suggestions hypnotiques par les plus simples de toutes, celles de mouvements. « Je prends par exemple un pouce de l'hypnotisé, dit le Dʳ Bernheim, je l'applique sur son nez ; je mets le pouce de l'autre main contre le petit doigt de la première, de manière à figurer le pied de nez ; l'hypnotisé la maintient et sa physionomie reste impassible. Si je lui dis : « Le pouce est collé, vous ne pouvez l'enlever du nez, le petit doigt est collé contre l'autre pouce, faites tout votre possible pour les décoller, vous n'y arriverez pas », si je lui dis cela, il s'épuise en efforts infructueux, le pouce reste incrusté sur le nez, le nez le suit partout et ne peut s'en détacher. Cette expérience réussit chez la plupart des sujets arrivés au second et au troisième degrés du sommeil. Je lui ferme une main, et je lui dis : « Vous ne pouvez plus l'ouvrir. » Elle reste contracturée, quelquefois à tel point qu'on ne peut plus l'ouvrir. Plus on insiste, plus on accentue l'injonction : « Votre main est fermée, vous ne pouvez plus l'ouvrir », plus le sujet la contracte avec force et résiste aux efforts faits pour l'ouvrir. Si, au contraire, je l'ouvre, et que je la maintienne ouverte pendant quelques instants, si le sujet comprend que cet acte veut dire que la main doit rester ouverte, il résiste aux efforts faits pour la fermer.

« ...On lève les deux bras horizontalement, on les tourne l'un autour de l'autre; le sujet continue à les tourner spontanément, ou après injonction; les uns tournent lentement, avec une certaine hésitation trahissant un effort infructueux pour les arrêter; les autres, dormeurs plus profonds, tournent vite, régulièrement, automatiquement. Je dis : « Faites tous vos efforts pour les arrêter. » Les uns ne peuvent faire aucun effort, les autres s'escriment inutilement, rapprochant les mains, les frottant l'une contre l'autre, incapables d'enrayer ce mouvement perpétuel irrésistible, supérieur à ce qui leur reste de volonté ou de force de résistance. Si j'arrête une des mains, l'autre peut continuer à tourner seule ; si alors je lâche la main arrêtée, ou bien elle reste en place, le sujet croyant que mon intention est de l'arrêter, ou bien, chez d'autres, la main retourne comme un ressort à côté de sa congénère et se remet à tourner de plus belle. On peut provoquer de même, mais bien plus rarement, le mouvement automatique des jambes... Je tourne mes bras l'un autour de l'autre, le sujet les tourne comme moi ; j'intervertis le sens du mouvement, il l'intervertit aussi ; je fais un pied de nez, il fait comme moi ; je balance une jambe, il la balance ; je frappe du pied, il frappe aussi... Je dis au sujet : « Votre bras est paralysé », je le soulève, il retombe inerte ; l'autre, au contraire, que je n'ai pas paralysé, reste cataleptisé en l'air. Chez les uns, cette suggestion disparaît vite, ils l'ont oubliée après quelques minutes ; chez d'autres, elle persiste longtemps ».

Le Dr Durand (de Gros) eut pour sujet d'une de ses expériences un homme instruit, qui a raconté de la façon suivante les impressions qu'il ressentait : « L'expérimentateur me dit : « Tournez vos bras l'un sur l'autre. Allez vite. Bien. Vous ne pouvez plus les arrêter. » Et mes bras tournèrent violemment, indéfiniment, et je ne pus les retenir, malgré que je fisse des efforts résolus et puissants pour les comprimer, les opposant dans ces actes contraires, les froissant l'un contre l'autre dans une lutte désespérée. — Vous ne pouvez pas ouvrir les yeux. Et vainement j'essayais de les ouvrir, et vainement mon sourcil se relevait, et la peau de mon front se ridait soulevée : les paupières restaient collées. — Vous êtes cloué sur le fauteuil, vous ne pouvez plus vous lever. Et vainement mes bras libres, qui passent pour très vigoureux encore, s'appuyant aux bras du fauteuil, essayèrent de soulever la masse inerte. J'étais cloué. — Levez-vous, vous ne pouvez plus ni vous asseoir, ni vous baisser. Et tous mes efforts pour changer de place, et rompre cet état de paralysie ridicule, demeuraient infructueux. — Vous ne pouvez plus ouvrir la bouche. Et mes mâchoires se trouvèrent tout à coup soudées indissolublement. »

Le même sujet se mit à bégayer, perdit la notion de la lettre A, cessa de pouvoir prononcer ou écrire cette voyelle, sur la simple injonction de son hypnotiseur. Le Dr Bernheim, le magnétiseur danois Hansen, ont également fait bégayer quelques-uns de leurs sujets, les ont mis dans l'impossibilité d'écrire certaines lettres. Ainsi, pendant l'hypnotisme, on agit sur le mouvement, soit pour le provoquer, soit pour l'empêcher ; on produit à volonté l'activité et la paralysie. Ces effets s'obtiennent par la parole exprimée à haute voix, ou simplement par le geste : les passes qui, suivant les adeptes du mesmérisme, attireraient les membres du sujet, comme l'aimant attire le fer, en raison du fluide magnétique que recélerait le magnétiseur, n'ont pas d'autre effet que de déplacer l'air à la surface des bras ou des jambes, et d'indiquer à l'hypnotisé la volonté de l'hypnotiseur, aussi clairement qu'un geste exécuté, qu'un ordre prononcé devant lui. Dans tous les cas, il suffit de faire pénétrer dans son cerveau l'idée d'un fait, pour qu'il traduise cette idée par un mouvement correspondant, à cause de son état automatique, de la perte de son libre arbitre. Voilà pourquoi en agitant l'air sur un côté de la tête, puis sur l'autre, la tête se tourne dans le même sens, sans être pour cela attirée par la main vers laquelle elle se tourne.

Les suggestions de mouvements qui précèdent, assez simples en somme, se réalisent dans la catalepsie comme dans le somnambulisme. Les suivantes, plus complexes, suggestions de sensations et surtout suggestions d'actes, n'appartiennent qu'aux degrés de sommeil plus profonds.

Nous avons vu dans le chapitre précédent que l'insensibilité à la douleur est de règle dans la léthargie et la catalepsie; qu'elle est habituelle, mais non constante, dans le somnambulisme. Eh bien, quand elle ne se manifeste pas spontanément, la suggestion peut la faire apparaître dans bien des cas. Chez beaucoup de sujets, il suffit d'affirmer qu'ils ne sentent rien, que leur corps est insensible, pour que piqûres et brûlures ne soient plus perçues. Toutefois cette anesthésie suggérée est loin d'être constante : nous en reparlerons à propos de l'emploi thérapeutique de l'hypnotisme

Les illusions des sens sont beaucoup plus fréquentes : on peut, par suggestion, agir sur l'odorat, le goût, la vue, l'ouïe, le tact, de façon qu'une odeur soit prise pour une autre, que les saveurs soient confondues entre elles, etc.; ces perversions sensorielles sont des *hallucinations suggérées*. Ces hallucinations peuvent être positives ou négatives. « J'appelle *hallucination positive*, dit le D' Bernheim, l'acte qui consiste à concevoir des sensations correspondant à des objets qui n'existent pas : ces sensations, nées dans l'imagination du sujet, sont extériorisées par lui et matérialisées pour ainsi dire, si bien que le sujet les croit réelles ; il voit devant lui un chien qui n'y est pas, c'est une hallucination positive. J'appelle *hallucination négative* l'acte qui consiste à ne pas concevoir des sensations correspondant à des objets réels : le sujet ne voit pas une personne placée devant lui, c'est une hallucination négative. »

Voici un exemple d'hallucination négative, emprunté au même auteur. « Une jeune fille de dix-huit ans étant mise en somnambulisme, je lui dis pendant son sommeil : « A votre réveil, vous ne me verrez plus, je serai parti. » A son réveil, elle me cherche des yeux et ne paraît pas me voir. J'ai beau lui parler, lui crier dans l'oreille, la pincer, elle ne sourcille pas. Je n'existe plus pour elle, et toutes les impressions acoustiques, visuelles, tactiles, etc., émanant de moi, la laissent impassible. Aussitôt qu'une autre personne la touche, à son insu, avec une épingle, elle perçoit vivement et retire le membre piqué. »

Les hallucinations positives sont encore plus faciles à réaliser, plus constantes. On peut, à un somnambule sous le nez duquel on place de l'ammoniaque liquide, suggérer que c'est de l'eau claire, il ne sourcillera pas ; si on remplace le flacon par une carafe d'eau, en lui disant que c'est de l'ammoniaque, il froncera les sourcils, suffoquera, se reculera vivement. On peut lui faire prendre pour de l'eau-de-vie une goutte d'eau placée sur la langue, et inversement. On peut lui faire entendre de la musique dans l'endroit le plus silencieux; lui faire voir la Vierge et les saints, les absents et les morts. On a pu donner le mal de mer à une jeune américaine en lui disant qu'elle s'embarquait pour retourner dans son pays.

Un fait très singulier est celui-ci : si entre l'objet ou la personne imaginaire, dont la vision est suggérée, et l'œil du sujet, on interpose un miroir, un prisme, ou un microscope, le sujet indique immédiatement de lui-même, que l'image fictive subit les modifications que produirait l'un ou l'autre de ces instruments d'optique si la vision était réelle, c'est-à-dire qu'elle est, suivant le cas, réfléchie, déviée ou grossie. Ce phénomène a été mis hors de doute par MM. Binet et Féré, qui l'ont maintes fois constaté.

M. P. Richer raconte l'histoire d'une hystérique, Suzanne, qu'on mettait en état de somnambulisme, et qui, au gré de l'hypnotiseur, prenait un flacon pour un couteau, qu'elle essayait de fermer de peur de se couper; entendait un roulement de tambours, ou assistait à un concert, quand on faisait résonner seulement le tam-tam dans le voisinage; trouvait à l'éther le goût du musc, et à la poudre de coloquinte le goût du sirop de groseilles; croyait être frappée ou chatouillée, alors que personne ne la touchait: chez elle, la vue seule n'était pas impressionnée. Une autre hystérique voyait des chats, des chevaux, des éléphants, et tous autres animaux dont il plaisait au magnétiseur de lui suggérer la vue.

Le Dr Bernheim cite les deux exemples suivants:
« M. Sch... âgé de quarante ans, cantonnier, est un homme d'un tempérament mixte, froid, d'une intelligente assez lourde, peu cultivée, mais suffisamment équilibrée... Je lui fais boire de l'eau pour du vin; je lui fais avaler un gros morceau de sel pour du sucre, il le suce et trouve que c'est très doux. Je lui signale une démangeaison sur le front, il y porte la main et se gratte. Je lui fais voir un chat qui saute sur lui, il le caresse, se sent égratigné, etc. Enfin ce sujet est remarquable par la facilité avec laquelle on développe chez lui les suggestions les plus variées à l'état de veille. »

L'autre exemple est celui d'un photographe de quarante-quatre ans, C... Lorsque ce sujet est mis en état de somnambulisme, les illusions des sens sont instantanées. « Je détermine toutes les hallucinations de la vue. Je l'envoie s'asseoir sur une chaise où il trouve un caniche imaginaire: il le touche, craint d'être mordu par lui, retire vivement son doigt. Je lui fais caresser un petit chat. J'évoque les images des personnes qu'il a connues, je lui montre son fils qu'il n'a pas vu depuis huit ans, il le reconnaît, et reste comme en extase, les yeux fixes, en proie à la plus vive émotion; les larmes coulent de ses yeux.

« Les illusions du goût sont tout aussi nettes : je lui fais avaler du sel en quantité pour du sucre, il le trouve très doux. Je barbouille sa langue avec du sulfate de quinine, lui disant que c'est très sucré, et cela immédiatement avant de le réveiller, mais en ayant soin de lui affirmer qu'il conserverait le goût du sucre dans sa bouche, et à son réveil il perçoit ce goût. Je lui mets un crayon dans la bouche, lui affirmant que c'est un cigare : il lâche des bouffées de fumée, se sent brûlé quand je lui met le bout soi-disant enflammé dans la bouche. Je lui dis que le cigare est trop fort, et qu'il va se trouver mal : il est pris de quintes de toux, crache, a des nausées, pâlit, a des vertiges. Je lui fais avaler un verre d'eau en guise de champagne, il le trouve fort. Si je lui en fais avaler plusieurs, il est ivre, il titube. Je dis : « L'ivresse est gaie » ; il chante avec des hoquets dans la voix, je provoque un fou rire. Je dis : » L'ivresse est triste » : il pleure et se lamente. Je le dégrise avec de l'ammoniaque imaginaire sous le nez : il se retire en contractant les narines et fermant les yeux, comme suffoqué par cette odeur. Je le fais éternuer plusieurs fois de suite avec une prise fictive de tabac. Toutes ces sensations se succèdent rapidement, instantanément : son cerveau les adopte et les perçoit, aussitôt exprimées par moi. Je le fais bégayer, il *n-n-ne p-peut plus par-parler* qu'en bégayant. Je l'envoie écrire au tableau mon nom, lui suggérant qu'il ne peut plus écrire les consonnes, il écrit *e è*; qu'il ne peut plus écrire les voyelles, il écrit *B r n m*, etc. » A l'une de ses somnambules, M. Liégeois fit voir, sur sa demande, son père, mort depuis quelques années ; à un autre, son frère, officier d'infanterie de marine, alors au Tonkin. « Un jour, raconte M. Ch. Richet, une des malades de Beaujon désira voir en rêve un cimetière. Arrivée près de la grille de la tombe qu'elle voulait visiter, elle s'arrêta, déclarant qu'il lui serait impossible d'aller plus loin. Je lui ordonnai néanmoins d'aller plus avant, d'ouvrir la grille, d'entrer dans la tombe et de soulever les planches du cercueil. A ce moment elle éprouva une telle émotion, un sentiment d'horreur et de dégoût tel, que jamais je n'oublierai l'expression qui se peignait sur ses traits. A la suite de cette émotion trop forte, j'en conviens, elle fut atteinte d'une crise nerveuse qui dura plus d'une heure et que j'eus beaucoup de peine à calmer. »

Je pourrais multiplier ces observations, dont le nombre est aujourd'hui considérable, mais dont les détails seuls varient, le fond étant toujours semblable. Les exemples qui précèdent me paraissent suffire à montrer que, chez les somnambules, tous les sens peuvent, par suggestion, devenir le siège d'hallucinations agréables ou pénibles, gaies ou tristes; le sujet les manifeste avec la même ponctualité, sans faire entre elles aucune différence. Toutefois le cas de M. Ch. Richet montre qu'il faut, en général, s'abstenir d'hallucinations terrifiantes, dont les conséquences peuvent être fâcheuses pour la santé de l'hypnotisé.

Une dernière variété d'hallucinations suggérées, ce sont les *hallucinations rétroactives*, sensations fausses qu'on suggère au sujet qu'il aurait éprouvées à une époque antérieure; elles seront mieux à leur place dans le chapitre consacré aux suggestions post-hypnotiques.

Pour en finir avec les suggestions hypnotiques, faites et accomplies pendant le sommeil, nous en arrivons aux *suggestions d'actes*, plus curieuses encore que les précédentes à cause de leur complexité. « Voici, par exemple, dans mon service, dit le docteur Bernheim, une femme de cinquante-cinq ans, ménagère, affectée de douleurs rhumatismales, nullement hystérique. Je la mets facilement en somnambulisme. Ce somnambulisme est passif, si je ne dis rien : elle dort, en résolution tranquille. Je développe chez elle, par affirmation, de l'anesthésie, de la catalepsie, de la contracture, des hallucinations; je la fais sortir de la passivité.

Je lui dis : « Levez-vous donc, puisque vous êtes guérie. Faites votre ouvrage. » La voilà qui se lève, s'habille, cherche une chaise, grimpe sur l'appui de la fenêtre, ouvre celle-ci, trempe ses mains dans la cruche contenant de la tisane qu'elle croit de l'eau destinée aux usages domestiques, et se met à laver les vitres consciencieusement sur leurs deux faces. Puis elle fait son lit ou balaie le parquet de la salle avec un balai qu'on lui apporte. Une fois réveillée, elle ne se souvient de rien et croit avoir paisiblement dormi sur une chaise. » Un autre somnambule, le cantonnier précédemment cité, par ordre du même expérimentateur, danse, montre le poing, fouille dans la poche d'une personne qu'on lui désigne, en retire ce qu'il trouve, le cache dans son lit, et une demi-heure après, toujours par ordre, l'y recherche, le remet dans la poche où il a puisé, en faisant des excuses à la personne volée.

Le photographe dont il a été question plus haut est également suggestible. « Désireux de voir jusqu'où peut aller la suggestion chez lui, j'ai un jour provoqué une scène véritablement dramatique. Je lui ai montré contre une porte un personnage imaginaire, en lui disant que cette personne l'avait insulté ; je lui donne un pseudo-poignard (coupe papier en métal) et lui ordonne d'aller le tuer. Il se précipite et enfonce résolument le poignard dans la porte, puis reste fixe, l'œil hagard, tremblant de tous ses membres. « Qu'avez-vous fait, malheureux ? Le voici mort. Le sang coule. La police vient. » Il s'arrête, terrifié ! On l'amène devant un juge d'instruction fictif, mon interne ! « Pourquoi avez-vous tué cet homme ? — Il m'a insulté. — On ne tue pas un homme qui vous insulte. Il fallait vous plaindre à la police. Est-ce que quelqu'un vous a dit de le tuer ? » Il répond : « C'est M. Bernheim. » Je lui dis : « On va vous mener devant le procureur. C'est vous seul qui avez tué cet homme. Je ne vous ai rien dit, vous avez agi de votre propre chef. » On le mène devant mon chef de clinique, faisant fonction de procureur. « Pourquoi avez-vous tué cet homme ? — Il m'a insulté. — C'est étrange. On ne répond pas à une insulte par un coup de poignard ! Étiez-vous dans la plénitude de vos facultés intellectuelles ? On dit que vous avez le cerveau dérangé parfois. — Non, monsieur ! — On dit que vous êtes sujet à des accès de somnambulisme. Est-ce que vous n'auriez pas obéi à une impulsion étrangère, à l'influence d'une autre personne qui vous aurait fait agir ? — Non, monsieur ; c'est moi seul qui ai agi, de ma propre initiative, parce qu'il m'a insulté ! — Songez-y, monsieur, il y va de votre vie. Dites franchement, dans votre intérêt, ce qui est. Devant le juge d'instruction, vous avez affirmé que l'idée de tuer cet homme vous avait été suggérée par M. Bernheim. — Non, monsieur, j'ai agi tout seul ! — Vous connaissez bien M. Bernheim, vous allez à l'hôpital où il vous endort. — Je connais M. Bernheim seulement parce que je suis en traitement à l'hôpital où il m'électrise pour guérir ma maladie nerveuse, mais je ne le connais pas autrement. Je ne puis pas vous dire qu'il m'a dit de tuer cet homme puisqu'il ne m'a rien dit. » — Et le procureur improvisé ne put lui arracher la vérité, puisque la vérité pour lui était ma suggestion dernière : qu'il avait agi de son propre mouvement. Réveillé ou revenu à son état normal, il croit avoir dormi paisiblement sur sa chaise et n'a aucun souvenir du drame dont il a été l'auteur. »

Empruntons encore le récit suivant au Dr Bernheim ; il est intéressant à un autre point de vue, la possibilité de faire revivre à un somnambule, par suggestion, une période antérieure de son existence. « S..., âgé de trente-neuf ans, est un ancien sergent, actuellement ouvrier aux hauts-fourneaux, qui m'a été adressé par M. Liébeault, qui l'a endormi à plusieurs reprises. Blessé à Patay par un éclat d'obus au cuir chevelu, il porte sur la tête une cicatrice profonde... Il s'endort aussitôt que l'ordre est donné, ou du moins ferme les yeux et ne les rouvre plus ; il répond à toutes les questions... Je lui dis : « Vous êtes en 1870, sergent à la tête de votre compagnie, vous êtes à la bataille de Gravelotte. » Il réfléchit un instant, comme pour revivifier ses souvenirs ; ils renaissent, ils deviennent images et s'imposent avec une saisissante réalité. Il se lève, appelle les hommes de sa compagnie, commande, marche, les dispose pour l'action : l'ennemi est là ! Il se couche, épaule son fusil, tire plusieurs fois de suite ; quelques-uns de ses soldats tombent, il ranime le courage des autres : « Allons ! courage ! Abritez-vous derrière ce buisson ! Allons ! il faut nous retirer ! C'est la retraite. » Et il exécute avec ses hommes toutes les péripéties de la lutte, telles que son souvenir les lui retrace. Ou bien je le remets, en imagination, au combat de Patay, où un éclat d'obus l'atteint au crâne. Il tombe, reste sans proférer un mot, porte la main sur sa tête, ne bouge pas. Puis il revient à lui, demande le médecin, se sent porté à l'ambulance, appelle un infirmier pour qu'on le panse, etc. S..., en revivant cette partie de son existence, dédouble pour ainsi dire sa personnalité. Il fait à la fois les questions et les réponses, il parle pour lui et pour les autres comme s'il faisait un récit. Je le transfère à Dijon, où il était en garnison : « Tiens ! caporal Durand, comment vas-tu ? — Pas mal, et toi ? D'où viens-tu comme cela ? — Je viens de congé, j'étais à Saverne. — Et toi, B.... toujours le même ! — Je ne change guère, etc. » A son réveil, le souvenir de tout ce qui s'est passé est absolument éteint. »

Voici encore deux exemples de suggestion homicide, empruntés à M. Liégeois. « J'ai parlé tout à l'heure de mon ami, M. M..., ancien magistrat. Je dois m'accuser d'avoir essayé de le faire tuer, et cela, chose grave, en présence de M. le commissaire central de Nancy, qui a été témoin du fait dont je vais parler, ainsi que du suivant. Je m'étais muni d'un revolver et de quelques cartouches. Je ne voulais pas que le sujet mis en expérience pût croire qu'il s'agissait d'une simple plaisanterie. Je chargeai donc un des coups du pistolet et je le tirai dans le jardin, je rentrai ensuite, montrant aux assistants un carton que la balle venait de perforer. En moins d'un quart de minute, je suggère à madame G... l'idée de tuer M. M... d'un coup de pistolet. Avec un inconscience absolue et une parfaite docilité, madame G... s'avance sur M. M... et tire un coup de revolver. Interrogée immédiatement par M. le commissaire central, elle avoue son crime avec une indifférence complète. Elle a tué M. M... parce qu'il ne lui plaisait pas. On peut l'arrêter, elle sait bien ce qui l'attend. Si on lui ôte la vie, elle ira dans l'autre monde, comme sa victime, qu'elle voit étendue à terre, baignant dans son sang. On lui demande si ce n'est pas moi qui lui aurais suggéré l'idée du meurtre qu'elle vient d'accomplir. Elle affirme que non ; elle y a été portée spontanément, elle seule est coupable ; elle est résignée à son tort ; elle subira, sans se plaindre, les conséquences de l'acte qu'elle a commis.

« Madame C..., 35 ans, reçoit aussi docilement que madame G... toutes mes suggestions. Je fais dissoudre une poudre blanche dans de l'eau et je lui affirme que c'est de l'arsenic. Je lui dis :

« Voici M. D... qui a soif : il va tout à l'heure demander à boire, vous lui offrirez ce breuvage. — Oui, monsieur. » — Mais M. D... fait une question que je n'avais pas prévue : il demande ce que contient le verre qu'on lui présente. Avec une candeur qui éloigne toute idée de simulation, madame C... répond : « C'est de l'arsenic ! » Il faut alors que je rectifie ma suggestion. Je dis : « Si l'on vous demande ce que contient ce verre, vous direz que c'est de l'eau sucrée. » Et madame C... répond à une nouvelle question : « C'est de l'eau sucrée. » Très bravement M. C... absorbe le prétendu poison. Interrogée par M. le commissaire central, madame C... ne se souvient absolument de rien. Elle n'a rien vu, rien fait, n'a donné à boire à personne ; elle ne sait pas ce qu'on veut lui dire. »

Ainsi, dans la période somnambulique de l'hypnotisme, l'hypnotiseur peut tout suggérer à l'hypnotisé, depuis les mouvements les plus simples, depuis les illusions des sens, jusqu'aux actes les plus compliqués, jusqu'à l'homicide par le fer ou le poison nous reviendrons sur ce dernier point, qui est du ressort de la médecine légale, comme sur ce dédoublement de la personnalité dont un sujet du Dr Bernheim nous a présenté un exemple, et qui est du domaine de la philosophie.

Prises en elles-mêmes, les suggestions hypnotiques nous inspirent dès maintenant quelques réflexions. En premier lieu, j'entends d'ici beaucoup de lecteurs s'écrier : « Tout ce qu'on nous raconte là serait bien curieux... si c'était vrai! Mais qu'est-ce qui nous force à le croire? » L'un se souvient que Dubois (d'Amiens) a rangé tous ceux qui, de son temps, s'occupaient de magnétisme, en deux catégories : les dupes et les fripons. L'autre rappelle qu'un médecin célèbre a ramené l'hypnotisme à trois termes : se tromper, être trompé, tromper. Mais d'abord le magnétisme n'a plus rien à voir en cette affaire : il a cédé la place à l'hypnotisme comme la chimie a remplacé l'alchimie, comme l'astronomie a remplacé l'astrologie, comme les sciences expérimentales et positives ont remplacé le mysticisme religieux. De ce que les magnétiseurs d'autrefois n'ont su ni observer, ni interpréter ce qui se passait sous leurs yeux, de ce que ceux d'aujourd'hui persistent à admettre l'existence d'un fluide sans lequel leur petit commerce tomberait dans le marasme, conclura-t-on que des hommes de science se trompent grossièrement, ou nous trompent pour le seul plaisir d'étonner la galerie? On veut bien reconnaître que le professeur Charcot est apte à guérir quelques maladies nerveuses, et il serait incapable de reconnaître les troubles fonctionnels de ce même système nerveux qu'il ne cesse d'étudier! Et les témoignages des Dumontpallier, des Luys, des P. Richer, des Ch. Richet, et *tutti quanti*, corroborant les assertions du savant médecin de la Salpêtrière, seraient nuls et non avenus! Vaines, les expériences de Heidenhain endormant son frère et plusieurs étudiants en médecine ; vaines, celles de Durand (de Gros) faisant agir ou paralysant un homme lettré et honorable ; vaines, celles de Bernheim ou de Ch. Richet endormant leurs amis, professeurs, jeunes gens instruits, etc. !

Il est inadmissible que tant d'expérimentateurs aient été trompés par tant de sujets différents, d'autant plus que, le plus souvent, ceux-ci ignoraient complètement ce qu'on attendait d'eux, et que, au moins au début des expériences, les hypnotiseurs eux-mêmes ne savaient pas ce qui allait arriver, étaient fort surpris de ce dont ils étaient témoins. Et d'ailleurs essayez donc, vous qui n'êtes pas mis en état de somnambulisme, essayez de tenir un bras ou une jambe immobile, sans soutien, sans tremblement, pendant vingt-cinq minutes ; essayez de tenir votre nez au-dessus d'un flacon d'ammoniaque, sans suffoquer, en vous persuadant que vous respirez un bouquet de fleurs ou de l'opoponax ; essayez de mâcher du sulfate de quinine, de la coloquinte (*vulgo* chicotin) ou du poivre, en vous figurant que c'est du sucre ; essayez d'approcher une lumière de votre œil, jusqu'au contact, sans que votre pupille se rétrécisse. Autant de choses que vous ne réussirez pas, parce que la simulation en est impossible, et qu'on a observées chez bien des somnambules parce que leur état nerveux est momentanément bien différent du vôtre.

Qu'il y ait encore des simulateurs, c'est incontestable, et l'histoire de ce pauvre abbé Faria dupé par un comédien se renouvellera sans doute. Mais il est des phénomènes qu'on ne peut simuler, et quand ceux-là ont été observés chez un sujet, pourquoi douter de la réalité des autres? Du reste, pour employer l'*ultima ratio* de l'homme convaincu qui veut en persuader un autre, je vous dirai : « Faites l'expérience vous-même ! »

Toutefois cette expérience demande de la patience et un certain art. Il s'en faut de beaucoup, en effet, que tout le monde soit suggestible : nous avons vu que, sur 100 sujets pris au hasard, 15 à peine peuvent être plongés en état de somnambulisme; or, sur ces 15 somnambules artificiels, il en est 5 qui seront accessibles aux suggestions de mouvements ou de sensations, il en est à peine 2 qui le seront à toutes les suggestions, actes compris, et ces deux seront sans doute des sujets nerveux.

Il vous faudra donc faire quelques essais avant de tomber sur ce *rara avis*. Quand vous l'aurez trouvé, vous devrez user de prudence. Le Dr Liébeault rapporte qu'ayant inculqué les idées qu'il voulait suggérer, non plus avec calme et douceur, mais avec brusquerie, il a observé des convulsions, parfois même la syncope : il faut donc agir avec lenteur, par persuasion pour ainsi dire, et non faire acte d'autorité. D'autres accidents, maux de tête, malaise, nausées, titubation, peuvent survenir au sortir du sommeil, si on fait cesser celui-ci d'une façon trop précipitée ; il faut y mettre le temps. En hypnotisme, comme ailleurs, patience et longueur de temps..., vous savez le reste.

Quant aux moyens de provoquer les suggestions, nous avons déjà dit que le plus sûr est la parole ; le geste suffit souvent chez les cataleptiques, qui agissent par imitation, mais ne suggère que les mouvements. Nous avons cité un exemple de suggestion par lettre. Voici un exemple de suggestion par téléphone, réalisée à Nancy par M. Liégeois de concert avec M. Sordeillet, rédacteur du *Courrier de Meurthe-et-Moselle*, dont les bureaux et l'imprimerie sont reliés à la salle des dépêches par un fil téléphonique ayant 1,500 mètres.

De cette salle, M. Liégeois suggéra successivement à mademoiselle X..., assise dans le bureau du journal, de manière à ce qu'il soit possible d'appliquer sur ses oreilles les deux branches du téléphone : d'abord l'idée du sommeil hypnotique ; puis une hallucination négative, l'impossibilité de voir ni d'entendre deux personnes restées auprès d'elle ; une hallucination positive, l'audition d'une musique militaire jouant la *Marseillaise*, et la vue d'un superbe régiment de cuirassiers ; le bégaiement, des éternuements prolongés ; l'oubli de son nom, de son sexe, de son état civil, de sa demeure, etc. A un jeune homme, R..., le même expérimentateur a suggéré avec succès, toujours par téléphone, le sommeil, une soif ardente, une ivresse produite par un verre d'eau pris pour du champagne, l'idée de tirer un coup de revolver sur un assistant, etc.

Un dernier procédé est ce qu'on nomme la *suggestion mentale*.

Jusque-là nous avons vu les ordres exécutés après un commandement exprimé d'une façon quelconque. Ici aucun moyen d'expression n'intervient: ni la parole, ni la mimique, ni l'écriture. Il suffit qu'une idée traverse le cerveau de l'hypnotiseur pour qu'elle impressionne et ébranle le cerveau de l'hypnotisé, qu'elle y fasse son trou, si je puis dire, de façon à être traduite par un mouvement ou un acte corrélatif à cette idée. Les exemples cités à l'appui de cette doctrine sont rares; je n'en citerai qu'un, qui tire son importance de l'autorité et de l'honorabilité indiscutable des médecins qui l'ont rapporté.

Il s'agit d'une jeune femme nerveuse, madame Léonie B..., sur laquelle MM. Gibert et Pierre Janet ont fait de nombreuses expériences, au Havre, au mois de septembre 1886, expériences qui ont été renouvelées par M. Ch. Richet, à Paris, au début de l'année 1887. Elles avaient pour but de provoquer à distance le sommeil hypnotique, par le seul fait de la pensée conforme et non exprimée de l'hypnotiseur, sans que celui-ci eût un rapport quelconque avec le sujet au moment où cette pensée était conçue; la distance qui les séparait a varié de 700 à 1,500 mètres: sur neuf essais à Paris, cinq furent couronnés de succès, quatre échouèrent. Pour éviter toute supercherie tout pressentiment, M. Richet tirait au sort l'heure à laquelle il endormirait Léonie B... : une fois, le sort indique 3 heures 10 ; M. Richet essaie de l'endormir à distance, puis se rend chez elle ; elle était sortie, mais rentra subitement, disant qu'elle s'était sentie tout à coup prise de faiblesse dans les jambes et d'envie de dormir vers trois heures et demie ; l'action s'était donc manifestée, avec un léger retard. Une autre fois, ce fut à onze heures que la tentative fut faite : arrivé chez madame B... à 11 heures 28, M. Richet la trouva éveillée, mais on ne pouvait se faire entendre d'elle, elle n'avait aucun souvenir de ce qui s'était passé depuis onze heures jusqu'à ce moment ; elle avait donc subi une certaine action. Dans la sixième expérience, M. Richet, sans sortir de chez lui, essaya d'endormir son sujet de 9 heures 11 à 9 heures 26 ; à une heure et demie, il raconta à un ami, qui était venu le voir, ce qu'il avait fait, puis alla voir sa malade à 5 heures 10 : elle dormait ; le matin, elle avait été prise, à 9 heures 45, de douleur de tête, et était restée dans un état de somnolence et de torpeur jusqu'à une heure et demie, où elle passa au somnambulisme complet. En somme, sur 35 essais, faits au Havre ou à Paris, il y a eu 19 échecs et 16 succès.

Faut-il voir là une coïncidence fortuite, l'effet du hasard ? L'hypothèse est tentante, mais difficile à admettre à cause du nombre relativement important des réussites. Peut-on croire à une simulation de la part de la malade, qui aurait surpris quelques indications sur ce qu'on attendait d'elle? Mais M. Richet nous dit qu'il s'est entouré des précautions les plus minutieuses pour éviter toute supercherie, qu'il a expérimenté dans des conditions aussi sévères que possible. Est-ce le cas de dire, *ab uno disce omnes*, et peut-on croire que toutes les expériences seront également suivies de succès? Je ne le pense pas; le cas de madame Léonie B..., sans être unique, ne s'est pas souvent renouvelé, et l'immense majorité des expérimentateurs nient la réalité de cette action à distance. La doctrine de la suggestion mentale ne peut donc encore prendre droit de cité dans la science : confinant au surnaturel, actuellement inexplicable, elle ne pourra être définitivement admise que lorsque de nouvelles et nombreuses expériences seront venues le confirmer.

Un dernier mot au sujet des suggestions hypnotiques. Il ne faudrait pas croire que, par suggestion, on pût infuser au sujet des connaissances qu'il n'a pas ; si les nonnes de Loudun ou d'Auxonne récitaient du latin, c'est par suite de l'exaltation de la mémoire qui fait partie du somnambulisme provoqué, et qui les faisait souvenir des psaumes ou des litanies précédemment entendus. Mais celui qui, pour son malheur, n'a jamais fréquenté aucune école, sera incapable de lire ou d'écrire quand on lui en suggérera l'idée.

VIII

SUGGESTIONS POST-HYPNOTIQUES

Hallucinations consécutives au sommeil. — Hallucinations rétroactives. — Faux témoignage suggéré — Actes accomplis au réveil. — Un médecin hypnotiseur battu par une servante. — Suggestions à longue échéance. — Résistance possible aux suggestions. — Purgation et vésication suggérées.

A un hypnotisé suggestible, mis en état de somnambulisme par les procédés ordinaires, suggérez qu'après son réveil il éprouvera telle sensation (fausse naturellement), qu'il exécutera tel acte, vous aurez fait une suggestion post-hypnotique; et il y a de grandes chances pour que l'impression commandée soit perçue, pour que l'acte ordonné soit exécuté, exactement dans les conditions que vous aurez déterminées. Vous pourrez même, au lieu de fixer l'échéance au moment du réveil, la reporter à une époque plus ou moins éloignée du sommeil, à quelques jours, à plusieurs mois, à une année entière. Votre tentative pourra réussir également bien. Il est vrai que les suggestions post-hypnotiques se réalisent moins souvent et moins complètement que celles qui sont faites et accomplies pendant le sommeil ; il est encore vrai que la résistance du sujet s'accroît avec le temps écoulé et avec la gravité de la suggestion ; nous reviendrons sur ces deux points. Mais, fidèle au plan que j'ai suivi jusqu'alors, je commencerai par citer des exemples, avant de les interpréter et de chercher à les expliquer.

Voyons d'abord les hallucinations suggérées pendant le sommeil, et réalisées au réveil. Voici quelques exemples empruntés au Dr Bernheim. « Je suggère à Cl..., pendant son sommeil, qu'il verrait à son réveil M. St..., un confrère présent, la figure rasée d'un côté et un immense nez en argent. Une fois réveillé, ses yeux s'étant portés par hasard sur notre confrère, il part d'un immense éclat de rire : « Vous avez donc fait un pari, dit-il, vous vous êtes fait raser d'un côté ! Et ce nez ! Vous étiez donc aux Invalides ? »

« Une autre fois, je lui suggère, dans une salle de malades, qu'il verra dans chaque lit un gros chien à la place des malades, et il est tout étonné, à son réveil, de se trouver dans un hôpital de chiens.

« A Sch..., je dis : « Quand vous vous réveillerez, vous irez à votre lit ; vous trouverez là une dame qui vous remettra un panier de fraises vous la remercierez, vous lui donnerez la main, puis vous mangerez les fraises. » Réveillé une demi-heure plus tard, il va à son lit, et dit : « Bonjour, madame, je vous remercie beaucoup »; il lui prend la main. Je m'approche, il me montre le panier de fraises fictif. « Où est-elle, la dame ? » lui dis-je. Il répond : « Elle est partie ; la voici dans ce corridor » ; il me la montre par la fenêtre qui donne sur le corridor. Puis il mange les fraises, l'une après l'autre, les portant délicatement à la bouche, les suçant avec délice, jetant les pédicules, s'essuyant les mains de temps en temps avec une apparence de réalité dont l'imitation serait difficile.

« Au même sujet je fais prendre, quand il est constipé, une bouteille d'eau de Sedlitz imaginaire. Il prend la bouteille fictive, verse dans un verre fictif, en boit successivement trois ou quatre, faisant tous les mouvements de déglutition, la trouve amère, remet le verre en place, et a quelquefois dans la journée plusieurs (jusqu'à quatre ou cinq) selles provoquées par le purgatif imaginaire. Toutefois, certains jours de grande constipation, l'imagination ne suffit pas à provoquer un effet aussi considérable...

« A une jeune fille hystérique, je fais voir, à son réveil, une bague à son doigt, un bracelet au bras, ou bien je lui donne un bel éventail orné des portraits de personnes qu'elle connaît. Elle est tout heureuse du cadeau ; mais au bout de trois à quatre minutes, chez elle, l'objet a disparu, et, depuis que l'expérience lui a appris la volatilité de ces cadeaux, elle me supplie chaque fois de les lui donner, de ne plus les lui enlever.

« Chez d'autres, ces hallucinations durent plus longtemps. A une dame hystérique, madame L..., je fais voir au réveil le portrait de son mari ; elle le voit et continue encore de le voir le lendemain, au bout de vingt-quatre heures, sachant fort bien que le portrait n'existe pas. »

Bref, par suggestion post-hypnotique comme par suggestion hypnotique, on peut, successivement ou simultanément, agir sur tous les sens, et provoquer des hallucinations, qui, au lieu de se manifester pendant le sommeil lui-même, ne se montreront qu'après le réveil. On peut faire voir ou toucher par le sujet des objets fictifs, entendre une musique ou des propos imaginaires, le faire assister ou prendre part à des incidents comiques ou tragiques qui n'existent que dans son cerveau, le rendre momentanément sourd, aveugle, ou paralysé. Au lieu d'hallucinations positives, on peut suggérer pour le moment du réveil des hallucinations négatives, faire que tel objet ou telle personne n'existe plus pour l'hypnotisé. C'est ainsi qu'une hystérique, que le bruit du tam tam faisait, comme beaucoup de ses pareilles, tomber en catalepsie, était devenue parfaitement insensible au son de cet instrument, parce que M. Féré lui avait suggéré qu'elle ne le verrait ni ne l'entendrait plus.

« Un jour, raconte le Dʳ Bernheim, je me trouvai chez le Dʳ Liébeault ; il suggéra à une femme endormie — ce n'était pas une hystérique — qu'à son réveil elle ne me verrait plus, je serais parti, ayant oublié mon chapeau. Avant de partir, elle prendrait mon chapeau, le mettrait sur sa tête et me l'apporterait à mon domicile. Quand elle se réveilla, je me plaçai en face d'elle. On lui demanda : « Où est le Dʳ Bernheim ? » Elle répondit : « Il est parti ; voici son chapeau. » Je lui dis : « Me voici, madame, je ne suis pas parti, vous me reconnaissez bien. » Elle ne répondit rien. Au bout de cinq minutes, après avoir laissé la première impression s'effacer, je m'assis à côté d'elle et lui demandai : « Y a-t-il longtemps que vous venez chez M. Liébeault ? » Elle ne me répondit rien, comme si elle ne m'avait ni vu ni entendu. Une autre personne lui fit la même question. Elle répondit immédiatement : « Depuis quinze jours. » Là-dessus, je continuai : « Et vous allez mieux, madame, n'est-ce pas, depuis le traitement ? » Même silence. Réponse à la personne voisine. Je mis mes mains devant ses yeux, pendant deux minutes, elle ne sourcilla pas, je n'existais pas pour elle. Enfin, quand elle partit, elle prit mon chapeau, le mit sur sa tête et sortit. M. Liébeault la suivit dans la rue et lui redemanda le chapeau, disant qu'il se chargeait lui-même de me l'envoyer.

« J'ai répété cette expérience d'hallucination négative avec succès sur plusieurs de mes somnambules. »

C'est le moment de parler des *hallucinations rétroactives*, que je n'ai fait que signaler dans le précédent chapitre, et qui consistent en ceci : à un individu en état de somnambulisme profond, on suggère qu'il a eu antérieurement telle sensation, qu'il a entendu tels propos, qu'il a été témoin de telle action ; réveillé, il indique, spontanément ou sur interrogatoire, la sensation, les paroles, le fait, dont on a fait pénétrer l'idée dans son cerveau.

« Voici, par exemple, une de mes somnambules, Marie G..., dit M. Bernheim ; je la mets en sommeil profond, et je lui dis : « Vous vous êtes levée dans » la nuit? » Elle répond : « Mais non. » J'insiste : » Vous vous êtes levée quatre fois pour aller à la » selle, et la quatrième fois vous êtes tombée sur le » nez. Cela est certain ; et quand vous vous réveil- » lerez, personne ne pourra vous faire croire le » contraire. » A son réveil, je lui demande : « Com- » ment cela va? » — « Bien, me dit-elle, mais cette » nuit j'ai eu de la diarrhée, je me suis levée quatre » fois, même je suis tombée et me suis fait mal au » nez. » Je lui réponds : « Vous avez rêvé cela ; vous » ne m'aviez rien dit tout à l'heure ; aucune malade » ne vous a vue. » Elle persiste dans son affirmation ; elle n'a pas rêvé, elle a parfaitement conscience de s'être levée ; toutes les malades dormaient, et elle reste convaincue que c'est arrivé. »

Jusque-là rien de bien grave. Mais le même expérimentateur a suggéré un jour à la même malade que, quatre mois et demi auparavant, elle a vu, dans la maison qu'elle habite, un vieux garçon faire subir les derniers outrages à une petite fille, qui criait, se débattait, etc. Réveillée, puis interrogée trois jours après par un interne jouant le rôle de juge d'instruction, en l'absence de M. Bernheim, « elle raconte les faits dans tous leurs détails, donnant les noms de la victime, du criminel, l'heure exacte du crime; elle maintient ses dires énergiquement; elle sait quelle est la gravité de son témoignage; si on l'appelle à comparaître devant les assises, malgré l'émotion qu'elle en ressent, elle dira la vérité, puisqu'il le faut; elle est prête à jurer devant Dieu et les hommes. » Tout cela, bien entendu, sans faire la moindre allusion à l'auteur de la suggestion, puisqu'elle avait *vu*, *réellement vu*, le drame se dérouler devant ses yeux plusieurs mois auparavant, et que le saisissement seul l'avait, disait-elle, empêchée d'en parler à cette époque.

M. Liégeois a fait plusieurs expériences du même genre, également couronnées de succès. Il s'est fait signer une reconnaissance de cinq cents francs par mademoiselle P..., un billet de mille francs et un cautionnement de cent mille francs par madame D..., après avoir suggéré à ces personnes qu'elles lui ont emprunté ces sommes à une époque antérieure. A madame T..., il a suggéré qu'elle avait vu et entendu, le matin même, toute une scène se passant dans une rue isolée, entre deux coquins imaginaires, dont l'un cherchait à extorquer à l'autre une somme de cent francs pour prix de son silence au sujet d'un crime que le second aurait commis : réveillée, et interrogée par une autre personne, elle donna sous la foi du serment les noms des deux personnages fictifs, et voulait faire sa déclaration au bureau de police pour que les criminels fussent poursuivis.

C'en est assez pour les hallucinations. Passons maintenant aux suggestions d'actes post-hypnotiques. En voici d'abord quelques cas cités par le Dr Bernheim : je rappelle que, si j'emprunte la plupart des exemples à ce savant médecin, c'est que nul plus que lui et ses confrères nancéens n'a étudié la suggestion sous toutes ses formes.

« A Sch..., je suggérai un jour de mettre à son réveil mon chapeau sur sa tête, de me l'apporter dans la salle voisine et de le mettre sur ma tête. C'est ce qu'il fit sans se rendre compte pourquoi.

» Un autre jour, en présence de mon collègue, M. Charpentier, je lui suggère, au début de son sommeil, qu'aussitôt éveillé il prendrait le parapluie de mon collègue accroché au lit, l'ouvrirait, et irait se promener sur la galerie attenant à la salle, dont il ferait deux fois le tour. Je le réveille longtemps après, et, avant que ses yeux soient ouverts, nous sortons rapidement, pour ne pas lui rappeler la suggestion par notre présence. Bientôt nous le voyons arriver, le parapluie à la main, non ouvert (malgré la suggestion), et faire deux fois le tour de la galerie. Je lui demande : « Que faites-vous? » Il répond : « Je prends l'air. — Pourquoi? Avez-vous chaud? — Non, c'est une idée, je me promène parfois. — Mais, qu'est-ce que c'est que ce parapluie? il appartient à M. Charpentier. — Tiens! je croyais que c'était le mien, il lui ressemble; je vais le rapporter où je l'ai pris. »

» X... est un ancien marin, ancien employé de chemin de fer, intelligent, bien équilibré, l'esprit assez cultivé, rien moins que nerveux, nullement crédule... L'ayant hypnotisé, je vois un manuel de chimie au chevet de son lit : « Voilà un livre de chimie, lui dis-je; quand vous serez réveillé, l'idée vous viendra d'y lire le chapitre *Or*; vous le chercherez à la table des matières, vous lirez ce chapitre. Alors vous me direz à moi : « De l'or! si j'en avais, je vous en donnerais bien, pour vous remercier de vos soins. Malheureusement, je n'en ai guère. On ne gagne pas d'or, ni dans la marine, ni au service du chemin de fer. » Au bout d'une demi-heure, l'ayant réveillé, je m'éloigne, et continue à l'observer de loin. Je le vois chercher son étui, en retirer ses lunettes, les mettre, prendre le livre, feuilleter au moins cinq minutes, finir par trouver, lire; je m'approche, c'était l'article *Or*. « Pourquoi lisez-vous cet article? » lui dis-je. — « C'est une idée », me dit-il, et il continue à lire.

Après quelques minutes, il me regarde. « De l'or, dit-il, si j'en avais, je vous récompenserais bien, mais je n'en ai pas ». Il se remet à lire, et, après quelque temps, ajoute : « Ce n'est pas la compagnie des chemins de fer qui enrichit ses employés. »

Comme nous l'avons dit, ce n'est pas seulement de suite après le réveil que les suggestions post-hypnotiques peuvent être réalisées, c'est aussi longtemps après. M. Liégeois, après avoir hypnotisé madame T..., lui dit : « Dans quatre jours, vous irez chez madame Sch..., vous la trouverez dans la salle à manger ; sans y être invitée, vous vous dirigerez vers l'armoire qui est près de la porte ; vous y prendrez un petit verre et vous le remplirez de liqueur ; puis vous offrirez à madame Sch... d'en prendre avec vous. Avant de quitter la maison, vous verrez une petite fille, qui sera bizarrement vêtue de rouge et de vert. Cela vous fera beaucoup rire ». Au jour et à l'heure indiqués, madame T... arrivait chez madame Sch..., riait aux éclats en voyant une petite fille ridiculement habillée d'une robe rouge et d'une toque verte (en réalité l'enfant avait des vêtements de couleur sombre), prenait dans l'armoire un petit verre dans lequel elle versait de l'anisette, etc., elle s'excusait d'être venue, ne savait pas pourquoi faire, ignorait qui lui avait donné l'adresse des personnes qu'elle visitait.

Même inconscience chez une dame à qui M. Richet avait suggéré de venir le voir, et qui, arrivant chez lui au moment fixé, lui dit : « Je ne sais pas pourquoi je viens, il fait un temps horrible ; j'avais du monde chez moi ; j'ai couru pour venir, il faut que je reparte, c'est absurde, je ne comprends pas pourquoi je suis venue. »

Le D{^{r}} Bottey se vit frapper à tour de bras par la servante d'une maison où il dînait deux fois par mois, au moment où elle lui ouvrait la porte : quinze jours auparavant, il lui avait suggéré qu'à sa prochaine visite elle ne pourrait s'empêcher de le frapper.

M. Bernheim a vu se réaliser une suggestion au bout de 63 jours. « Au mois d'août 1883, je dis, pendant son sommeil, au somnambule S..., ancien sergent : « Quel jour serez-vous libre dans la première semaine du mois d'octobre ? » Il me dit : « Le mercredi. — Eh bien ! alors, écoutez bien : le premier mercredi d'octobre, vous irez chez le D{^{r}} Liébeault (qui m'avait adressé ce sujet) et vous trouverez chez lui le Président de la République qui vous remettra une médaille et une pension. — « J'irai », me dit-il. Je ne lui en parle plus. A son réveil, il ne se souvient de rien. Je le vois plusieurs fois dans l'intervalle, je détermine chez lui d'autres suggestions et ne lui rappelle jamais la précédente. Le 3 octobre (63 jours après la suggestion), je reçois de M. le D{^{r}} Liébeault la lettre suivante : « Le somnambule S... vient d'arriver aujourd'hui chez moi à onze heures moins dix minutes. Après avoir salué en entrant M. F... qui se trouvait sur son chemin, il s'est dirigé vers la gauche de ma bibliothèque sans faire attention à personne, et je l'ai vu saluer respectueusement, puis entendu prononcer le mot : « Excellence ». Comme il parlait assez bas, je suis allé immédiatement vers lui ; en ce moment, il tendait la main droite et répondait : « Merci, Excellence ». Alors je lui ai demandé à qui il parlait. « Mais, m'a-t-il dit, au Président de la République ». Je note qu'il n'y avait personne devant lui. Ensuite il s'est tourné encore vers la bibliothèque et a salué en s'inclinant, puis est revenu vers M. F... Les témoins de cette scène étrange, quelques instants après son départ, m'ont naturellement questionné sur ce qu'était ce fou. Ma réponse a été qu'il n'était pas fou et qu'il était aussi raisonnable qu'eux et moi : un autre agissait en lui. » Interrogé quelques jours plus tard, S... affirmait que l'idée d'aller chez M. Liébeault lui était venue subitement le 3 octobre à dix heures du matin, et qu'il ne savait pas du tout, les jours précédents, qu'il devait y aller.

Le Dr Beaunis a réalisé une suggestion à 172 jours d'intervalle. « Le 14 juillet 1884, l'après-midi, après avoir mis mademoiselle A... E... en état de sommeil hypnotique, je lui fais la suggestion suivante : le 1er janvier 1885, à dix heures du matin, vous me verrez ; je viendrai vous souhaiter la bonne année ; puis après vous l'avoir souhaitée, je disparaîtrai. — Le 1er janvier 1885, j'étais à Paris (mademoiselle A... E... habite Nancy). Je n'avais parlé à personne de cette suggestion. Voici ce que le jour même elle raconta à une de ses amies, et ce qu'elle me dit plus tard, ainsi qu'au Dr Liébeault et à d'autres personnes. Le 1er janvier, à dix heures du matin, elle se trouvait dans sa chambre quand elle entendit frapper à sa porte. Après avoir dit : « Ouvrez », elle me vit entrer, à sa grande surprise, et lui souhaiter de vive voix la bonne année. Je repartis presqu'aussitôt, et, quoiqu'elle se mît de suite à sa fenêtre pour me voir sortir, elle ne m'aperçut pas. Elle remarqua aussi, ce qui ne laissa pas de l'étonner, à cette époque de l'année, que j'avais un habillement d'été (c'était celui-là même que je portais le jour où je lui avais fait la suggestion). On eut beau lui faire observer que j'étais à Paris à cette date et que je ne pouvais avoir été chez elle le 1er janvier, elle persista à soutenir qu'elle m'avait vu, et aujourd'hui encore, malgré mes affirmations, elle est convaincue que je me suis présenté chez elle. Ainsi, après 172 jours d'intervalle, la suggestion que j'avais faite s'est réalisée dans ses plus petits détails. »

Enfin, M. Liégeois a vu se réaliser une suggestion au bout de trois cent soixante-cinq jours. Le 12 octobre 1885, après avoir hypnotisé le jeune P. N..., il lui avait dit : « Dans un an, à pareil jour, vous viendrez chez M. Liébault, dans la matinée. Vous vous direz que vos yeux ont été si bien depuis un an, que vous devez aller le remercier, lui et M. Liégeois. Vous exprimerez votre gratitude à l'un et à l'autre, et vous leur demanderez la permission de les embrasser, ce qu'ils vous accorderont volontiers. Cela fait, vous verrez entrer dans le cabinet du docteur un chien et un singe savants, l'un portant l'autre; ils se mettront à faire mille gambades et mille grimaces, et cela vous amusera beaucoup. Cinq minutes plus tard, vous verrez entrer un bohémien suivi d'un ours apprivoisé. Cet homme sera heureux de retrouver son chien et son singe, qu'il craignait d'avoir perdus; et, pour divertir la société, il fera aussi danser son ours, un ours gris d'Amérique, de grande taille, mais très doux, et qui ne vous fera pas peur. Quand il sera sur le point de partir, vous prierez M. Liégeois de lui donner dix centimes comme aumône, et vous les lui remettrez vous-même. » Le 12 octobre 1886, juste un an après la suggestion, à dix heures dix minutes du matin, le jeune P. N... arrivait chez M. Liébault, et lui exprimait, ainsi qu'à M. Liégeois, ses sentiments de gratitude; puis il voyait entrer un singe et un chien savants, et s'amusait de leurs exercices; ensuite il voyait le chien faire la quête, une sébile dans la gueule, empruntait dix centimes à M. Liégeois, faisait le geste de les donner au chien, et voyait enfin, dit-il, un bohémien emmener le singe et le chien. L'ours ne parut pas, et P. N... ne songea pas à embrasser MM. Liébeault et Liégeois. Sauf sur ces deux points, la suggestion avait été pleinement réalisée.

« Les phénomènes de suggestion, dit le Dr Pitres, pourraient être exploités dans une intention coupable. Un malfaiteur habile, bien au courant de l'état actuel de nos connaissances sur les manifestations de l'hypnotisme et sur les procédés à employer pour les produire, pourrait faire commettre, par des sujets hypnotisés, des actes criminels, et cela simplement en suggérant au sujet des illusions sensorielles, des hallucinations ou des impulsions automatiques en rapport avec l'acte à exécuter... Il est à craindre que des faits de ce genre se produisent un jour ou l'autre, et il convient d'être préparé, par des réflexions antérieures, à résoudre les problèmes qui se poseront alors. Je vais faire une expérience qui vous démontrera, je l'espère, que les études préliminaires sont largement justifiées par les phénomènes que nous connaissons et que nous sommes en mesure de produire à notre gré. Je fais venir Albertine et je lui donne une pièce d'or. Albertine, enchantée de ma générosité, me remercie avec effusion, place la pièce dans son mouchoir et enfonce le mouchoir dans sa poche. Je saisis alors le bras de la malade, et je presse fortement sur la zone hypnogène du pli du coude : cela suffit pour provoquer immédiatement le sommeil léthargique. Laissons-la dans cet état, et faisons approcher Emma.

» Celle-ci arrive. Je l'endors par la compression des globes oculaires, et je lui dis : « Une fois que » vous serez réveillée, vous vous dirigerez vers

» Albertine qui est couchée au milieu de la salle,
» vous fouillerez dans les poches de sa robe jus-
» qu'à ce que vous trouviez un mouchoir. Dans ce
» mouchoir, il y a une pièce d'or. Quand vous
» aurez trouvé la pièce, vous me l'apporterez, après
» avoir replié le mouchoir et l'avoir replacé dans
» la poche d'Albertine. » Cela dit, je réveille
Emma : elle se dirige vers Albertine, fouille dans
ses poches, prend la pièce d'or dans le mouchoir,
remet le mouchoir à sa place et me rapporte la
pièce. Pendant tout ce temps, Albertine n'a pas
bronché. Nous allons la réveiller; elle se désolera
de la perte de son trésor, mais elle ne pourra pas
nous dire comment et par qui elle en a été dé-
pouillée. Quant à Emma, elle a accompli un ordre
banal. Elle n'a pas volé sciemment. Elle n'est pas
coupable au sens moral du mot. Elle a été l'instrument passif d'un acte délictueux dont je suis seul
responsable moralement, et dont je devrais être
seul responsable devant la justice. »

Détourner une simple pièce d'or, ce n'est pas
grand'chose, assurément. Mais le cas d'Emma suffit
à prouver que le sujet hypnotisé peut, après le
réveil, exécuter dans tous leurs détails, et avec
une certaine habileté, toutes les suggestions délic-
tueuses ou criminelles qui lui ont été faites : le
vol et l'homicide peuvent être provoqués, comme
les actes les plus indifférents. Les suggestions
post-hypnotiques sont donc, autant que les suggestions hypnotiques, intéressantes en médecine lé-

gale. Nous reviendrons sur ce point, en citant d'autres exemples empruntés à la vie réelle comme à l'expérimentation.

Un autre point signalé dans plusieurs des observations citées plus haut, et qui pourrait l'être dans toutes, car il est constant, c'est celui-ci : quelle que soit la nature de la suggestion faite pendant le sommeil hypnotique, hallucination positive ou négative, acte banal ou criminel, le sujet a perdu, au réveil, tout souvenir de ce qui s'est passé pendant qu'il dormait; et s'il réalise, à une époque plus ou moins tardive, l'acte qui lui a été suggéré, il est incapable d'indiquer la personne qui le lui a commandé, les conditions dans lesquelles il en a reçu l'ordre. Mais s'il est soumis à une seconde hypnotisation, le souvenir lui en revient pendant ce nouveau sommeil : il suffit alors de l'interroger pour connaître la nature de la première suggestion et le nom du premier hypnotiseur, à moins toutefois que celui-ci n'ait eu la précaution de suggérer à son somnambule, avant de le réveiller, l'oubli de tout ce qu'il a intérêt à cacher : son nom, le jour et l'endroit où a été faite la suggestion, etc.

Nous avons vu, en effet, que pendant le sommeil hypnotique, on peut faire perdre la notion des voyelles, ou des consonnes, ou de toute autre chose. Il n'est pas plus difficile de provoquer cet oubli pour le moment du réveil : c'est ce qu'on nomme l'*amnésie suggérée*. Il est également possible de suggérer, pour un temps prolongé, l'oubli d'un fait ou d'un nom propre. Si donc un criminel a mis à profit cette possibilité, il pourra jouir de l'impunité, sans craindre de voir son nom révélé par le malheureux qui aura servi d'instrument à ses coupables desseins.

Du reste, le somnambule qui accomplit une suggestion post-hypnotique croit l'exécuter de sa propre initiative; on le surprendrait étrangement si on lui prouvait qu'il a agi sous une influence étrangère, en lui montrant, par exemple, après qu'il l'a réalisée, un pli cacheté contenant l'indication de ce qu'il devait faire. Par suite de l'inertie passagère de sa volonté, il subit les impulsions qu'on lui donne, et exécute, dans la grande majorité des cas, les actes qui s'ensuivent : nous en avons assez cité d'exemples pour n'avoir pas à insister sur la réalité des suggestions post-hypnotiques.

Mais est-il juste de dire qu'il en est *toujours* ainsi, que *constamment* le sujet est dans un état d'automatisme absolu, « est comme le bâton dans la main du voyageur »? Cette proposition, qui a cours à Nancy, « est absolument fausse », d'après le professeur Brouardel. Elle est au moins beaucoup trop générale. Non, tous les somnambules ne perdent pas entièrement, du fait même de la suggestion, leur liberté d'action. Ce sont des automates, soit, mais des automates qui peuvent conserver, dans une certaine limite, conscience de ce qu'ils vont faire. La pensée, chez eux, est loin d'être complètement absente ; elle peut veiller assez pour leur permettre de distinguer entre les suggestions, d'accepter celle-ci, de refuser celle-là. Ce refus dépend à la fois du moment où la suggestion doit être réalisée, de sa nature, de la façon dont elle répond aux instincts ou aux habitudes du sujet.

« Lorsque l'ordre doit être accompli peu de temps après le réveil, dit le Dr Bottey, le sujet n'a pas le temps de le raisonner et l'exécute avec la facilité d'un automate poussé par une force irrésistible. Quand, au contraire, l'acte suggéré doit être accompli à une échéance assez longue (plusieurs heures ou plusieurs jours), le sujet se rend compte de la gravité de l'action qu'il va commettre ; il essaie de réagir, mais le plus souvent il succombe dans cette lutte ; car une force plus puissante que sa volonté le domine. » Le plus souvent, oui, mais non toujours : il peut très bien se faire que la suggestion ne soit pas réalisée, même peu de temps après le réveil, si cela révolte la nature du somnambule.

« A S..., dit M. Bernheim, je suggérai un jour qu'à son réveil, il verrait derrière lui, sur un meuble, une cuiller en argent, et qu'il la mettrait dans sa poche. Réveillé, il ne se retourna pas et ne vit pas la cuiller. Mais, sur la table, devant lui, était une montre. Je lui avais suggéré, en outre, l'hallucination négative qu'il ne verrait personne dans la salle et se trouverait tout seul, ce qui se réalisa. L'idée du vol, suggérée pour la cuiller, se présenta dans son cerveau pour la montre. Il la regarda, la toucha, puis dit : « Non, ce serait un » vol. » Et il la laissa. »

M. Delbœuf, professeur à l'Université de Liège, cite également l'exemple d'un petit garçon à qui on suggéra l'idée de voler une montre, et qui, après avoir regardé le tentateur avec horreur, se sauva à toutes jambes.

Enfin, M. Brouardel n'est pas moins catégorique. « Si un individu agréable à la somnambule lui offre des suggestions agréables ou indifférentes, elle s'y soumet ; mais si les suggestions mettent en révolte ses affections personnelles ou ses instincts naturels, elle oppose une résistance presqu'invincible. Vous arriverez assez facilement après quelques instances à faire signer un reçu de cinquante francs par exemple ; mais vous n'obtiendrez jamais d'une femme qui les a conservés une chose contraire à ses instincts de pudeur. On peut vaincre la résistance d'une somnambule au sujet de son testament, mais on ne lui ferait pas donner un bracelet qu'elle tient de son amant. »

A plus forte raison aura-t-on des chances d'échouer, si à un sujet honnête on suggère le vol où l'homicide. Il est incontestable qu'on a plusieurs fois réussi des expériences de ce genre ; le poignard, le revolver, le poison, ont réalisé des meurtres fictifs, entre les mains de somnambules hypnotisés. Il est certain que la réussite est d'autant plus probable, que la suggestion a été plus accentuée, répétée avec plus de force et d'autorité. Mais il est faux, encore une fois, que l'hypnotiseur soit absolument certain, dans tous les cas, de manier à son gré l'hypnotisé, et que celui-ci, une fois réveillé, ait perdu toute spontanéité, finisse toujours par céder. Toutefois, il faut reconnaître, avec M. Beaunis, que la lutte est moins vive, la résistance moins prolongée, quand le sujet a été souvent hypnotisé, et surtout quand il l'a été par la même personne : celle-ci acquiert alors sur lui une puissance supérieure à celle de tout autre individu.

Ces restrictions diminuent bien, on le comprend, les dangers médico-légaux des suggestions post-hypnotiques : nous en ferons notre profit plus tard. Ce que j'ai voulu indiquer ici, pour ne pas laisser s'égarer l'esprit du lecteur, c'est que, si ces suggestions existent réellement (les exemples cités en font foi), si les hallucinations et les actes agréables ou indifférents peuvent être facilement suggérés, il n'en est plus de même pour les actes délictueux ou criminels : ceux-ci ne sont réalisés après le réveil que dans des circonstances relativement rares.

Plus exceptionnels encore sont les cas de suggestions post-hypnotiques dont il me reste à parler et qui ont trait à des phénomènes entièrement indépendants de la volonté. Nous avons déjà vu qu'un sujet du docteur Bernheim éprouvait une purgation marquée après avoir avalé un ou plusieurs verres d'eau, qu'on lui faisait prendre, par suggestion, pour de l'eau de Sedlitz. L'expérience a souvent été faite, et presque toujours avec succès, chez plusieurs somnambules, soit avec de l'eau, soit avec des pilules de réglisse ou de mie de pain. Jusque-là, on comprend que l'imagination suffise à produire l'effet voulu.

Ce qu'on s'explique moins bien, ce qui a pourtant été constaté chez certains sujets, c'est la possibilité de ralentir ou d'accélérer les battements du cœur par suggestion. On a même pu, de la même façon, faire apparaître sur divers points du corps des rougeurs ou des ampoules de vésicatoire.

Le cas le plus curieux a été rapporté par M. Focachon, pharmacien à Charmes-sur-Moselle (Vosges). Chez une hystérique de trente-neuf ans, Élisa F....., il produisit d'abord, par suggestion pendant le sommeil somnambulique, le ralentissement des mouvements du cœur (6 pulsations de moins par minute), puis leur accélération (20 pulsations de plus par minute). Ensuite, en présence de MM. Liébeault, Bernheim, etc., il appliqua entre les deux épaules, en un point qui ne pouvait être atteint par les mains du sujet, huit carrés de papier de timbres-poste gommés, en suggérant à Elisa F... endormie, qu'on lui appliquait un vésicatoire : elle fut surveillée avec soin pour éviter toute supercherie ; lorsqu'on leva le pansement, qui n'était pas dérangé, on trouva la peau épaissie, ridée, blanc-jaunâtre, présentant en un mot les caractères de la période qui précède immédiatement le soulèvement de l'épiderme par le liquide du vésicatoire; le même jour effectivement, trois ou quatre cloches apparaissaient à la même place.

Quelque temps après, on fit la contre-épreuve : on appliqua un vésicatoire sur chaque avant-bras d'Elisa F..., en lui affirmant pendant son sommeil qu'il ne se produirait aucun effet vésicant du côté gauche. Dix heures après, on constata que la peau était intacte sur l'avant-bras gauche, conformément à la suggestion, tandis que le vésicatoire du côté droit avait produit l'effet habituel.

Sur un autre sujet, la même expérience a également réussi, mais plus tardivement : le vésicatoire fictif n'a pris qu'au bout de quarante-huit heures.

M. Dumontpallier a été moins heureux ; il n'a pas vu d'ampoules se former ; mais il a constaté que la peau était rouge et plus chaude qu'à l'état normal, ce qui est déjà un commencement d'action.

M. Beaunis a observé une congestion en un point limité du corps, provoquée par simple suggestion.

La quantité de l'urine, de la sueur, des larmes, du lait, a pu aussi être accrue par le même procédé. Les règles ont été, dans divers cas, avancées, augmentées, diminuées, régularisées.

M. Liégeois ayant suggéré à Mme H... que le lendemain, à trois heures, elle aurait un léger saignement de nez, cette dame lui raconta le surlendemain que, passant la veille, à l'heure indiquée, dans la rue qu'il habite, elle avait été étonnée de saigner du nez, ce qui lui arrivait fort rarement.

Enfin, MM. Bourru et Burot, Mabille et Ramadier, ont fait, par suggestion, apparaître sur les bras d'un sujet des traces rouges, et même de véritables hémorragies, qui jettent un nouveau jour sur les fameux stigmates de Louise Lateau et autres extatiques. Ces expériences établissant un lien entre l'hypnotisme et la religion, j'en renvoie la relation au chapitre qui concerne ces rapports inattendus.

CHAPITRE IX

SUGGESTIONS PENDANT LA VEILLE

Paralysie, mouvements, insensibilité, cécité, surdité, suggérés pendant la veille. — Une jeune fille tire un coup de pistolet sur sa mère. — Explication des phénomènes hypnotiques. — L'autosuggestion. — Influence de l'imagination sur les fonctions nerveuses. — Conditions de la réussite d'une suggestion. — Interprétation des suggestions hypnotiques et à l'état de veille. — Rôle de la suggestion dans la vie privée et publique.

Dans les deux chapitres qui précèdent, nous avons vu l'expérimentateur faire ses suggestions pendant que le sujet était artificiellement endormi. Elles étaient réalisées avant ou après le réveil, le degré du somnambulisme était plus ou moins profond, peu importe : le fait constant, c'est que le sujet était dans l'état hypnotique au moment où l'idée suggérée pénétrait dans son cerveau.

Nous arrivons maintenant à un nouveau genre d'expériences, non moins curieuses que les premières. Certains sujets *parfaitement éveillés* peuvent, par simple affirmation d'une autre personne, subir des hallucinations positives, négatives, ou rétroactives ; présenter des phénomènes de paralysie limitée ou généralisée, d'augmentation ou de diminution de la sensibilité ; exécuter des mouvements automatiques, contre leur volonté ; devenir momentanément sourds ou aveugles. Ils peuvent, en un mot, recevoir et réaliser, *à l'état de veille*, des suggestions semblables à celles qu'on provoque pendant le sommeil hypnotique.

Toutefois les tentatives réussissent très rarement chez les individus qui n'ont jamais été hypnotisés précédemment. Déjà plus fréquent chez ceux qui ont été soumis à deux ou trois hypnotisations antérieures, le succès est d'autant plus complet et assuré que le sujet a été plus souvent hypnotisé au préalable. Les suggestions pendant la veille, sans hypnotisation actuelle, n'en sont pas moins nombreuses et variées, ainsi que nous allons le voir.

L'abbé Faria et le général Noizet ont connu la suggestion à l'état de veille, comme le montre ce passage du *Mémoire sur le somnambulisme*. « On vient de voir, dit le général, que je produisais sur mon somnambule prussien (1), bien qu'il fût éveillé, les mêmes illusions que pendant son sommeil ; j'ai dit que l'abbé Faria me faisait à volonté

---

(1) Il s'agit d'un officier de dragons allemands, qui, en 1815, était en garnison à Stenay (Meuse), où M. Noizet avait été envoyé comme officier du génie.

ressentir sur les paupières un appesantissement que je pouvais surmonter. Il faisait aussi sur plusieurs autres personnes et sur les somnambules, lorsqu'ils étaient éveillés, différentes expériences de même nature. A son seul commandement, il leur paralysait soit un bras, soit une jambe, soit les yeux, la bouche ou les oreilles. Cette expérience ne manquait jamais sur les bons somnambules, et je l'ai répétée sur le mien ; mais sur bien d'autres personnes, elle ne réussissait qu'imparfaitement ou même pas du tout. »

Grimes, l'inventeur de l'électrobiologie américaine, a constaté les mêmes phénomènes, et c'est après en avoir eu connaissance que Braid écrivait, en 1846 : « Il est des individus si impressionnables aux suggestions, que l'on peut les dominer même à l'état de veille apparente (par une affirmation énergique), comme l'on fait pour d'autres en hypnotisme et à la période du dédoublement de la conscience. Ce sont ces individus qui donnent lieu aux prétendus phénomènes de veille auxquels on a appliqué la dénomination absurde d'électrobiologie. » Il est bien vrai que l'électricité n'a rien à voir en cette affaire : mais les autres réserves énoncées par le père de l'hypnotisme moderne sont assez mal justifiées, puisqu'il cite lui-même plusieurs faits qui attestent la réalité de la suggestion sans sommeil.

Quoi qu'il en soit, celle-ci était retombée dans l'oubli, lorsque le docteur Bernheim appela de nouveau l'attention sur elle au Congrès que l'Association française pour l'avancement des sciences tint à Rouen en 1883.

« Pour obtenir ces phénomènes de suggestion (à l'état de veille), je n'ai pas besoin, dit-il, de prendre une grosse voix d'autorité, ni de foudroyer mes sujets du regard : je dis la chose le plus simplement du monde, en souriant ; et j'obtiens l'effet non sur des sujets dociles, sans volonté, complaisants, mais sur des sujets bien équilibrés, raisonnant bien, ayant leur volonté, quelques-uns même ayant un esprit d'insubordination.

« Voici, par exemple, X..., un de mes malades habitués à l'hypnotisation et arrivant à un somnambulisme léger. Sans l'endormir, je lui dis, à brûle-pourpoint : « Fermez la main, vous ne pouvez plus l'ouvrir. » Il tient sa main fermée en contracture et fait des efforts infructueux pour l'ouvrir. Je fais étendre l'autre bras, la main ouverte, et je dis : « Vous ne pouvez la fermer. Il essaie en vain de la fermer, amène les phalanges jusqu'à la demi-flexion les unes sur les autres, et ne peut, en dépit de tous ses efforts, faire plus.

« Je dis : « Maintenant, votre main fermée s'ouvre, votre main ouverte se ferme », et en quelques secondes le phénomène se produit, et les mains restent immobilisées dans cette nouvelle situation.

« Les mouvements automatiques réussissent très bien chez lui. Je dis : « Tournez vos bras, vous ne pouvez plus les arrêter. » Il les tourne indéfiniment l'un sur l'autre. J'ajoute : « Faites tous vos efforts pour les arrêter. N'usez pas de complaisance. Arrêtez-les, si vous pouvez. » Il fait des efforts, cherche à rapprocher les deux mains pour les caler l'une contre l'autre. Inutile, elles repartent comme des ressorts entraînés par un mécanisme inconscient. J'arrête un des bras, l'autre continue à tourner ; aussitôt que je lâche le premier, il va rejoindre son congénère et reprend son mouvement circulaire...

« Des modifications de la sensibilité peuvent être obtenues chez certains par suggestion à l'état de veille. Chez un de mes somnambules, Sch..., il me suffit de dire : « Votre côté gauche est insensible » ; si alors je pique avec une épingle le bras gauche, si j'introduis celle-ci dans sa narine, si je chatouille sa gorge, il ne sourcille pas ; l'autre côté réagit. Je transfère l'insensibilité de gauche à droite ; je produis l'anesthésie totale, je la produis si profonde, qu'un jour mon chef de clinique lui a enlevé cinq racines dentaires fortement enclavées, torturant les alvéoles pendant plus de dix minutes. Je lui disais simplement : « Vous ne sentez absolument rien. » Il crachait son sang en riant, ne manifestant pas la moindre impression douloureuse... Il reçoit toutes les hallucinations suggérées ; je lui dis : « Allez à votre lit, vous y trouverez un panier de fraises. » Il y va, trouve le panier imaginaire, le tient par l'anse, mange les fraises absolument comme nous l'avons vu faire après hypnotisation.

« G... (Théophile) est un garçon de quatorze ans, intelligent, ne présentant aucun trouble nerveux... Après m'être assuré que normalement sa sensibilité est parfaite, que ses deux mains réagissent vivement aux piqûres d'épingle, je dis : « Ta main droite ne sent pas, ta main gauche seule sent » ; et j'enfonce l'épingle dans la main droite, elle ne réagit pas, tandis que l'autre manifeste l'impression douloureuse. Je dis ensuite : « Mais non, c'est ta main gauche qui ne sent pas ». Et instanément le phénomène se réalise : la main droite sent de nouveau. Je provoque de même l'anesthésie de la face, des narines, etc.

« Les organes des sens peuvent être influencés aussi par affirmation. Je constate que sa vision est normale, et je lui dis : « Tu vois très bien et très loin de l'œil gauche ; tu vois mal et seulement de très près de l'œil droit. Je lui fais lire ensuite des caractères d'imprimerie de trois millimètres de hauteur ; l'œil gauche les lit à quatre-vingts centimètres de distance, l'œil droit seulement à vingt-quatre centimètres. Si je dis : « L'œil droit voit très bien, l'œil gauche ne voit que de très près », l'œil droit lit à quatre-vingts centimètres, l'œil gauche à vingt-quatre.

« Son ouïe est très bonne ; l'oreille droite entend le tic-tac d'une montre à quatre-vingt-quatorze centimètres, l'oreille gauche à quatre-vingt-sept.

Je lui dis : « Tu entends très bien et très loin de l'oreille gauche, mais ton oreille droite entend difficilement et seulement de très près. » Je mesure la distance à laquelle est perçu le tic-tac de la montre, et j'obtiens quatre-vingt-sept pour l'oreille gauche, et deux centimètres seulement pour l'oreille droite. Je suggère une surdité complète d'un côté ; il dit ne pas entendre la montre appliquée contre l'oreille ; je transfère la surdité de l'autre côté. Je suggère une surdité complète des deux côtés : il affirme ne pas entendre la montre mise sur les deux oreilles. »

Au lieu d'insensibilité, on peut, toujours par suggestion pendant la veille, provoquer de la sensibilité, l'hyperesthésie : un simple contact devient alors douloureux, un point du corps déterminé devient le siège de souffrances, de fourmillements ; on affirme la sensation de froid, et la chair de poule apparaît ; la sensation de chaleur, et on voit perler des gouttes de sueur.

De même, pour les sens spéciaux, il est possible de les exalter au lieu de les abolir ; un jeune homme, atteint d'un grand affaiblissement de la vue de l'œil gauche, était traité par M. Charpentier à l'aide d'un courant électrique, qui ramenait momentanément l'acuité visuelle à son degré normal ; or, un jour on appliqua, comme d'habitude, la bobine sur la tempe, mais sans y faire passer le courant, et en même temps on suggéra au sujet éveillé qu'il voyait très bien de son œil malade ;

l'étendue du champ visuel prit une étendue supérieure à celle qui existait dans son œil sain.

On ne manquera pas d'objecter que, pour ce qui est de l'exercice des sens, les modifications suggérées sont difficiles à contrôler, que la cécité et la surdité peuvent être simulées: j'en conviens. Mais ces piqûres réitérées, ces attouchements de la conjonctive, ces chatouillements des narines ou du pharynx, les décharges électriques données par une forte bobine, voilà des excitations qu'il n'est pas facile d'endurer sans aucune manifestation extérieure : c'est pourtant ce qu'ont observé MM. Bottey, Dumontpallier, Ch. Richet, Brémaud, et tous les expérimentateurs qui ont agi sur le mouvement ou sur la sensibilité par simple affirmation.

Ainsi le docteur Bottey, sur trois jeunes filles, dont l'une était hystérique, et les deux autres nullement nerveuses, a provoqué, par ce procédé, des paralysies limitées, des contractions musculaires irrésistibles, l'insensibilité à la douleur, la suppression de l'odorat, la cécité, la surdité, etc.

M. Dumontpallier a rendu des hypnotiques paralysées et insensibles d'un côté; puis a fait passer ces phénomènes de l'autre côté, en même temps qu'il rendait au premier la sensibilité et le mouvement.

Mêmes succès entre les mains de M. Ch. Richet, et du Dr Brémaud, sur des sujets nullement nerveux. Ce dernier a fait ses expériences sur des étudiants, jeunes gens très enclins à la résistance, qui, malgré leurs efforts, leur colère même, restaient cloués sur une chaise ou étendus à terre, sans pouvoir quitter leur position ridicule avant d'en avoir reçu la permission de celui qui la leur avait fait prendre. Puis il leur donna une boîte fermée, dont le contenu, disait-il, les mettrait à l'abri de toute suggestion; en effet, ils purent résister aux essais de paralysie ou d'insensibilité tentés sur eux; un peu plus tard, on ouvrit les boîtes, qui étaient vides; la seconde suggestion avait neutralisé la première, ce qui doublait la réussite de l'expérience.

Pour compléter l'analogie de la suggestion à l'état de veille avec les suggestions hypnotiques et posthypnotiques, faites pendant le sommeil, il restait à suggérer au sujet éveillé, non plus seulement de simples mouvements ou des troubles des sens, mais des actes plus ou moins compliqués. C'est ce qu'a tenté M. Liégeois, dans l'expérience suivante :

« Je produis chez mademoiselle P... un automatisme si absolu, une disparition si complète de tout sens moral, de toute liberté, que je lui fais tirer, sans sourciller, un coup de pistolet à bout portant sur sa mère. La jeune criminelle paraît aussi complètement éveillée que les témoins de cette scène, mais elle est beaucoup moins émue qu'ils ne le sont eux-mêmes. Et, presque sans transition, sa mère lui reprochant ce qu'elle vient de faire, et lui disant qu'elle a voulu la tuer, mademoiselle P... lui répond, en souriant et avec beaucoup de bon sens : « Je ne t'ai pas tuée, puisque tu me parles ! ».

Ce calme d'une jeune personne qui vient de tirer sur sa mère, ce bon sens, cette présence d'esprit dont elle fait preuve immédiatement après pareil attentat, ne vous semblent-ils pas légèrement suspects? Ne contrastent-ils pas étrangement avec le frisson d'horreur manifesté par les sujets auxquels on a fait commettre de semblables crimes imaginaires, après les avoir hypnotisés? Je ne mets pas en doute la bonne foi de M. Liégeois ; mais je crains bien qu'il n'ait cédé au désir, très naturel, de produire sur son auditoire ou ses lecteurs un effet saisissant, avant de contrôler par d'autres tentatives si son sujet n'appartient pas à la catégorie des simulateurs. Je sais bien qu'il a fait d'autres expériences; mais on retrouve toujours chez ses prétendus assassins cette tranquillité d'esprit qui, malgré moi, me fait croire à la supercherie. Du premier coup, sans insistance de sa part, il fait manier le revolver, verser le poison, par des personnes éveillées : un mot de lui suffit. Bien mieux, il lui suffirait de regarder fixement, pendant quelques minutes, un compagnon de voyage pour obtenir tous les phénomènes de l'hypnotisme sans passer par le sommeil : de sorte que, suivant la remarque de M. Arthur Desjardins, « l'humanité se diviserait en tyrans, les hypnotisants, et en esclaves, les hypnotisés ; les hypnotisants seraient maîtres de l'univers. » Tout cela est d'autant moins vraisemblable que M. Liégeois est le seul qui ait réussi jusqu'ici dans ces suggestions d'actes à l'état de veille : il est donc sage d'attendre, pour y croire, qu'elles aient été réalisées assez souvent et dans des conditions assez inattaquables pour que la conviction s'impose.

Pour le moment, tenons-nous en au champ déjà bien vaste de ce qui est incontestable dans l'hypnotisme, et cherchons si on peut expliquer tous les phénomènes, depuis la provocation du sommeil jusqu'aux suggestions les plus complexes. Pour résoudre ce problème, il nous faut rappeler d'abord que tout le monde n'est pas hypnotisable, que l'hypnotisation n'est possible que chez les sujets prédisposés, et que les hypnotisés eux-mêmes ne sont pas susceptibles de présenter indistinctement la totalité des phénomènes hypnotiques : celui-ci s'arrête à la somnolence, celui-là va jusqu'au somnambulisme et à une suggestibilité extraordinaire ; entre les deux, il existe une foule de degrés.

D'autre part, nous pouvons admettre, car c'est la théorie la plus récente et la plus scientifique, que, chez ces individus prédisposés, l'ébranlement cérébral produit par une sensation physique (fixation d'un objet, bruit du tam-tam, etc.), ou par une idée imposée, détermine la paralysie de certaines parties du système nerveux et l'excitation d'autres régions nerveuses : de là résulte que certaines facultés sont exaltées aux dépens des autres. Il est bien entendu d'ailleurs que cette paralysie est passagère, résulte d'un arrêt de fonctionnement des éléments nerveux, et non d'une modification de structure qui la rendrait durable : telle une machine cessant son travail parce qu'on arrête ses ressorts, sans que ceux-ci soient le moins du monde détériorés.

Cela posé, que se passe-t-il dans les divers degrés du sommeil provoqué? pourquoi ses manifestations varient-elles? Supposons que la paralysie fonctionnelle du cerveau soit générale, atteigne toutes les facultés : nous avons la léthargie, cet état de mort apparente où le sujet est pour ainsi dire au fond d'un puits, aussi loin que possible de la vie réelle.

Si l'intelligence est presque annihilée, si la sensibilité est très obscurcie, si par contre la troisième fonction nerveuse, celle du mouvement, est très développée au détriment des deux premières, suivant la loi de balancement indiquée plus haut, nous aurons la catalepsie avec sa rigidité spéciale, avec la possibilité de faire conserver longtemps des attitudes fatigantes et de provoquer des mouvements automatiques.

Si enfin la paralysie fonctionnelle est encore moins prononcée, si elle a laissé intact le mouvement, si elle a respecté ou même exalté la sensibilité, si elle a seulement restreint la liberté d'action, sans l'abolir complètement, si en un mot le sujet est plus près que précédemment de l'état de veille, c'est à un somnambule que nous avons affaire.

On comprend de suite pourquoi toute suggestion est impossible dans la léthargie, où le système nerveux est incapable de réagir; et pourquoi le mécanisme de celles qui sont faites dans les deux autres états varie suivant les cas.

Ainsi dans la catalepsie, le mouvement seul étant intact, on ne peut réaliser que des suggestions de mouvements ; l'intelligence étant obscurcie, ce n'est pas elle qui commande les mouvements, c'est l'instinct d'imitation. Si on exécute un mouvement devant le sujet, si on lui en fait commencer un, il l'achève automatiquement et le continue jusqu'à ce qu'on l'arrête. Il suffit de lui présenter une cuvette pour qu'il s'y lave les mains indéfiniment. La pensée n'intervient en rien : le sujet imite ce qu'il voit ou a vu faire, comme l'enfant, comme le singe. C'est la suggestion par l'exemple ou par l'imitation.

Chez le somnambule, au contraire, la pensée veille en grande partie. C'est l'imagination qui est en cause : c'est par son intermédiaire que toutes les suggestions sont possibles. Alors l'influence d'une personne étrangère n'est pas absolument nécessaire; il est des cas où, en l'absence de toute suggestion venant d'autrui, l'individu agit sous l'influence de suggestions qu'il se fait involontairement à lui-même : c'est ce qu'on nomme l'*autosug-*

gestion. Nous en avons cité un exemple, celui de cet homme à qui il suffisait de dire : Vous voyez bien que j'ai un nez en argent, pour le faire dormir ; en entendant cette phrase, il se suggérait à lui-même l'idée de sommeil et la mettait à exécution.

Cette influence de l'imagination mérite de nous arrêter un instant : elle est la clef de la suggestion, elle a été constatée bien avant que celle-ci fût connue. Voici un passage, cité par le Dr Charpignon, des *Secrets merveilleux de la magie naturelle et cabalistique*, datant de 1629 : « Des scélérats se fiaient si fort à des secrets qu'ils avaient de se rendre insensibles à la gêne, qu'ils se constituaient volontairement prisonniers pour se purger de certaines présomptions. Il y en a qui se servent de certaines paroles prononcées à voix basse, et d'autres de petits billets qu'ils cachent en quelque partie de leur corps... Le premier que je reconnus se servir de ces sortes de charmes nous surprit par sa constance qui était au-dessus de nature ; car après la première serre de la gêne, il parut dormir aussi tranquillement que s'il eût été dans un bon lit, sans se lamenter, plaindre ni crier ; et, quand on eut continué la serre deux ou trois fois, il demeura immobile comme une statue de marbre, ce qui nous fit soupçonner qu'il était muni de quelque enchantement, et, pour en être éclairci, on le fit dépouiller nu comme la main, et, après une exacte recherche, on ne trouva autre chose sur lui qu'un petit papier où était la figure des trois rois, avec ces paroles sur le revers : « Belle étoile qui as délivré les mages de la persécution d'Hérode, délivre-moi de tout tourment. » Ce papier était fourré dans son oreille gauche. Or, quoiqu'on lui eût ôté ce papier, il ne laissa pas que d'être insensible aux tourments, parce que, lorsqu'on l'y appliquait, il prononçait à voix basse entre ses dents certaines paroles qu'on ne pouvait entendre, et comme il persévéra dans les négations, on fut obligé de le renvoyer en prison.

Il est bien évident que la « vertu somnifère » de ces talismans, invocations écrites ou parlées, résidait uniquement dans la propriété qu'on leur attribuait, et que, si « des scélérats » avaient l'audace de ne rien sentir des tortures qu'on leur infligeait, ils le devaient à leur foi dans cette propriété imaginaire : c'était une insensibilité d'origine psychique, par autosuggestion.

On a aussi décrit des paralysies de même origine. Une jeune Anglaise, après avoir longtemps soigné son père paralytique, fut prise de douleurs dues à la fatigue, qui lui firent croire qu'elle aussi allait être paralysée : elle le devint en effet, mais fut guérie rapidement, grâce à l'ascendant que prit sur elle son médecin, qui parvint à la convaincre que la guérison était proche : l'imagination avait détruit le mal qu'elle avait causé.

Le nombre des paralysies nerveuses, fonctionnelles, engendrées et guéries par une émotion morale vive, est incalculable. Autrefois c'était le pèlerinage au tombeau de personnages illustres, rois, saints, bienheureux, qui produisait le soi-disant miracle ; aujourd'hui, c'est l'immersion dans la source de Massabielle, à Lourdes. Le facteur principal est toujours le même : l'imagination.

Je citerai encore le cas de ce moine qui, devant se purger le lendemain matin et rêvant qu'il avait pris le médicament, se leva dans le courant de la nuit et eut huit garde-robes aussi abondantes que naturelles. De même, une jeune personne de 18 ans, fille du consul de Hanovre, rêva qu'elle avait avalé de la rhubarbe, qu'elle abhorrait et qu'elle devait prendre à son réveil : elle eut cinq ou six évacuations faciles.

Ainsi, insensibilité à la douleur, perte et rétablissement du mouvement, purgation : autant de phénomènes que nous avons vus déterminés par la suggestion, et que l'imagination suffit à produire. Qui nierait après cela l'influence du moral sur le physique ?

Remarquons maintenant qu'à l'état normal, chez l'homme sain et éveillé, l'imagination est réfrénée, tenue en laisse par la raison ; tandis que, chez le somnambule, celle-ci baisse pavillon devant la folle du logis, qui devient prépondérante. Si donc un individu a pris sur un autre individu prédisposé une grande influence morale, à la faveur d'hypnotisations répétées, si surtout il lui suggère des mouvements connus, habituels, la volonté du second sera incapable de réagir en raison de l'état spécial de son cerveau. Car, je l'ai dit, je le répète encore parce que c'est une condition inéluctable de succès, trois circonstances doivent être réunies pour que la suggestion réussisse :

Prédisposition du sujet, qui annihile ou diminue sensiblement son libre arbitre ; voilà pourquoi les individus nerveux, facilement émotionnables, d'une part, et les individus dociles, doués d'une dose minime de spontanéité, d'autre part, sont les meilleurs sujets ;

Influence prise par l'hypnotiseur : plus les hypnotisations antérieures ont été fréquentes, mieux la suggestion réussit ; c'est surtout, quelquefois exclusivement, à la personne qui a coutume de l'endormir que l'hypnotisé obéit ;

Possibilité ou habitude pour le sujet d'exécuter ce qui lui est commandé : on ne fera pas lire un ignorant, on ne fera pas prier un athée.

Ces principes compris et admis, nous pouvons expliquer le mécanisme des suggestions hypnotiques, faites et accomplies pendant le sommeil. Puisque la pensée du sujet suffit à engendrer la paralysie, puis la guérison de cette paralysie, c'est-à-dire la perte et la restauration du mouvement, pourquoi le même effet ne se produirait-il pas par le fait d'une influence étrangère, devenue supérieure à la force de résistance du somnambule ? Puisque la volonté bien arrêtée du sujet suffit à produire l'insensibilité absolue aux plus cruels tourments, pourquoi cette influence étrangère et prépondérante ne provoquerait-elle pas une anesthésie artificielle, une surdité artificielle, une hallucination artificielle, etc? Cet enchaînement me paraît logique, et me semble expliquer parfaitement les phénomènes provoqués par suggestion dans la sphère du mouvement, de la sensibilité générale, des sens spéciaux.

Et les suggestions d'actes, direz-vous ? Considérons que le principal caractère du somnambulisme naturel est précisément que celui qui y est sujet accomplit, pendant son sommeil, des actes dont il n'a pas conscience et dont il a perdu tout souvenir au réveil. Pourquoi n'en serait-il pas de même dans le somnambulisme provoqué, qui ne diffère du précédent qu'en ce que le sujet est plus apte à subir les influences extérieures ? Qu'une idée prenne spontanément naissance dans le cerveau du somnambule, ou y soit inculquée par une autre personne, la résultante est identique : il y a toujours transformation de cette idée en un acte correspondant.

Voilà pour les suggestions, pendant le sommeil, d'actes accomplis également pendant le sommeil. Les suggestions de la seconde catégorie, faites pendant la veille, les suggestions post-hypnotiques en un mot, sont déjà plus extraordinaires, surtout lorsqu'elles se réalisent à une époque lointaine, 63 jours, 172 jours, une année entière, comme nous en avons vu des exemples. La principale difficulté de l'explication consiste dans cette « faculté inconsciente de mesurer le temps » que devrait posséder le sujet, d'après M. Paul Janet, et qui bouleverse ses notions philosophiques sur l'association directe des idées et des mouvements. Cette lacune est plus apparente que réelle. Ne vous est-il pas arrivé à vous jeune homme, à vous homme mûr, de revoir soudain un fait bien insignifiant de votre enfance, auquel vous n'avez jamais songé depuis qu'il a eu lieu, que sa banalité même devrait avoir chassé de votre souvenir, et auquel vous assistez pourtant par la pensée comme s'il était d'hier, sans que vous puissiez dire ce qui l'a tout d'un coup fait dérouler devant les yeux de votre esprit? Ne vous est-il pas arrivé de vous dire, à l'aspect d'un paysage sans originalité, d'une scène de rue très ordinaire : J'ai déjà vu cela? Vous l'avez vu en effet : mais quand, dans quelles circonstances, c'est ce qu'il vous est impossible de préciser. Ainsi « il y a des exemples de mémoire automatique et inconsciente; il y en a aussi de persistance de sensations. On conçoit donc, à la rigueur, que l'hallucination somnambulique dure encore quelques temps après le réveil, et l'on est conduit de là à la persistance de l'automatisme en vertu d'une sorte de vitesse acquise. » Eh bien! cette « persistance de l'automatisme » admise par M. Janet suffit à mon bonheur : si elle va jusqu'au lendemain, jusqu'au surlendemain, je ne vois pas pourquoi elle ne se prolongerait pas davantage. M. Janet ne suppose évidemment pas que le somnambule a compté les heures, même inconsciemment, pendant deux jours ; du moment qu'il est réduit à l'état d'automate à l'égard de la suggestion qui lui a été faite, en raison de l'impression profonde qu'a reçue son cerveau, cette impression s'extériorisera aussi bien dans 48 jours et plus, que dans 48 heures : la numération des jours n'est pas plus nécessaire que celle des heures.

Les suggestions de la troisième classe, faites et accomplies pendant la veille, sont beaucoup plus difficiles à expliquer. Aussi quelques auteurs ont pris le parti de les nier, ce qui n'est pas précisément le moyen de résoudre la difficulté. J'ai fait mes réserves, et je les renouvelle, au sujet des actes compliqués que M. Liégeois prétend avoir suggérés et fait accomplir sans sommeil : c'est que les exemples en sont rares, et ne présentent pas ce cachet de certitude qui entraîne la conviction. Mais pour les mouvements et les hallucinations suggérés à l'état de veille, ils sont incontestables : les exemples certains en abondent. Comment les expliquer ?

Sans épuiser les questions philosophiques que soulève l'hypnotisme, et que nous aborderons ailleurs, nous devons nous demander d'abord si tous les mouvements, toutes les sensations de l'homme à l'état normal, sont bien conscients : beaucoup d'entre eux sont purement instinctifs, comme nous le montrera un instant de réflexion.

« Il est impossible, dit Gratiolet, d'être saisi d'une idée vive, sans que le corps se mette à l'unisson de cette idée. » Et M. Bernheim, qui cite le passage, en démontre la justesse : « Quand une musique joyeuse résonne, nous l'accompagnons du geste et de la voix ; quand les accords entraînants de la valse vibrent à certaines oreilles, l'idée de la danse suggérée dans le cerveau ne tend-elle pas à réaliser involontairement les balancements corrélatifs du corps ? »

Quelqu'un vous dit à brûle-pourpoint : « Vous avez une mouche sur le front ! » Vous portez la main à la place indiquée pour chasser l'insecte fictif, dont vous sentirez même la piqûre pour peu qu'on insiste.

Vous vous trouvez à côté d'un individu qui se gratte avec fureur ; vous êtes pris à votre tour de démangeaisons imaginaires.

Concentrez votre attention sur un point de votre corps, et ayez l'idée fixe que ce point est douloureux, froid, chaud, etc., il y a gros à parier que vous y aurez la sensation conçue par votre cerveau.

Vous qui vous rendez chaque jour à la Bourse, au Palais, etc., ne vous arrive-t-il pas fréquemment d'y arriver sans savoir aucunement quelles rues vous avez parcourues, sans avoir rien vu sur votre chemin, absorbé que vous étiez par une idée fixe ? Ne sont-ce pas là des mouvements automatiques, inconscients ? Vous, opportuniste, assistez à une conférence radicale ou conservatrice, écoutez un de ces orateurs dont la parole vibrante échauffe les plus sceptiques, entraîne les moins convaincus : vous applaudirez comme vos voisins, vous serez pris momentanément ; puis, au sortir de la séance, vous vous en voudrez de ces marques d'approbation, stupéfait de cette adhésion forcée à des principes qui ne sont pas les vôtres.

Vous, libre penseur, écoutez le sermon prononcé par un grand orateur de la chaire : vous admirerez la forme, le fond même des idées exprimées vous paraîtra indiscutable, même si elles vont à l'encontre de vos convictions. Votre raison pourra ensuite reprendre le dessus, je le veux bien ; elle n'en a pas moins été pour un temps annihilée par autrui.

Voilà autant d'exemples de suggestions : suggestions de mouvements ou d'hallucinations, suggestions venant d'une autre personne ou autosuggestions, peu importe ; c'est toujours la suggestion à l'état de veille. Le rôle qu'elle joue dans la vie publique comme dans la vie privée est vraiment considérable. Ce n'est certes pas le lieu de parler politique ; il m'est permis pourtant de rappeler que cette année est celle du Centenaire, et qu'aux deux extrémités du siècle écoulé se trouvent de mémorables exemples à l'appui de ma thèse. Dans la nuit du 4 août 1789, la noblesse et le clergé font abandon de tous les privilèges et immunités dont ils jouissaient jusqu'alors; cette révolution était déjà à moitié accomplie en fait, sans doute; ce généreux élan, peut-être regretté plus tard par quelques-uns, en est-il moins une preuve de la suggestion mutuelle à laquelle une collectivité humaine peut céder? Aujourd'hui, à cent ans de distance, ne constatons-nous pas dans les masses françaises un immense engouement, inexplicable pour la froide raison, à l'égard d'un homme d'épée que je m'abstiens de juger au point de vue politique, mais à propos duquel le psychologue observe encore un entraînement irréfléchi?

Tout est suggestion dans les rapports d'hommes à hommes, autant et plus chez les nations civilisées, qui ont la mode, les convenances, les usages, la forme, que chez les sauvages.

On retrouve dans la sphère morale la grande loi de l'influence des milieux, si bien établie pour le monde physique par Lamarck et Geoffroy Saint-Hilaire. Vérité en deçà des Pyrénées, erreur au-delà, dit-on; pourquoi, si ce n'est par suite de la différence des milieux? Ceux-ci nous font protestants ou catholiques, républicains ou monarchistes; c'est à leur influence que nous devons nos notions sur le juste et l'injuste, le bien et le mal, le beau et le laid; c'est parce que nous nous suggestionnons les uns les autres, que nous avons une opinion quelconque... quand nous en avons une. Tous les vingt-cinq ans peut-être apparaît un de ces esprits d'élite, doués d'aptitudes exceptionnelles, capables d'avoir des idées vraiment neuves et originales, de transformer celles de ses contemporains : la foule subit leur ascendant sans contrôle ou avec un semblant de résistance vite usée ; elle n'a fait que d'être changée d'ornière, étant incapable d'en changer seule.

La suggestion peut donc, doit même être envisagée en dehors de l'hypnotisme ; c'est la tâche du philosophe, qui trouve précisément dans cet état particulier du cerveau humain le moyen de contrôler et d'interpréter ce qui se passe à l'état normal. Pour en revenir à la suggestion *expérimentale*, de mouvements, de paralysie, d'insensibilité, etc., elle n'est pas plus mystérieuse en somme que les suggestions inconscientes que nous venons de voir. Lorsqu'auprès d'un sujet dont le cerveau a pris, par suite d'hypnotisations antérieures, l'habitude de fonctionner d'une façon particulière, l'hypnotiseur insiste sur l'ordre donné, de manière à en bien faire pénétrer l'idée, celle-ci se transforme en mouvement, en insensibilité, etc., le sommeil du sujet n'est pas alors plus nécessaire que dans le cas où l'éloquence entraînante d'un tribun force les applaudissements de ses adversaires.

En résumé, la réalisation d'une suggestion résulte toujours de la transformation d'une idée en phénomène physique. Dans la vie ordinaire, elle a pour origine l'intimidation, la surprise l'entraînement mutuel, etc., la persuasion même n'est pas autre chose que la suggestion sans sommeil ; mais alors la raison peut, immédiatement ou plus tard, régler, modérer les instincts. Dans l'hypnotisme, la suggestion a pour base l'état mental du sujet, dont l'automatisme s'est accru, dont la spontanéité a diminué au point de le rendre accessible à l'influence de l'hypnotiseur. Toutefois cet état mental n'est pas commun ; les individus suggestibles, surtout à l'état de veille, sont en somme assez rares, et, quand ils sont trouvés, il faut encore leur faire subir une éducation spéciale, une sorte d'entraînement.

X

L'ÉCOLE DE PARIS ET L'ÉCOLE DE NANCY

Les trois phases du grand hypnotisme niées à Nancy. — Portrait de l'hystérique. — L'hystérie est le meilleur terrain d'étude de l'hypnotisme. — Le sommeil hypnotique n'est pas identique au sommeil naturel. — Les sujets hypnotisables ne sont pas tous hystériques. — L'hypnotisme ne se réduit pas à la suggestion.

Si, ce que je n'ose espérer, l'ombre de Victor Cousin fait aux pages qui précèdent le grand honneur d'en prendre connaissance, elle tressaillira sans doute d'allégresse en constatant que la méthode éclectique n'est pas complètement abandonnée sur terre. J'ai, en effet, exposé avec impartialité tout ce qui a été dit et écrit sur l'hypnotisme, empruntant à chaque auteur ce qui m'a paru juste et intéressant dans son système, citant les noms de Liébeault et de Bernheim, Beaunis et de Liégeois, tout comme ceux de Charcot, de Dumontpallier, et de leurs nombreux disciples.

Il existe pourtant de grandes différences entre

les doctrines qui ont cours à Paris et à Nancy. J'ai déjà eu, çà et là, l'occasion d'en signaler quelques-unes ; mais il me paraît intéressant de jeter un coup d'œil d'ensemble sur les divergences d'opinions des deux Écoles. Cela nous fournira l'occasion de passer une dernière revue des phénomènes hypnotiques considérés en eux-mêmes, avant d'énumérer les applications utiles ou dangereuses qui peuvent en être faites.

Premier point. — Nous n'observons jamais, disent les expérimentateurs de Nancy, les trois phases léthargique, cataleptique, somnambulique, que l'École de la Salpêtrière (lisez le professeur Charcot) indique comme caractérisant le grand hypnotisme ; la léthargie n'est qu'apparente, le sujet entend et reste conscient ; quant à la catalepsie et au somnambulisme, ils ne sont provoqués ni par l'action d'ouvrir les yeux, ni par les frictions du vertex, quand la suggestion (consciente ou inconsciente) n'est pas en jeu.

Voilà une affirmation qui ne tient pas devant les faits, et dont on a peine à comprendre que M. Bernheim se soit établi le défenseur acharné. Cent fois l'expérience a été faite devant un public scientifique trié sur le volet ; cent fois on a vu les trois phases se dérouler dans l'ordre déjà indiqué, sous la seule influence d'agents physiques, sans qu'un mot fût prononcé, sans qu'un geste fût accompli devant le sujet ; celui-ci tombait en léthargie après avoir regardé fixement un objet ;

en catalepsie dès qu'il entendait le bruit du tam-tam; en somnambulisme quand on lui frictionnait le sommet de la tête. Des médecins en grand nombre ont été témoins de ces phénomènes, et du passage d'un état à l'autre par l'action de moyens divers, mais toujours étrangers à la suggestion. Pourquoi donc nier de parti pris ce que des savants autorisés affirment avoir vu? Pour augmenter l'importance de la suggestion? Mais personne ne la conteste: on demande seulement qu'elle ne soit pas exagérée au point d'annihiler les autres influences.

Second point. — Les trois phases du grand hypnotisme ne sont bien tranchées, de l'aveu même de M. Charcot, que chez les hystériques, et encore quand l'hystérie est grave. Or, M. Bernheim en nie l'existence aussi bien chez les grandes hystériques que chez les autres sujets: d'après lui, si on a cru constater les trois états à la Salpêtrière, c'est que les malades de cet établissement ont reçu une espèce d'éducation expérimentale qui leur fait reproduire toutes les différentes phases de l'hypnotisme selon un type convenu; il n'en serait pas de même si on opérait dans d'autres milieux.

En d'autres termes, M. Bernheim invoque l'instinct, ou pour mieux dire le besoin de simulation qui caractérise les hystériques, et qui est incontestable. « La femme hystérique, dit le professeur Brouardel, est vive, intelligente, très intéressante par sa conversation, où elle a le talent de passer rapidement d'un sujet à un autre avec une facilité et une aisance extrêmes ; elle tient par-dessus tout à plaire en dehors de toute idée de coquetterie ; elle cajole son interlocuteur, il faut qu'on s'occupe d'elle. C'est, en un mot, une femme très séduisante. Mais quand un malheureux s'est laissé attirer par cette charmeuse et s'est uni à elle dans le mariage, le tableau change bientôt à ses yeux. Le besoin de se faire remarquer s'accentue chez sa femme dans les formes les plus scabreuses. La conversation ne se contente plus d'être agréable, elle devient très épicée, et le désir impérieux qu'on s'occupe d'elle la pousse à des actes absolument irréguliers : elle se compromet. Les conséquences sont plus terribles encore dans son caractère et dans son intelligence. Elle est essentiellement menteuse, et c'est là le vrai critérium de la femme hystérique. On en a vu tenir en échec, pendant de longues années, les tribunaux, les médecins, leur famille, sur un échafaudage de mensonges emboîtés les uns dans les autres...

« J'ai dit que les deux premiers caractères des hystériques étaient le mensonge et la nécessité d'avoir un public. Ce sont des comédiens et il leur faut un public, serait-ce le public des assises ! Une jeune femme, rentrant du bal avec son mari, va au berceau de son enfant, ne l'y trouve pas, montre à son mari la lampe renversée, et enfin découvre l'enfant la tête la première dans la fontaine. Rien n'avait été volé. Or cette femme, en soirée dans une maison située deux portes après la sienne, était sortie un instant, prétextant un pressant besoin. Ma conviction profonde était qu'elle avait tué son enfant, et j'avais dit au juge d'instruction : « Elle sera dévorée de l'envie de paraître en cour d'assises. » Ma prédiction s'est réalisée. L'affaire ayant été classée, cette femme venait constamment trouver le juge d'instruction en lui disant : « Mais, puisque vous ne poursuivez personne, c'est donc moi qui suis la coupable ; alors, poursuivez-moi ! »

Certes ce portrait peu flatté, mais véridique, des hystériques, ce désir d'avoir un public (à l'amphithéâtre à défaut du prétoire), ce besoin irrésistible de simulation, sont bien faits pour mettre en garde contre toutes les observations prises sur les malades de cette espèce, à propos d'hypnotisme comme de tout autre fait. Mais on pense bien que M. Charcot est aussi renseigné que qui que ce soit sur cette possibilité de supercheries ; et, quand il nous affirme que la surveillance exercée sur ses sujets est très attentive, que les moyens de contrôle mis en œuvre sont suffisants à prévenir toute fourberie, nous pouvons nous fier à lui. Les procédés ne manquent pas pour déceler la simulation si elle existe : nous avons vu, quand nous avons étudié les trois phases en question, qu'une plume placée dans la main trace des lignes droites et régulières sur le papier qui se déroule devant le cataleptique vrai, des lignes brisées et irrégulières avec le simulateur ; l'anesthésie feinte ne résiste pas aux chatouillements, piqûres, brûlures, etc.

Quant à cette sorte d'entraînement qui ferait que les hystériques de la Salpêtrière répéteraient au bout d'un certain temps toujours les mêmes scènes, comme une leçon bien apprise, c'est un argument qu'on pourrait invoquer contre les sujets de MM. Liébeault et Bernheim, tout aussi bien que contre ceux du professeur Charcot. Il suffit de lire, en effet, les compte rendus des expériences de Nancy, pour s'apercevoir qu'un grand nombre de sujets, primitivement rebelles ou peu accessibles à la suggestion, étaient plus tard influencés par elle, et que les hypnotisations répétées augmentaient la suggestibilité : faut-il incriminer partout l'éducation expérimentale, ou n'en tenir compte nulle part ?

Et d'ailleurs, ce serait une grave erreur de croire que les trois célèbres phases n'ont été observées qu'à la Salpêtrière. J'ai assisté l'hiver dernier, à l'hôpital de la Charité de Paris, aux conférences sur l'hypnotisme faites par le Dr Luys, et qui ont eu un certain retentissement ; j'ai vu, comme bien d'autres, les trois états se dérouler, se modifier, cesser, au gré de l'expérimentateur : les deux sujets sur lesquels portaient les expériences étaient des hystériques, mais ne sortaient pas le moins du monde de la Salpêtrière. Le Dr Dumontpallier a répété ces expériences à la Pitié sur d'autres hystériques encore : il a noté des phénomènes nouveaux, mais il a aussi observé la succession de la léthargie, de la catalepsie, du somnambulisme. Personne n'a jamais dit que cette succession est invariable, constante chez tous les sujets, même hystériques, même atteints d'hystérie grave : mais qu'elle puisse se manifester chez eux, c'est certain.

Troisième point. — L'hystérie, affirment les nancéens, n'est pas un bon terrain pour l'étude de l'hypnotisme, parce que l'une et l'autre se manifestent par des symptômes nerveux qui s'enchevêtrent, et que ce mélange rend difficile à un observateur inexpérimenté la distinction de ce qui appartient respectivement à chaque état.

Je n'entreprendrai pas d'établir cette distinction : il me faudrait, au portrait moral de l'hystérique tracé plus haut d'après M. Brouardel, joindre l'histoire des troubles physiques de toute nature qui caractérisent cette névrose, ce qui dépasserait singulièrement le cadre de cet ouvrage. Mais on admettra bien qu'il existe, à Paris comme ailleurs, quelques médecins sachant ce que c'est que l'hystérie, et capables de la distinguer de l'hypnotisme. M. Charcot a pensé très justement qu'il était du nombre, et, fort de cette assurance, il s'est mis à étudier l'hypnotisme sur le terrain de l'hystérie, parce que c'est là, comme il l'a dit, qu'on trouve les types les plus complets et les plus constants. C'est sur ce terrain qu'ont été faites les recherches qui ont donné une base solide aux études nouvelles : il est donc meilleur qu'on veut bien le dire.

Quatrième point. — Le dada, pardonnez-moi l'expression, cher à M. Liébeault et à ses compatriotes, c'est que l'état hypnotique ne diffère en rien du sommeil ordinaire, que tous les phénomènes qui le constituent, pouvant être obtenus chez beaucoup de sujets dans leur sommeil naturel, sont eux-mêmes naturels et psychologiques.

M. Charcot et ses élèves, au contraire, prononcent à propos de l'hypnotisme le grand mot de névrose : pour eux c'est une névrose expérimentale, une véritable maladie du système nerveux, qui ne diffère des autres affections du même ordre qu'en ce qu'elle a besoin d'être provoquée pour apparaître et ne naît pas spontanément.

Je crois, pour ma part, que ces opinions sont trop exclusives. Je ne puis souscrire à une assimilation complète entre le sommeil hypnotique et le sommeil ordinaire : car jamais, à ma connaissance, celui-ci ne s'est accompagné des troubles de sensibilité qui caractérisent le premier. Pincez ou chatouillez un homme naturellement endormi, il réagira, si profond que soit son sommeil ; un mouvement, un moyen de défense quelconque, vous avertira qu'il n'est nullement analgésique, c'est-à-dire insensible à la douleur, comme le sont le léthargique, le cataleptique, et beaucoup de somnambules.

Mais, si je crois à une différence radicale entre les sommeils hypnotique et naturel, je ne pense pas que le premier soit toujours et forcément une maladie, une névrose. Les manifestations de l'hypnotisme sont trop fugaces, ont des degrés trop variables, sont bien souvent trop légères, sont trop irrégulières dans leur évolution, pour qu'on puisse en faire une affection déterminée, même nerveuse. Ce qui a fait soutenir cette opinion par MM. Charcot, P. Richet, etc., c'est qu'ils regardent l'hypnotisme comme toujours lié à l'hystérie, ce qui n'est pas exact.

Cinquième point. — L'hypnotisme est l'apanage des névropathes, des hystériques surtout, d'après l'École de la Salpêtrière. On peut hypnotiser facilement l'immense majorité des sujets de tout âge, de tout sexe, de tout tempérament, selon l'École de Nancy.

Ici encore la vérité me paraît être dans un juste milieu, et, si le lecteur veut bien se reporter à notre cinquième chapitre, où il est question des sujets hypnotisables en même temps que des procédés d'hypnotisation, il trouvera les raisons de cette opinion. L'hypnotisme n'est jamais aussi complet, aussi constant dans ses allures, que chez les hystériques, et chez les sujets qu'une fâcheuse hérédité prédispose à le devenir; c'est entendu. Mais il est surabondamment prouvé qu'une excellente santé n'exclut pas du tout l'aptitude à l'hypnotisme. M. Liébeault force peut-être un peu la note quand il affirme que les sujets rebelles sont en infime minorité : mais il a parfaitement raison de dire que tous les hypnotisés, ou mieux hypnotisables, ne sont pas des gens nerveux. Pour ces détails et les statistiques, je renvoie, encore une fois, au chapitre V.

Sixième point. — Tous les procédés d'hypnotisation, dit M. Bernheim, se réduisent à la suggestion ; la suggestion est la clef de tous les phénomènes hypnotiques; l'hypnotisme sans suggestion n'a pas d'effet curatif.

Ces trois propositions sont erronées; elles sont démenties par les faits. On pourrait, à la rigueur, soutenir qu'une personne hypnotisée par la fixaon prolongée d'un objet, de son doigt, du regard de l'expérimentateur, s'endort parce que l'idée du sommeil lui est suggérée par cette longue attention, qu'il y a chez elle suggestion consciente ou inconsciente. Mais les individus qu'on endort à leur insu, malgré eux, par la simple pression des zones hypnogènes ou par la résonance soudaine du gong, ceux qu'on hypnotise ainsi *pour la première fois*, sans la fameuse éducation expérimentale trop souvent invoquée, ceux-là sont-ils suggestionnés? Et les aliénés, qui sont incapables de concevoir une idée quelconque, même celle du sommeil, dont l'attention ne peut être fixée sur rien, ne peut-on pas cependant provoquer chez eux les phénomènes de l'hypnose par le jet brusque de la lumière électrique ou de la lampe au magnésium ? Le fait qu'on peut plonger quelqu'un dans l'état hypnotique sans son intervention, et même contre sa volonté, prouve que la suggestion n'est pas le seul procédé d'hypnotisation qui existe, qu'elle n'est pas la clef de tous les phénomènes de l'hypnose.

Quant aux effets curatifs, ils peuvent être produits par l'hypnotisme seul, non accompagné de suggestion. C'est ce que montrent plusieurs expériences du Dr Voisin, qui, n'ayant obtenu chez certains malades aucun résultat de la suggestion hypnotique, eut recours à l'hypnotisation pure et simple : après les avoir endormis par la fixation du regard, il les laissa dormir pendant quelque temps, au bout duquel il les réveilla guéris.

En somme, soutenir que la suggestion est tout en hypnotisme, qu'il n'y a rien en dehors d'elle, c'est une prétention excessive. Braid n'en faisait pas usage, de parti pris : pourtant, il produisait le sommeil, le somnambulisme, l'anesthésie, des guérisons, à l'aide de son seul procédé. Bien d'autres expérimentateurs ont agi de même, en recourant exclusivement aux agents physiques.

De cette prépondérance attribuée à la suggestion par les observateurs nancéens, résultent les divergences d'opinions professées par les deux écoles. A Nancy, comme à Paris, on a sans aucun doute observé avec sagacité et fidèlement rapporté les phénomènes dont on était témoin. Les faits sont évidemment les mêmes dans l'est de la

France qu'au centre ou à l'ouest, mais à une condition : c'est que les expériences soient conduites d'une manière identique. Or, tandis qu'à Paris les moyens physiques sont employés de préférence, la suggestion est seule mise en pratique à Nancy. De là vient qu'en un point on a vu se dérouler les trois phases de l'hypnotisme complet, et que, dans l'autre, ce sont surtout des états mixtes, aussi intéressants, à coup sûr, mais moins bien caractérisés, qu'on a constatés.

En résumé, Paris, sous l'impulsion du professeur Charcot, a eu le mérite de placer pour la première fois la question de l'hypnotisme sur un terrain scientifique, et de dissiper en grande partie les ténèbres dans lesquelles elle était plongée. Nancy, en montrant qu'à un homme en état de somnambulisme on peut suggérer les ordres les plus divers, sans qu'il s'en souvienne à son réveil, a fait faire un grand pas à la question de la suggestion, et a tiré de celle-ci un profit peut-être exagéré par des novateurs enthousiastes, mais néanmoins incontestable.

CHAPITRE XI

LES SOMNAMBULES LUCIDES ET LES MAGNÉTISEURS DE PROFESSION
LE SPIRITISME ET LES SCIENCES OCCULTES

Les somnambules extra-lucides. — Chiromancie et cartomancie. — Goutte et marc de café; plomb fondu et tamis. — Étonnante crédulité d'un juge d'instruction. — Le Zouave Jacob. — Le mauvais œil et les *jettatores*. — La fascination. — Donato et Hansen. — Stuart Cumberland. — La divination des pensées et les tables tournantes expliquées par M. Chevreul. — Le spiritisme et l'occultisme. — Les Aïssaouas.

Chez les Grecs et les Romains, les prêtresses d'Apollon, et autres dieux ayant pignon sur rue, prédisaient l'avenir aux mortels assez fortunés pour reconnaître efficacement un pareil service. Au moyen âge, ce rôle fut repris et augmenté, au nom du diable, par les sorciers, dont la puissance s'exerçait en bien ou en mal, suivant la générosité des clients. Aujourd'hui, sommes-nous meilleurs, je veux dire moins crédules?

Sans doute, dans certaines classes privilégiées, douées de l'esprit scientifique que donne une large instruction, la crédulité a partiellement ou totalement disparu. Mais c'est là l'exception ; l'amour du merveilleux règne encore dans la plupart des couches sociales de notre époque : c'est à lui que les somnambules de foires, les magnétiseurs de tréteaux, les guérisseurs de carrefours, doivent le plus clair de leurs bénéfices. Il nous faut donc dire un mot de ces honorables (?) *professionnels,* puisque la bêtise contemporaine persiste à les ranger à côté, sinon au-dessus des savants qui s'occupent d'hypnotisme.

A l'instar de leurs précurseurs dans la noble carrière de l'exploitation humaine, les descendants ou descendantes des sibylles et des magiciens rendent des oracles et guérissent les maladies. Les somnambules ne se bornent même pas à ces deux fonctions non reconnues, mais tolérées par l'État : elles en remplissent bien d'autres, ainsi que nous le montre le Dr Gilles de la Tourette, qui a eu la patience d'étudier de près ce joli monde, et auquel j'emprunte quelques renseignements.

Dans les grandes occasions, lorsqu'il s'agit de retrouver un objet de valeur, de guérir une maladie, naturellement déclarée incurable par la Faculté, la devineresse dort ou feint de dormir : toujours est-il qu'inspirée par une mèche de cheveux du malade, par le contact de la personne qui a perdu l'objet, ou bien, j'ose à peine émettre cette supposition, par les renseignements qu'elle a su obtenir du client, voire par le hasard, elle donne des avis qui sont justes... au plus une fois sur cent. Des esprits grincheux verraient là une coïncidence; les croyants y voient la preuve d'un pouvoir surnaturel. Heureux croyants!

S'agit-il de connaître la destinée d'une personne? La somnambule la lit couramment, à la seule inspection des lignes et des signes de la main. Ça, c'est la chiromancie : ce n'est ni long ni bien coûteux; tout le monde peut s'en offrir le luxe. C'est ce qu'a fait le général B..., dont la main, large et plate, s'étalait récemment à la quatrième page d'un journal, avec explications à l'appui. La consultation ne prévoyait pas le séjour prochain du général à l'étranger. Avait-il regardé à la dépense, malgré son immense fortune?

Mais, j'y songe, le général a dû se tromper de porte. Quand on veut savoir si on sera heureux en amour, ou si on doit entreprendre un voyage, c'est aux cartes qu'il faut s'adresser. Pourquoi ce rapprochement? Mystère! Les profanes n'ont pas à discuter, mais à payer.

Voulez-vous savoir si tel événement que vous désirez arrivera, si telle entreprise réussira? Il n'y a que l'embarras du choix parmi les nombreux procédés propres à vous donner une réponse. Mais n'allez pas confondre, je vous prie, le marc de café avec la goutte de café, par exemple; vous seriez immédiatement vu d'un mauvais œil par la somnambule, et Dieu sait que le mauvais œil d'une somnambule !... La goutte de café, c'est un mélange de marc de café et de sucre, qu'on laisse au fond d'une tasse, et qu'on agite doucement en tournant celle-ci entre les doigts : les dessins exécutés sur les parois de la tasse par la goutte sirupeuse donnent des réponses précises aux questions posées. Quant au procédé dit du marc de café, il consiste à faire couler lentement un peu de marc dans un verre rempli d'eau, et à observer attentivement la façon dont la poudre gagne le fond du verre. Si vous le préférez, vous pouvez remplacer le café par du blanc d'œuf ou du plomb fondu, que vous faites couler dans le verre d'eau. Vous pouvez encore réclamer qu'on vous fasse le tamis : au-dessus d'un amour de tamis, dont les mailles de crin sont très fines, on verse quelques gouttes d'eau, qui traversent différemment les mailles, suivant que vous êtes destiné à un succès ou voué à un échec.

Bien entendu, je ne vous indique pas ces divers moyens pour que vous en fassiez usage : ce serait voler leurs petits bénéfices à mesdames les somnambules. Du reste, vous ne pourriez pas plus que moi en tirer un horoscope sérieux : il faut pour cela des connaissances spéciales que nous ne possédons pas.

Je disais que l'État tolérait ce petit commerce; certains de ses représentants font mieux : ils recourent parfois aux bons offices de mystificateurs de cet acabit. Il y a quelques années, une madame Cailhava, qui se vantait de pouvoir retrouver dans la basilique de Saint-Denis, à l'aide d'une baguette magique, un riche trésor déposé là depuis nombre d'années, obtint non seulement la permission de bouleverser une partie du monument, mais encore des encouragements et des subsides officiels : inutile de dire que ni les uns, ni les autres, ne firent réussir cette mirifique expérience.

Voici qui est encore plus fort : la coopération d'un vulgaire charlatan à une instruction judiciaire. J'en emprunte textuellement le récit à la *Revue de l'hypnotisme* (N° du 1ᵉʳ novembre 1888). La cour d'assises de la Loire-Inférieure vient de condamner à deux ans de prison un cordonnier de Paimbœuf, du nom de Louis Pichereau, accusé d'avoir volé deux cents francs à son patron, un sieur Morice. L'affaire en elle-même serait banale, si le magistrat instructeur chargé de la procédure n'avait employé, au cours de l'information, un moyen tout à fait insolite d'arriver à découvrir une preuve de la culpabilité de l'accusé.

Pichereau niait énergiquement, et depuis des semaines le juge d'instruction, M. de Penemprat, cherchait vainement à lui arracher des aveux, lorsqu'arriva dans la ville un *professeur d'hypnotisme*, nommé Zamora, qui stupéfia la population de Paimbœuf par ses expériences « d'hypnotisme à l'état de veille? » dans lesquelles il semblait obtenir des résultats étonnants. M. de Penemprat alla voir le professeur, fut stupéfait et ravi, et songea à se servir de lui comme d'un auxiliaire dans l'instruction qui n'aboutissait pas. Il alla le trouver, lui exposa son affaire, et lui demanda son concours, que Zamora promit. Rendez-vous fut pris pour le lendemain, dans le cabinet du juge.

Là, en présence de plusieurs témoins, Zamora, qui avait les yeux bandés, interrogea longuement le prévenu Pichereau et lui prit la main, qu'il garda quelque temps entre les siennes. Enfin, suivi du cortège des magistrats et des curieux, le devin sortit du tribunal, et, toujours les yeux bandés, marcha résolument, à travers un dédale de petites rues, jusqu'à un vieux mur, qui enclot un vaste jardin à l'une des extrémités de la ville. Arrivé en face du vieux mur, le professeur s'arrêta net, frappa du pied la terre, et commença à creuser le sol avec ses pieds. On fouilla davantage, et l'on trouva, enfouie sous une pierre, la somme disparue, moins quinze francs.

C'est sur cette preuve que le juge d'instruction rendit son ordonnance de renvoi devant la chambre des mises en accusation. Celle-ci, dans son arrêt de renvoi, pas plus que le procureur de la République dans son réquisitoire, n'a fait allusion à cette scène extraordinaire, ni à ce moyen d'information plus qu'étrange.

Il n'en est pas moins vrai que Pichereau n'a été condamné que sur des présomptions, et qu'il aurait été fort probablement acquitté sans les prétendues révélations du magnétiseur, que les jurés avaient connues par la voie de la presse. Comme l'a dit, au cours de sa plaidoirie, l'avocat de Pichereau, Mᵉ Brunschwih, il se pourrait bien cependant que le *professeur* Zamora fût un joyeux fumiste, et qu'instruit du vol le soir, il fût allé pour se faire une jolie réclame, déposer au pied du vieux mur une somme à peu près égale à celle qu'on recherchait.

Aux termes de l'article 35 de la loi du 19 ventôse an XI, tout individu qui exerce la médecine ou la chirurgie, ou pratique l'art des accouchements, sans être muni d'un diplôme dûment enregistré, est poursuivi pour exercice illégal de la médecine, et condamné à une amende pécuniaire envers les hospices, même si les soins ont été donnés gratuitement, dans un but d'humanité. L'humanité de messieurs les rebouteurs, renoueurs, rhabilleurs, et autres guérisseurs, nous la connaissons, ainsi que la gratuité de leurs soins. Voici, par exemple, le zouave Jacob, qui opère à Paris, avenue de Clichy, si j'ai bonne mémoire. Dans une pièce peu meublée sont rassemblés pêle-mêle tous les malades, enfants rachitiques et vieillards ramollis, jeunes gens scrofuleux et jeunes femmes *dont le lait s'est répandu* (?); on récite en commun une petite prière, une invocation à la Vierge et aux saints; puis le zouave touche individuellement chacun des patients, qui s'en vont gais, contents, triomphants, etc. Seulement, près de la sortie, un préposé vend la photographie et la biographie de l'excellent Jacob, moyennant un prix modique d'ailleurs : les petits ruisseaux font les grandes rivières. Comment refuser une pièce blanche à cet homme de bien, qui vous guérit aussi facilement qu'il casserait des tas de cailloux, et avec beaucoup moins de peine ? Parfois, il est vrai, le bon zouave se départit de sa prudente réserve, et, entraîné par son humanité, masse violemment un os fracturé ou démis, ou prescrit quelque drogue de sa composition: la blessure ou la maladie s'aggrave, il se trouve des gens malintentionnés pour dénoncer le philanthrope, qui, après avoir payé l'amende, recommence le lendemain ses pratiques sur un public aussi nombreux que la veille.

S'il en est ainsi à Paris, la Ville-lumière, vous pensez bien que le fléau des toucheurs et guérisseurs est encore plus répandu dans les campagnes : témoin cet indigène de Barbâtre, près Noirmoutiers, dont nous avons vu le cas dans notre premier chapitre. Faut-il augmenter les sévérités de la loi à l'égard de ces infâmes charlatans ? Je ne le crois pas, pour ma part : j'aimerais beaucoup mieux renseigner leurs dupes sur les dangers qu'ils courent en se mettant entre des mains aussi peu expérimentées, ou mieux répandre suffisamment l'instruction pour que de pareilles niaiseries, filles de l'ignorance, ne puissent plus voir le jour.

Quelques somnambules mieux avisées, ou désireuses d'honoraires plus élevés, n'hésitent pas à s'attacher un médecin diplômé, qui signe les ordonnances rédigées par elles, après que, dans leur sommeil plus ou moins réel, elles ont reconnu la nature du mal à traiter. Ah! pour ces médecins-là, pas de pitié!

Ils font sciemment un usage malpropre et dangereux du diplôme qu'ils prostituent ; ils savent mieux que personne les périls qu'ils font courir au malade, qui perd un temps précieux à absorber des drogues inutiles ou nuisibles ; qu'ils soient sévèrement punis, puisque le Code atteint celui qui se fait le prête-nom d'un individu non diplômé!

Une marotte fort à la mode depuis quelques années, c'est l'application de l'électricité à la cure des maladies. Entendons-nous bien, je vous prie : nul plus que moi n'apprécie et ne loue les services rendus par le fluide scientifiquement appliqué entre les mains de médecins qui savent distinguer les cas où il est utile de ceux où il ne peut être qu'inefficace ou dangereux. Mais je ne saurais trop mettre en garde contre ces individus qui, pardonnez-moi l'expression, mettent l'électricité à toute sauce. Parmi ceux-là, il en est malheureusement qui sont diplômés suivant toutes les règles ; je connais deux médecins à Paris qui emploient l'électricité dans la rougeole et la fluxion de poitrine, où elle ne saurait être d'aucun secours, comme dans les paralysies et autres maladies nerveuses, qu'elle améliore ou guérit. Pour ces médecins, le mépris de leurs confrères est une punition suffisante. Quant aux électriciens non diplômés, ils tombent sous le coup de la loi, ou devraient y tomber, comme les somnambules les plus lucides en fait de maladies.

Arrivons maintenant aux magnétiseurs contemporains, au premier rang desquels sont les *fascinateurs*. Une revue consacrée à l'étude des traditions populaires, *Mélusine*, publiait récemment sur les fascinateurs et les *jettatores* (ceux qui ont le mauvais œil) des renseignements dignes d'être reproduits. Voici d'abord un portrait de ces individus, donné par un écrivain du quinzième siècle.

« Nous advertissons que soigneusement on se garde de toutes personnes qui ont de faulte de membre naturel en eulx comme de pié de main d'œl ou d'aultre membre quel quil soit de boiteux : et especialement de homme esbarbe cest qui na point de barbe : car tels sont enclins a plusieurs vices et mauvaistiez et sen doit-on garder comme de son ennemy mortel.

» Ceux qui sont bossus, moyennant que ce soit par nature et non de quelqu'inconvénient casuel, sont volontiers mauvais et malicieux, parce que le cœur, qui est la fontaine de toute la vie, communique a telle depravation. De ceux-ci approchent les louches et bigles, les borgnes, ceux qui ont la veuë fort courte, qui ont les yeux cillans et fretillans et qui regardent de travers... Les vices exterieurs changent les facultez interieures et les incitent à diverses operations. A este cause de ceux qui sont ainsi marquez de quelque notable marque est venu le proverbe : Garde-toy de tout homme marqué.

» Finablement ceux-là charment facilement qui sont maigres et melancholiques, qui ont deux prunelles en chaque œil, ou bien l'effigie d'un cheval en l'un d'eux, qui ont les yeux enfoncez et comme avallez en une fosse, qui ont la pau du visage toute couverte de crasse et ordures; les louches aussi qui ont les yeux verds, azurez, bluetans et espouventables ensorcelent tout ce qu'ils regardent d'un œil fixe et courroucé. »

De nos jours, les Italiens, dans le Midi de la Péninsule surtout, croient encore au mauvais œil: celui qui en est pourvu est maigre, a le visage creux, le teint pâle, de gros yeux qui ont quelque chose de ceux du crapaud et qu'il masque ordinairement avec des lunettes (à Naples, les lunettes vertes sont particulièrement dangereuses); le nez est gros et le regard perçant. En Sicile, le teint est olivâtre, les yeux petits, le nez long et crochu, le cou long.

Dans le Berry, on reconnaît les individus auxquels est départie cette funeste faculté à leurs mœurs sombres et bizarres. Ils cherchent constamment la solitude; autant ils parlent et gesticulent lorsqu'ils sont seuls, autant ils se montrent tranquilles et silencieux lorsqu'ils se trouvent en compagnie. Ils ont l'œil perçant et subtil ; mais, comme si la nature eût voulu atténuer ce que leur regard a de pernicieux, ce n'est que *par éclair*, disent les paysans, qu'ils envisagent les gens, car d'habitude *ils regardent au dedans*.

Les individus qui louchent, dont les sourcils se joignent au-dessus du nez, qui ont les cheveux ou la barbe rouges, ont partout mauvaise réputation. En somme, dit M. Tuchmann, l'auteur de cet article, « ceux-là seuls peuvent avoir quelques chances d'éviter d'être pris pour des fascinateurs, qui ressemblent à tout le monde et ne sont remarquables par aucun caractère physique spécial. »

A côté des *jettatores*, dont le regard, suivant un vieux préjugé qui ne vaut pas même la peine d'être combattu, aurait une influence pernicieuse, non voulue, se placent les fascinateurs conscients, qui de parti pris emploient le regard pour maîtriser leurs sujets et se faire obéir d'eux. Donato et Hansen en sont les types les plus connus; mais comme la fascination a été aussi étudiée par bien des médecins, il nous faut d'abord énumérer les résultats que ceux-ci ont obtenus.

C'est le Dr Brémaud, médecin de marine, qui s'est surtout livré à des études sur cet état particulier du système nerveux, qu'il considère comme un quatrième état hypnotique, et qu'il nomme *fascination* par analogie avec l'espèce de charme que le serpent exerce, dit-on, sur l'oiseau. MM. Bourneville et Regnard, le Dr Mesnet, d'autres encore, ont confirmé les observations de leur confrère. La fascination peut être réalisée sur des individus de positions sociales et de constitutions physiques très différentes, étudiants, matelots, soldats, etc.; le tempérament nerveux ne paraît pas y prédisposer : mais il est remarquable qu'elle s'obtient surtout sur les individus du sexe masculin, âgés de quinze à trente ans.

« Vous regardez vivement, brusquement, et de très près le jeune homme, en lui enjoignant de vous regarder avec toute la fixité dont il est capable ». Immédiatement, sans que vous l'ayez touché, sans que vous ayez prononcé une parole, son regard s'attache au vôtre et ne s'en détache plus : c'est ce qu'on appelle la *prise du regard*. Le sujet s'approche de vous, nez à nez, au contact presque, et ne vous quitte plus; reculez-vous, il avance; avancez-vous, il recule; les yeux sur vos yeux, il vous suit partout. Il imite tous vos gestes, se baisse si vous vous baissez, se relève en même temps que vous. Vous pouvez lui donner toute espèce d'hallucinations; lui suggérer par le geste, comme dans la catalepsie hypnotique, un grand nombre de mouvements automatiques : il poursuivra un oiseau fictif, fuira un serpent imaginaire, etc. « Parlez-lui, il ne vous répondra pas; insultez-le, pas une fibre de son visage ne tressaillira; frappez-le, il ne sentira pas la douleur. »

Vous êtes son maître absolu. « Je prie M. C... de

fermer vigoureusement le poing, dit M. Brémaud, et, l'élevant au-dessus de sa tête, de le faire tomber violemment sur mon épaule; tant que je ne le regarde pas, il exécute ce mouvement avec une force qui fait honneur à sa musculature et témoigne de sa parfaite indépendance et liberté d'esprit; mais au moment où, pour la première fois, il va frapper, je le fixe brusquement... le bras est resté suspendu, le poing fermé, le membre est agité de mouvements quasi tétaniques; c'est que la fascination est survenue, pétrifiant M. C... dans l'accomplissement de son geste énergique.

« Je prie M. Z... de vouloir bien compter, à haute voix et le plus fort possible, un..., deux..., trois..., etc. Je le regarde maintenant de très près, en le priant de fixer son regard sur le mien. Aussitôt sa parole hésite. Il poursuit cependant faiblement : huit.., neuf..., puis se tait. L'état de fascination est survenu.

« Je ris, M. C... rit aussi; je lève les bras, même mouvement du sujet; je saute, il saute; je grimace, il grimace; je parle, M. C... répète toutes mes paroles avec une parfaite imitation d'intonation. Il répète de même, avec une imitation scrupuleuse d'accentuation, quelques phrases d'allemand et d'anglais, d'espagnol, de russe et de chinois, prononcées par divers auditeurs. »

On tire le sujet de cet état, on le réveille en lui soufflant sur la face ou sur les yeux. Il a perdu tout souvenir de ce qui vient de se passer; mais si on le rendort, il se rappelle ce qui a eu lieu dans le premier sommeil. Lui a-t-on donné des suggestions post-hypnotiques, de vol, d'homicide, d'incendie? il les accomplit; puis la crise cesse, il reprend ses habitudes, sans qu'il se souvienne de rien : de sorte que, si le crime avait été réellement commis, et que la justice intervienne, le sujet sera complètement incapable d'expliquer ses actes.

Telle est la fascination, qui, on a pu le remarquer, a de grandes analogies avec les autres états de l'hypnose, dont elle représente la forme la plus saisissante et la plus constante dans ses manifestations. Voilà pourquoi les magnétiseurs de profession y recourent de préférence, avec quelques additions destinées à en accroître l'action ou à frapper l'imagination du public.

Ainsi Donato (Dhont de son vrai nom, belge de nationalité), qui opère principalement sur des jeunes gens, prie son sujet de placer ses mains sur les siennes, étendues horizontalement, et de presser de toutes ses forces, ce qui a pour but d'empêcher la pensée de se distraire, en fixant l'attention sur l'effort physique à déployer. Pendant ce temps, il regarde brusquement et de très près le sujet, et lui enjoint de le regarder fixement; puis il recule, avance, tourne autour du jeune homme, en continuant à le fixer, et celui-ci le suit, imite tous ses mouvements : la fascination est produite Aux séances suivantes, la pression des mains sera inutile, la prise du regard suffira.

Le danois Hansen opère plus violemment encore. Comme son émule, il choisit des jeunes gens que leur teint pâle et anémique lui fait croire impressionnables. Après les avoir fait tourner en rond rapidement, les avoir épuisés autant que possible, il en arrête un brusquement, lui renverse fortement la tête en arrière, et le fixe de près. Mais « ce *coup de Hansen* est douloureux, dit le Dr Ladame, et il a valu à son inventeur un procès à Vienne : car il paraîtrait que le magnétiseur danois n'y va pas de main morte, et ne recule pas devant la violence chez les sujets rebelles à s'endormir. »

La fascination résulte-t-elle d'une influence personnelle à celui qui l'opère, comme voudraient nous le faire croire Donato, Hansen, et autres ? Non : la preuve, c'est que tout le monde peut la produire, et que, chez un sujet fasciné, il suffit de placer une main devant ses yeux, et de la diriger ensuite sur les yeux d'une autre personne, pour qu'il se mette au contact de cette personne et ne semble plus connaître son premier fascinateur. Ici, comme dans les autres procédés d'hypnotisation, c'est toujours l'ébranlement du cerveau qui est le point initial ; c'est ce nouvel état nerveux qui fait que la volonté du sujet est annihilée au profit de celle de l'hypnotiseur, et que sa suggestibilité est exaltée. Est-il impressionnable ? il est fasciné. Ne l'est-il pas ? il résiste à toutes les tentatives, d'où qu'elles viennent.

Hansen a le double tort d'employer des moyens

beaucoup trop violents, et de s'attribuer un pouvoir exceptionnel qu'il n'a pas. Donato est plus doux, et plus réservé dans ses affirmations : il pense qu'à la suggestion s'ajoute une influence personnelle, mais il l'attribue à l'habileté ou à l'habitude acquise ; il croit à l'utilité thérapeutique du magnétisme, mais il se borne au rôle modeste de vulgarisateur, sans prétendre à celui de guérisseur. C'est du moins ce qui résulte des conférences qu'il a faites au boulevard des Capucines en 1887, et dans lesquelles il a forcé Clovis Hugues à s'agenouiller, en le regardant fixement, l'a empêché de se relever, etc.

Mais faut-il lui savoir gré, à lui plus qu'aux autres magnétiseurs de profession, de ces expériences publiques ? Faut-il, comme on l'a dit, leur être reconnaissant de ce qu'ils ont été les précurseurs de l'hypnotisme, de ce qu'ils ont obligé les savants à s'occuper d'une question, qui, sans eux, n'aurait jamais été abordée ? Je ne le crois pas. On trouve dans toutes ces tentatives un esprit de lucre, une ignorance, un mépris des ménagements à avoir à l'égard des sujets, qui leur ôtent toute espèce de mérite. La question, plusieurs fois reprise par les Académies, l'aurait été encore sans les magnétiseurs, et les séances publiques de ces messieurs ont eu et ont encore des dangers bien autrement importants que les avantages qu'on leur accorde : c'est ce que nous verrons dans le chapitre suivant.

Continuant la revue des expériences soi-disant surnaturelles des magnétiseurs de profession, nous arrivons à la *divination des pensées*, dont certains d'entre eux se croient ou se prétendent capables. Il y a quelques années, un Américain, M. *Stuart Cumberland*, a rendu les Parisiens témoins de ce phénomène mirifique : tenant la main d'une personne, il devinait à quel assistant, à quel objet placé dans la salle, elle pensait, et retrouvait cet objet, fût-ce une épingle. M. Charles Garnier, le grand architecte, après avoir été la personne *pensante*, prit le rôle de devin. « Trois fois sur trois, dit-il, je suis arrivé en quelques secondes à découvrir l'objet qui avait été désigné mentalement. »

Faut-il voir là un miracle, ou du moins une puissance dévolue à quelques hommes exceptionnels ? Pas du tout. Il s'agit simplement d'un fait physiologique, naturel, dont l'explication a été donnée, il y a plus de 60 ans, devinez par qui !... par M. Chevreul. Oui, dès 1833, le grand chimiste, l'illustre centenaire, donnait dans la *Revue des Deux-Mondes* le récit d'expériences qui ont trait à ce sujet, et qu'il a de nouveau consignées, considérablement augmentées, dans un livre publié en 1854 sous ce titre : *De la baguette divinatoire, du pendule dit explorateur, et des tables tournantes, au point de vue de l'histoire, de la critique et de la méthode expérimentale.*

Beaucoup de mouvements musculaires, dit-il,

ne sont ni connus, ni voulus, de celui qui les exécute. Quand une émotion ou une image se présente à l'esprit, non seulement la pression du sang, le rythme du cœur et des poumons, etc., sont modifiés; mais encore il se fait un changement dans la tension des muscles. En d'autres termes, une pensée est toujours accompagnée d'un mouvement : mais le mouvement involontaire, très souvent inconscient, peut être si faible qu'il échappe à notre investigation. Il deviendra manifeste, au contraire, si on l'accroît à l'aide d'un appareil de renforcement, tel que le *pendule explorateur*, composé d'un anneau de fer suspendu à un fil de chanvre; si une personne, tenant ce fil, a l'idée du mouvement, elle fera involontairement un mouvement imperceptible de la main, qui se traduira par un grand mouvement du pendule; n'ayant pas conscience des petits mouvements effectués par elle, elle attribuera à une force étrangère et mystérieuse les oscillations du pendule qu'elle seule a produites.

Eh bien! les expériences de M. Cumberland n'ont rien de plus mystérieux. Elles échouent avec les individus âgés, de tempérament froid, qui ont assez d'empire sur eux-mêmes pour n'exécuter que des mouvements tout à fait insignifiants. Elles réussissent avec les enfants, les femmes, les individus nerveux (M. Ch. Garnier est dans cette dernière catégorie) : ceux-ci, lorsqu'ils pensent fortement à une chose, ne peuvent s'empêcher, quand ils s'en approchent, de faire inconsciemment de petits mouvements qui révèlent leur pensée à l'expérimentateur, surtout si celui-ci est doué, comme M. Cumberland, « d'une puissance exceptionnelle de perception » qui lui permet de sentir ces légères contractions, et de saisir l'idée de laquelle elles dépendent.

Dans ces expériences et cette théorie de M. Chevreul, mises en lumière et complétées par M. Ch. Richet, se trouve aussi l'explication rationnelle de certains phénomènes dits de *spiritisme*, et spécialement des *tables tournantes*. On sait que les spirites prétendent communiquer avec les *esprits*, c'est-à-dire avec les âmes des morts, par l'intermédiaire d'individus, nommés *médiums*, « doués, dit M. P. Gibier, d'un pouvoir spécial non encore défini, au moyen duquel les esprits peuvent acquérir la force nécessaire pour agir sur la matière qui tombe sous nos sens matériels. Nous sommes plus ou moins médiums ; mais un très petit nombre d'individus possèdent le *pouvoir médiumnitique* ou *médianimique* à un degré suffisant pour donner lieu à des phénomènes évidents. » Le plus connu de ces phénomènes, celui par lequel s'établissent le plus facilement ces rapports ou communications des morts avec les vivants, ce sont les tables tournantes, qui, par application des mains du médium, exécutent des mouvements dont on peut interpréter le sens, pour peu qu'on ait établi une liaison conventionnelle entre ces mouvements et les lettres de l'alphabet ou tout autre signe d'expression.

Or, comme le fait observer M. Richet, il n'y a pas toujours imposture dans ces phénomènes de spiritisme, bien s'en faut. Certains individus, de très bonne foi, en appliquant leurs mains sur une table, finissent par en obtenir des mouvements intelligibles, pouvant donner des réponses, fournir une conversation. Pourquoi ? Parce que ces mouvements de la table sont corrélatifs de ceux qu'ils exécutent eux-mêmes sans le vouloir et sans le savoir. Les médiums sont ceux chez lesquels ces mouvements inconscients sont très forts : on croit voir l'influence des esprits, du diable ou des génies, là où il y a simplement l'action musculaire d'un individu nerveux. De plus, celui-ci suit, inconsciemment toujours, une idée déterminée, dont le médium lui-même n'a pas notion, mais qui se révèle par la direction logique suivie par la table dans ses mouvements : d'où les réponses qu'elle fait aux questions posées, ou les pensées dont elle semble avoir l'initiative, et qui, en réalité, émanent de la partie non consciente du cerveau du médium.

En somme, les phénomènes de spiritisme, comme la divination de la pensée, s'expliquent par deux faits expérimentalement démontrés depuis bien longtemps : l'existence de contractions musculaires involontaires et imperceptibles ; l'association des mouvements aux idées.

Du spiritisme dérive le *théosophisme* ou *occul-*

tisme, dont les adeptes, contrairement au reste des mortels, peuvent à volonté faire sortir leur âme du corps, sa prison matérielle : aussi leur est-il possible, lorsqu'ils sont à Madras par exemple, de voir ce qui se passe dans un salon de Londres, ou de lire une lettre cachetée qui se trouve entre les mains d'un facteur parisien. De plus, les théosophes possèdent des connaissances si variées, si extraordinaires, que ce que nous appelons la science est à l'occultisme ce qu'un garçon de laboratoire était à Cl. Bernard. Enfin, ces merveilleuses propriétés seraient dévolues aux adeptes de la religion nouvelle, parce qu'ils possèdent l'*akas*, agent plus subtil que l'éther, plus puissant que l'électricité, qui constitue une forme de la nature inconnue jusqu'alors. Mais pour obtenir cette étonnante supériorité, il est nécessaire de faire un noviciat de sept ans au minimum, pendant lequel la chasteté, la sobriété, et autres vertus théologales, sont de rigueur. C'est ainsi qu'a agi madame Blavatsky, qui a passé ce temps dans les solitudes de l'Himalaya. Elle a été récompensée de ses peines par l'immense érudition qu'elle y a acquise, ainsi que nous l'apprend M. A.-P. Sinnett, président de la Société théosophique éclectique de Simla, dans un ouvrage intitulé : *Le Monde occulte* (*Hypnotisme transcendant en Orient*). Madame Blavatsky elle-même, la prêtresse du nouveau temple, daigne de temps à autre projeter sur nous quelques rayons lumineux, dans une revue intermittente,

Le Lotus, qui se publie à Paris. Lisez cela, allez passer quelques années dans la chaîne de l'Himalaya : au sortir de ces épreuves, vous pourrez mépriser l'ignorance de votre concierge, mais vous aurez à craindre qu'on ne vous enferme dans une maison de fous.

Le mysticisme, on le voit, est bien vivant encore : les savants passent, comme les empires ; lui seul reste debout, entretenu tantôt par l'amour du merveilleux inné chez l'homme, tantôt par un fanatisme religieux qui n'est pas près de s'éteindre. Un des plus curieux exemples de ce fanatisme est celui des *Aïssaouas*, confrérie marocaine qui avait, cette année, quelques représentants à l'Esplanade des Invalides, et sur l'origine de laquelle M. Delphin, professeur d'arabe à Oran, a donné les renseignements suivants.

Le fondateur de cette secte, Sidi Mahmed ben Aïssa, né à Méquinez, vivait à la fin du quinzième siècle. Pendant un voyage aux Lieux Saints, il rencontra en Égypte des derviches affiliés à des ordres mystiques, et conçut le projet de doter ses concitoyens d'une association semblable. Revenu à Méquinez, il attira auprès de lui un certain nombre de disciples, et opéra quelques guérisons à l'aide de recettes apportées d'Orient. Le prince de l'endroit en prit ombrage, et exila le nouveau prophète, qui sortit de la ville avec quarante disciples. Ceux-ci, un jour que la caravane cheminait dans le désert, se plaignirent de la faim, et le

13.

maître impatienté s'écria : « Mangez du poison ! » Croyant à un ordre, les disciples se jetèrent sur tout ce qu'ils trouvèrent : plantes, pierres, scorpions, serpents, tout fut englouti. C'est à cette aventure qu'on fait remonter l'origine des exercices auxquels se livrent aujourd'hui les Aïssaouas, et dont Paul Bert a donné un récit humoristique dans ses *Lettres de Kabylie*.

« La séance ou *hadhra* commence par le récit d'une sorte de mélopée qui célèbre les mérites du fondateur de la secte, et qui est accompagnée par des tambours de basque. « Soudain, un cri horrible : « Hidji Aïssa ! » (Seigneur Jésus !). Un des fidèles est debout, les bras en l'air, les yeux hors de la tête, poussant de rauques vociférations. Il saute lourdement sur place, en agitant le haut du corps et balançant la tête sur les épaules, à faire croire qu'elle est désarticulée. Il se précipite sur la natte; un des vieillards lui tend une raquette de cactus, toute hérissée de longues et dures épines; il la saisit et la mâche, en grognant à la façon d'un chien qui ronge un os; le sang sort de sa bouche, les épines traversent sa joue. Bientôt sa furie est calmée et on l'emmène dans un coin.

» Pendant ce temps, les chants ont continué avec une ardeur croissante. Un autre fidèle, puis deux, puis dix se dressent, en criant : « Hidji Aïssa ! » Et les exercices varient. Celui-ci mange des scorpions à pleines poignées; cet autre se perce la joue avec un fer pointu; un troisième avale des morceaux de verre; un autre lèche avec délices une pelle rougie au feu. Les cris, les vociférations redoublent; tous se balancent d'arrière en avant avec une rapidité croissante : « Hidji Aïssa! Hidji » Aïssa! » Peu s'en faut que je ne le crie moi-même, tant cette folie semble contagieuse, avec la mélopée monotone et sinistre qui l'accompagne.

» A un certain moment, un grand diable apparaît, hurlant plus fort que tous. Celui-ci paraît être un favori, et l'on s'empresse autour de lui. Il enlève burnous et haïcks, et il ne garde que la chemise. Alors, deux des vieillards lui entourent la taille d'une longue corde à nœud coulant et commencent à le serrer lentement, chantonnant en cadence; lui, debout, bat la mesure avec tout le haut de son corps. Le nœud se serre; deux autres hommes s'ajoutent aux premiers, puis deux, puis deux encore; ils serrent lentement, mais sûrement, pendant que les deux vieux, qui ont lâché, pressurent et malaxent le ventre du patient. Celui-ci, qui ne crie plus, mais qui s'agite encore, diminue, diminue, s'amincit à vue d'œil...

> Sa taille enchanteresse
> Que l'on pourrait tenir entre dix doigts,

devient littéralement semblable à celle d'une guêpe, et il secoue toujours la tête, qui semble près de tomber des épaules. Je me demande si ces bourreaux ne vont pas le couper en deux, quand tout à coup il s'affaisse et s'écrase sur lui-même, inanimé. Aussitôt, on le desserre, on le malaxe avec soin, puis on l'emporte.

» On m'affirme que ces exercices peu hygiéniques ne sont pas sans influence fâcheuse sur la santé des Khouems de Sidi Mahmed ben Aïssa. Je le crois volontiers. Cependant, je dois dire que, le lendemain matin, j'ai rencontré, galopant sur un bourriquet et avec une figure de prospérité, le grand diable à taille de guêpe. »

CHAPITRE XII

DANGERS DE L'HYPNOTISME

Une lettre du professeur Charcot. — Épidémies hypnotiques. — La magnétisée d'Aubervilliers. — Mariage forcé d'un magnétiseur. — Nécessité d'interdire les représentations publiques d'hypnotisme. — Dangers des séances privées. — Moyens de prévenir les accidents.

« L'hypnotisation n'est pas aussi inoffensive qu'on a bien voulu le prétendre ; l'état d'hypnotisme se rapproche tellement de la névrose hystérique que, dans certaines circonstances, il peut, comme cette dernière, devenir franchement contagieux. Si la médecine, au nom de la science et de l'art, a pris possession de l'hypnotisme, elle doit le retenir dans les strictes limites de son domaine, s'en servir comme d'un agent thérapeutique puissant, et ne jamais le livrer à des mains profanes, capables d'en abuser au détriment de la santé générale. » Telles sont les conclusions d'une lettre que le professeur Charcot écrivait, il y a quelque temps, à un médecin italien, le Dr Melotti.

L'hypnotisme peut donc être dangereux? Oui, certes : quelle médaille n'a pas de revers? Et les périls qu'il présente ne sont pas seulement d'ordre médico-légal (nous verrons ceux-là dans un des chapitres suivants). Ils peuvent aussi exister lorsque l'hypnotisation est pratiquée par les mains les plus honnêtes, dans un simple but de curiosité : ils intéressent alors la moralité aussi bien que la santé; ils sont à craindre à la suite des séances privées, comme des représentations publiques.

Parlons d'abord de ces dernières. Là le danger est double. Si le magnétiseur choisit parmi les assistants le sujet de ses expériences, il le prendra de préférence pâle, anémié, nerveux, impressionnable, et par suite très disposé à présenter des convulsions qu'il est incapable de prévoir et de soigner. Si le magnétiseur opère toujours sur le même sujet qu'il traîne à sa remorque, comme faisait Donato avec Lucile, il y a encore à craindre que dans la salle ne se trouvent un ou plusieurs individus de tempérament nerveux, qui, par suite de l'instinct d'imitation propre à de pareilles natures, tomberont en état de crise ou de somnambulisme, comme le sujet qu'ils ont sous les yeux.

Les faits qui témoignent en faveur de ces deux éventualités abondent. Le professeur Charcot a signalé l'apparition à Chaumont-en-Bassigny

(Champagne) d'une sorte d'épidémie hypnotique, qui se déclara dans la ville après les représentations publiques d'un magnétiseur, et qui pénétra dans le collège : un élève, que ses camarades s'amusaient à hypnotiser quotidiennement, fut atteint de troubles nerveux assez graves pour nécessiter son admission à la Salpêtrière.

Donato a laissé sur son passage des traces aussi lamentables. A Bordeaux, c'est un des sujets sur lesquels il faisait ses expériences habituelles, qui est amené un jour dans le service du Dr Pitres : dans une crise de sommeil hypnotique, ce jeune homme avait voulu se suicider; depuis cette époque, il tombait spontanément dans des crises de sommeil, pendant lesquelles il se livrait à des actes inconscients, dangereux pour lui et pour son entourage. — A Montpellier, c'est un jeune homme de grande famille qui, après avoir été soumis par Donato à de fréquentes hypnotisations, manifesta des troubles psychiques et autres désordres nerveux, constatés par le Dr Grasset.

A Montpellier encore, un jeune homme est devenu fou après le passage d'un magnétiseur nommé Verbeck.

A Gand, l'influence de Hansen se manifesta comme celle de Donato à Bordeaux : par l'éclosion d'une véritable épidémie de folie hypnotique.

A Dijon, un magnétiseur avait suggéré à un étudiant de la Faculté des sciences d'abandonner ses études et de le suivre à l'étranger : on eut bien de la peine à faire rentrer le jeune homme au bercail.

Le Dr Séglas a raconté le fait suivant à la Société médico-psychologique de Paris. Une femme de 36 ans entre un jour dans la baraque d'un magnétiseur, à la fête d'Aubervilliers, et assiste aux tentatives d'hypnotisations faites sur diverses personnes. Très impressionnée, elle revient le lendemain pour se faire hypnotiser à son tour. Le magnétiseur essaie de l'endormir par la fixation du regard : elle ne s'endort pas, mais devient raide, tombe en catalepsie, état dont un souffle sur les yeux suffit à la faire sortir. Mais elle revient plusieurs fois ; alors elle devient triste, se figure être sous la domination du magnétiseur, n'a plus goût à rien, ne mange plus, a des crises spontanées de raideur, et finit par s'en aller subitement de chez elle pour rejoindre son magnétiseur à Vincennes, où elle reste deux jours. Enfin cette malheureuse est amenée à la Salpêtrière, avec des crises qui reviennent à l'occasion d'un simple attouchement, d'une parole, ou même sans cause.

La note gaie nous est fournie par le *New-York Medical Journal*, qui rapporte qu'un magnétiseur de passage à Saulx-Sainte-Marie, prié de donner dans une soirée une séance d'hypnotisme, choisit une jeune fille, qu'il endormit facilement : mais celle-ci, fascinée, se mit à suivre son endormeur, et, malgré tous les efforts, on ne put l'empêcher de s'attacher à ses pas, si bien qu'on ne put se tirer d'affaire qu'à l'aide d'un bon mariage, auquel, dit-on, le magnétiseur se prêta volontiers.

Le Dr Andrieu (d'Amiens), le Dr Briant (de Villejuif), le Dr Bérillon, et bien d'autres, ont cité des accidents, individuels ou collectifs, dus à la tentative d'hypnotisation faite par des empiriques dans un but d'amusement ou de curiosité. Partout on trouve signalés des cas de folie, de manie, des désordres sérieux, résultant d'une grande susceptibilité du sujet ou de la contagion nerveuse, forme de l'imitation. Comment s'étonner, après cela, du procès fameux que Hansen eut à soutenir à Vienne, en 1880, et à la suite duquel la police viennoise, sur l'avis d'une commission médicale, fit interdire les représentations? des interdictions semblables que Donato se vit faire par la municipalité de Milan; par celle de Bologne, qui défendit aux propriétaires de lui louer leurs salles; par le préfet de Rome, qui, après consultation des sommités médicales, lui défendit de donner des séances dans tout le royaume d'Italie? Comment s'étonner que le Danemark, la Prusse, plusieurs cantons suisses, aient suivi l'exemple de l'Autriche et de l'Italie, et aient formellement interdit sur leurs territoires toute représentation publique d'hypnotisme? que l'Académie royale de médecine de Belgique, « considérant que la pratique vulgarisée de l'hypnotisme entraîne souvent des accidents graves à sa suite chez les sujets et chez les assistants; considérant que les séances publiques d'hypnotisme offrent des dangers pour la morale et la santé publiques, estime qu'elles doivent être interdites par le législateur? »

Si une chose doit surprendre, c'est qu'en France, le pays où on a peut-être le plus abusé de l'hypnotisme, celui-ci soit encore toléré en représentations publiques. De deux choses, l'une : ou bien les empiriques s'en servent comme d'un moyen de lucre pour eux, d'amusement pour les assistants, et alors il doit être interdit comme tout jeu immoral ou dangereux, en raison des accidents que nous lui avons vus produire; ou bien les magnétiseurs s'en servent comme d'un moyen thérapeutique qu'ils ne sauraient ni doser, ni appliquer en connaissance de cause, et alors il doit être défendu comme toute autre exercice illégal de la médecine. « Ce n'est pas aux magnétiseurs, dit le Dr Edg. Bérillon, le savant rédacteur en chef de la *Revue de l'hypnotisme*, que les médecins doivent ce qu'ils savent en hypnotisme. La plupart ignorent les faits physiologiques les plus élémentaires, ne s'appliquent qu'à produire les phénomènes ayant l'apparence du merveilleux, sont d'une brutalité inouïe, s'efforcent de faire croire qu'ils possèdent un fluide spécial et magique, ou une force fascinatrice surnaturelle, dont les autres mortels seraient dépourvus. Loin d'avoir fait acte de vulgarisation utile, les magnétiseurs ont retardé le mouvement scientifique, suscité dans les esprits plus de scepticisme que de confiance à l'égard des phénomènes qu'ils provoquaient. » Je m'associe pleinement à ces conclusions, que j'ai formulées ailleurs, en moins bons termes; et, en admettant même que les magnétiseurs aient eu le rôle utile qu'on leur attribue, qu'ils aient forcé l'attention du monde savant à se fixer sur l'hypnotisme, il est évident que leurs pratiques grossières et charlatanesques, devenues inutiles, ne peuvent pas être tolérées plus longtemps.

Du reste, au congrès que l'Association française pour l'avancement des sciences a tenu à Oran, en 1888, la section d'hygiène et de médecine publique a émis, à l'unanimité, le vœu « que les séances publiques d'hypnotisme et de magnétisme soient interdites sur toute l'étendue du territoire français, et que ces applications du magnétisme et de l'hypnotisme comme moyen curatif soient soumises aux lois qui régissent l'exercice de la médecine. » Le 16 décembre de la même année, la Société de médecine légale de Paris, émettait le vœu « que les séances publiques d'hypnotisme fussent interdites, en raison des nombreux accidents qu'elles provoquent. » Nous n'avons qu'à attendre, avec la patience nécessaire en cette sorte d'affaires, que satisfaction soit donnée à ces vœux par un simple règlement administratif.

Cette interdiction des représentations publiques aurait un autre avantage : en appelant l'attention sur les dangers que peut présenter l'hypnotisme, elle diminuerait sans doute le nombre des séances privées, qui échappent naturellement à l'action des lois, et qui pourtant ne sont pas sans péril. Celui-ci réside toujours dans les troubles plus ou moins graves que peut subir la santé du sujet au cours d'une hypnotisation mal conduite. Ces troubles avaient été constatés par le marquis de Puységur, qui, ayant connu *de visu* l'enfer aux convulsions de Mesmer, cherchait à éviter les crises que son maître en magnétisme croyait indispensables à la réussite du traitement. Ils ont été également signalés par le baron Du Potet, un fervent adepte du mesmérisme pourtant. « Les phénomènes que l'on provoque par le magnétisme prennent un développement souvent effrayant. Le patient, tout à l'heure dans un état naturel, entre dans un état de convulsions extraordinaires : il se roule par terre, crie et se débat, et dans ce moment plus on le touche, plus on augmente ses angoisses. Des convulsions produites de cette manière ont duré quelquefois 6 et 8 heures sans interruption, et les personnes ainsi affectées restaient malades plusieurs jours, éprouvant un brisement accompagné d'une horreur profonde pour le magnétisme et les magnétiseurs... Le magnétisme, entre des mains inhabiles, peut produire des désordres irréparables. »

Voici un exemple de ces « désordres irréparables » rapporté par le Dr Charpignon. « Une domestique était devenue somnambule par la magnétisation d'un grand amateur de magnétisme. On fit pendant longtemps beaucoup d'expériences sur elle, puis on cessa. Cette jeune fille était très nerveuse, un peu hystérique, souvent souffrante. Elle avait une grande confiance dans le magnétisme, et éprouva une vive contrariété quand on cessa de la somnambuliser. Quelques mois après, elle se réveilla dans sa cuisine, une autre fois à sa fenêtre. Enfin le somnambulisme se montra si souvent, et à toutes les heures, que la maîtresse congédia sa domestique, pour qu'elle aille se faire soigner chez elle. Elle vint nous consulter. Elle nous dit que ces sommeils existaient parce que ce monsieur la magnétisait de loin. Cette idée était purement gratuite, car rien ne pouvait l'assurer qu'il en fût ainsi : elle conjecturait que cela devait être, et elle était frappée. Persuadé que ces somnambulismes étaient spontanés et le produit de l'imagination frappée de cette fille, nous lui assurâmes qu'en prenant un médicament que nous lui donnâmes, elles ne s'endormirait plus : ce médicament était une prise de sucre en poudre. Nous voulions seulement donner une direction opposée à l'imagination. Mais la jeune fille ne nous crut qu'à moitié : aussi les crises somnambuliques reparurent-elles, de plus en plus fréquentes. Elle s'en alla à son village, où elle passa pour une pythonisse... Elle disait souvent que personne ne la guérirait et qu'elle mourrait bientôt. En vain la personne qui l'avait autrefois magnétisée revintelle plusieurs fois pour tâcher de régulariser ces crises spontanées : elle n'en put venir à bout et l'abandonna. Cet état dura plus de six mois, pendant lesquels la jeune fille restait sans occupation, puisque, dans la journée comme dans la nuit, elle entrait en somnambulisme. Un jour, des paysans rencontrèrent cet infortunée, et lui demandèrent où elle allait : Je vais me noyer, répondit-elle. Cette parole leur sembla une plaisanterie, et ils la laissèrent aller. Mais elle disait vrai, et on repêcha son cadavre quelques jours après. »

Même entre des mains expérimentées, l'hypnotisation répétée peut avoir des conséquences graves. « Une des femmes que j'endormais à l'hôpital Beaujon, dit M. Ch. Richet, est devenue extrêmement hystérique. Peu sensible au magnétisme lorsque je commençai mes expériences, elle devint par la suite si sensible que je l'endormais sans passes, en quelques secondes, par le seul contact du front ou de la main. Un de mes amis, le Dr H., a fait une observation tout à fait analogue... Une femme, point du tout hystérique, qu'il endormait souvent avec une extrême facilité, finit par présenter tous les symptômes d'une hystérie très nettement accusée. Ces deux faits prouvent une fois de plus quelles étroites relations existent entre le somnambulisme et l'hystérie. »

Joignez à cela que le cœur prend parfois un rythme normal, irrégulier, qui peut aboutir à la syncope, comme le Dr Liébault en a observé quelques exemples consécutifs à des suggestions trop brusques : inutile d'insister sur la gravité d'une pareille complication, laquelle n'est autre chose qu'une paralysie temporaire du cœur, qui, si elle n'est pas traitée à temps et très énergiquement, devient définitive.

Certains sujets se plaignent seulement, au sortir du sommeil artificiel, de pesanteur de tête, d'une sensation de fatigue générale, d'engourdissement, de titubation, de vertiges, de nausées, de brisement dans les membres. Ces derniers accidents sont certainement peu de chose en comparaison des premiers, qu'on peut résumer ainsi : apparition de crises convulsives, de nature hystérique, ou augmentation de crises qui existaient déjà ; persistance du sommeil, retour fréquent et spontané du somnambulisme, semblable à celui qui a été provoqué; production ou exagération de troubles nerveux, de nature physique ou mentale; possibilité de syncope.

Peut-on éviter ces accidents? Assurément oui : sans quoi, l'emploi de l'hypnotisme serait assimilable à l'homicide, ou du moins aux coups et blessures volontaires. D'abord ces accidents ne se montrent pas indifféremment chez tous les sujets, mais seulement chez ceux qui y sont prédisposés. Voilà, par exemple, les crises d'hystérie : apparaîtront-elles chez un individu quelconque, chez un de ces hommes du peuple, sains et vigoureux, nullement névropathes, qui, nous l'avons vu, sont aussi accessibles que d'autres à l'hypnotisation? Non pas; et M. Charcot et ses élèves, malgré les rapports intimes qu'ils admettent entre l'hypnotisme et l'hystérie, sont les premiers à reconnaître que celle-ci ne peut pas être créée de toutes pièces par les manœuvres hypnotiques chez une personne jusqu'alors indemne, qu'il faut une prédisposition pour ressentir cette fâcheuse influence.

Il en est de même pour les hallucinations, les altérations de l'intelligence, les désordres cérébraux, qui ont été signalés : eux aussi ne s'observent que chez ces détraqués, ces névrosés, qui, par suite de l'hérédité ou d'une tare personnelle, sont ce qu'on a spirituellement appelé des « candidats à la folie. » Il en est de même encore pour les irrégularités dans le cours du sang, pour la syncope en particulier. Si le cœur fonctionne d'une manière dangereusement anormale, ou même cesse de fonctionner, pendant l'hypnose, c'est qu'il était atteint antérieurement.

Mais qui peut distinguer chez un sujet donné cette prédisposition maladive? qui, sinon celui qui observe journellement ces troubles nerveux et circulatoires, sinon le médecin que ses études et son expérience rendent expert en ces matières? Car il ne s'agit pas ici de reconnaître l'accident une fois qu'il est produit, et déjà peut-être incurable; il faut le deviner, il faut pouvoir dire: Voilà ce qui va se produire chez telle personne, voilà pourquoi elle ne doit pas être hypnotisée.

Donc, si l'on n'est pas médecin, il faut se garder d'hypnotiser un individu dont on ne connaît pas parfaitement les antécédents; et même il vaut mieux, dans tous les cas, prendre d'abord l'avis d'un homme expérimenté.

En second lieu, les dangers de l'hypnotisation peuvent résulter de la façon dont elle est faite. La pression des zones hypnogènes et le procédé des passes ne sont pas à la portée des profanes, qui auraient bien de la peine à trouver les premières, et qui manquent de l'expérience que les secondes réclament. Ils agiront sagement en s'abstenant des moyens brusques, comme le bruit soudain d'un instrument sonore ou le jet d'une lumière éclatante : ces procédés ne réussissent que chez les hystériques et les nerveux, sujets sur lesquels l'hypnotisme ne doit jamais être essayé qu'à titre médical et curatif. J'en dirai autant de la fascination, procédé violent qui peut déterminer les dangers que nous cherchons à éviter, le somnambulisme spontané et persistant en particulier. Restent la fixation prolongée d'un objet, et la suggestion. Si on endort un individu pour la première fois, c'est à la fixation qu'il faut recourir de préférence ; et, comme nous l'avons vu (Chapitre V), la fixation d'un doigt ou d'un objet indifférent est préférable à celle d'un objet brillant. Si on veut endormir un individu qui a déjà été hypnotisé, on peut se borner à suggérer l'idée du sommeil;

la réussite est peut-être moins certaine, mais les inconvénients sont aussi moins grands.

Toutefois, que la suggestion soit employée pour endormir, ou qu'elle soit faite chez un individu déjà endormi, pour provoquer les hallucinations, etc., elle ne doit jamais être violente ni brusque : il faut procéder avec douceur, avec patience, par persuasion pour ainsi dire, éviter d'impressionner vivement le sujet. De même, au réveil, toute précipitation est nuisible : qu'on souffle sur les yeux ou qu'on suggère que le sommeil est terminé, il faut tirer doucement le sujet de sa torpeur, sous peine de voir celle-ci remplacée par des accidents graves, convulsions, etc.

En résumé, avant toute hypnotisation, s'enquérir si le sujet est atteint d'accidents nerveux ou de troubles circulatoires, et de la nature de ces désordres; s'ils existent, s'abstenir ou agir avec une extrême prudence, sur l'avis et en présence d'un homme compétent; rassurer le sujet d'une façon absolue; ne faire de suggestions qu'avec son consentement formel; lui éviter toute suggestion triste, douloureuse, désagréable ou terrible : telles sont les règles tracées par l'École de Nancy et qu'il faut scrupuleusement observer.

Si la prudence peut, dans une très large mesure, prévenir les dangers de l'hypnotisme, celui-ci n'en doit pas moins être manié avec une grande réserve. Je ne crois pas que la médecine doive le retenir dans les strictes limites de son domaine;

qu'un philosophe, désireux d'analyser dans tous leurs détails les opérations de l'entendement; qu'un biologiste, un homme de science qui aspire à dérober à la nature quelques-uns de ses secrets; un légiste qui veut, le cas échéant, faire la part des responsabilités d'un crime ou d'un délit, puissent être blâmés parce qu'ils font des expériences d'hypnotisme. Mais je ne pense pas que ces expériences doivent être faites par le premier venu, même dans la plus stricte intimité : il en résulte pour l'esprit, quand celui-ci n'y voit qu'un amusement, n'y poursuit pas un but utile, des émotions malsaines dont la provocation répétée peut n'être pas sans influence sur la santé physique et morale. Pour quelques tentatives faites dans des conditions convenables et prudentes, passe encore; mais qu'on en fasse un passe-temps inutile, qu'on y revienne souvent, sans but scientifique, par pure oisiveté, voilà ce qu'un homme sérieux ne peut ni admettre ni conseiller.

CHAPITRE XIII

L'HYPNOTISME ET LA THÉRAPEUTIQUE

Influence de l'imagination sur les maladies nerveuses. — L'hypnotisme n'est pas une panacée universelle. — La suggestion n'est pas indispensable à la guérison. — Opérations chirurgicales et accouchements pendant l'hypnotisme. — — Ses applications médicales. — Son emploi chez les aliénés et les morphiomanes. — Action des médicaments à distance.

L'hypnotisme a ses dangers, que nous venons de voir. Mais quoi! l'opium, la digitale, la belladone, l'arsenic, ont aussi les leurs. Pourtant, un grand médecin anglais du dix-septième siècle déclarait qu'il aimerait mieux cesser l'exercice de son art que de renoncer à employer l'opium, et on peut en dire autant des autres substances toxiques, qui tuent à certaines doses, qui guérissent quand elles sont employées en quantité convenable, dans certains cas déterminés. Il en est ainsi de l'hypnotisme, dont les bons effets sont indiscutables dans quelques maladies et qui, dans d'autres, est plus nuisible qu'utile. De même que les poisons ne doivent être délivrés que sur ordonnance, de même l'hypnotisme ne doit être employé en thérapeutique que par le médecin : celui-ci a seul qualité pour juger de l'opportunité de cet emploi.

Mais, dira-t-on, il ne fait guère usage de cette prérogative, le médecin, car on n'entend pas souvent parler de maladies médicalement guéries par ce moyen. C'est vrai. « Le praticien scientifique, dit M. Preyer, ne se sert pas de l'hypnotisme, parce qu'on ne lui en a rien appris pendant ses études universitaires, et qu'il craint de se faire traiter de charlatan s'il osait imiter les manèges du thaumaturge, ne fût-ce que dans un seul cas ». « Cependant, déclare le docteur A. Voisin, une méthode qui produit, à la volonté de l'opérateur, l'analgésie, l'hyperesthésie, la paralysie, des mouvements compliqués ou l'immobilité absolue, le sommeil, etc., mérite d'être étudiée sans passion, avec l'idée de connaître la vérité ».

Les médecins contemporains ne sont pas si indifférents qu'on le dit à l'hypnotisme thérapeutique : les recherches de Nancy et de la Salpêtrière sont là pour en témoigner. Mais le public a bien de la peine à admettre qu'un docteur puisse guérir avec de bonnes paroles, sans faire une longue ordonnance : et qu'est-ce que la suggestion hypnotique, sinon de bonnes paroles? Regardons-y de près pourtant : le médecin fait-il autre chose que de la suggestion lorsqu'il cherche à relever le moral du malade? La confiance qu'il inspire n'est-elle pas une des premières conditions du succès? Chacun sait qu'une émotion vive peut engendrer une paralysie : pourquoi, comme la lance d'Achille, ne guérirait-elle pas le mal qu'elle a causé? Puisqu'il existe des maladies engendrées par l'imagination, il n'y a rien d'illogique à admettre des guérisons par l'imagination.

N'est-ce pas ainsi qu'ont agi les pilules de mie de pain dans les cures de maladies nerveuses dont tout le monde a entendu parler, ou cette potion soi-disant fulminante, en réalité composée d'eau teintée et de mie de pain, à l'aide de laquelle le docteur Bottey a guéri une jeune hystérique paralysée? Et cette spécialité qui s'est longtemps vendue très cher aux alentours de la place Vendôme, et qui était composée uniquement d'eau colorée par l'inoffensive teinture de cochenille? Et les globules homœopathiques, les neuvaines, les pèlerinages à Lourdes ou ailleurs? Et beaucoup de ces eaux soi-disant minérales, dont le flot montant tend à nous submerger? Et les pratiques des guérisseurs, ou les simples des bonnes femmes de la campagne? Tout cela agit, guérit parfois; il faut bien convenir que l'imagination seule est en cause.

« L'influence de l'imagination sur la guérison des maladies est un fait depuis longtemps connu, dit M. Paul Janet. Par exemple, dans un vieil ouvrage de Thomas Fyens, célèbre médecin du dix-septième siècle, intitulé *De viribus imaginationis*, je lis le curieux passage suivant : « Pomponace a osé écrire, dans son livre *De incantationibus*, que ceux qui ont recouvré la santé par le culte des religions n'ont obtenu ce résultat que par l'effet de l'imagination et de leur croyance, au point que, s'ils portaient sur eux ou s'ils allaient adorer des os de chien, croyant que ce sont les ossements des saints, ils ne laisseraient pas que de recouvrer néanmoins la santé. Bien plus, le même Pomponace et d'autres encore croient que la simple parole suffit pour guérir les maladies. » Le pauvre Pomponace fut accusé d'hérésie et son livre mis à l'index; il n'en disait pas moins vrai.

Une autre raison de la réserve observée par les médecins à l'égard de l'hypnotisme thérapeutique, c'est la défiance que leur inspirent très justement les panacées universelles, car ils savent pertinemment qu'aucun remède n'est propre à guérir indistinctement tous les maux. Or, c'est sous forme de panacée que, pendant sa longue période charlatanesque ou empirique, l'hypnotisme a été présenté au monde médical; on l'appelait alors magnétisme, mais le nom ne fait rien à l'affaire.

« Il n'y a qu'une maladie et qu'un remède », affirme Mesmer, ce qui est faire preuve d'ignorance autant que d'enthousiasme. Le marquis de Puységur se montre plus honnête et plus modeste dans ses observations; mais, n'étant pas médecin, il n'a pu donner aux recherches et aux observations qu'il a publiées le caractère scientifique qui lève tous les doutes. Le baron du Potet cite quelques exemples peu convaincants de guérisons dues à l'emploi du magnétisme; mais, obligé de convenir qu'elles sont en petit nombre, il invoque, pour expliquer leur rareté, le moment tardif auquel on recourt au merveilleux fluide. En somme, Mesmer lui-même, malgré ses pratiques brutales et dangereuses, et les adeptes du mesmérisme, ont dû constater maintes fois qu'un certain nombre de maladies pouvaient être améliorées, quelques-unes même guéries par le magnétisme; mais ils ont eu le grand tort de ne pas discerner les cas où il pouvait être utile, inefficace ou dangereux, et cette confusion a pour longtemps compromis l'avenir de l'agent qu'ils prônaient.

Braid ne se borna pas à ruiner la théorie du fluide magnétique; il distingua les maladies qui sont justiciables de l'hypnotisme de celles qui ne le sont pas. « Que j'aie eu tort ou raison dans mes raisons théoriques, dit-il, on ne peut mettre en doute que, dans de nombreux cas, je n'aie réussi dans l'application de l'hypnotisme en tant qu'agent curatif, et les résultats heureux des opérations ont été si immédiats et si nets qu'on ne saurait méconnaître la relation de cause à effet. » Ces résultats heureux sont dus à ce que Braid comprit parfaitement que, si les pratiques hypnotiques peuvent avoir un effet curatif sur les troubles purement fonctionnels, dynamiques, dans lesquels le mode d'action des organes est seul compromis, elles ne peuvent agir que d'une façon transitoire sur les lésions organiques, dans lesquelles la structure même des organes est altérée; dans ce dernier cas, l'hypnotisme ne peut qu'améliorer les symptômes, sans les guérir définitivement; encore, ne réussit-il pas toujours à produire cet effet passager.

Voici, par exemple, deux individus qui se plaignent de douleurs dans les jambes. Chez l'un, les douleurs sont purement nerveuses, telles qu'on en rencontre en divers points du corps chez les hystériques, ou telles qu'elles résultent de l'action prolongée du froid humide; ce sont des douleurs purement fonctionnelles, la sensibilité est exaltée, mais le scalpel et le microscope ne découvrent rien d'anormal dans les nerfs; cet individu pourra être guéri par l'hypnotisme. Chez l'autre, les douleurs sont engendrées par une maladie de la moelle épinière, par la dégénérescence des éléments nerveux; l'hypnotisme peut diminuer momentanément les souffrances; il ne peut y mettre un terme définitif, puisque leur cause, l'altération de structure des nerfs, subsistera quand même.

Il ne faut donc pas lui demander plus qu'il en peut donner, sous peine d'échec certain. Voyons rapidement dans quels cas il est utilisable. Constatons d'abord que la suggestion joue un grand rôle dans les guérisons obtenues, et non seulement la suggestion hypnotique ou posthypnotique, mais encore la suggestion à l'état de veille, celle qu'on fait presque sans le savoir, sans que le malade dorme : la persuasion n'est autre chose que de la suggestion sans sommeil. On a donc là un agent thérapeutique important pour les cas où le sommeil hypnotique ne peut être obtenu ; il demande beaucoup de temps et de patience, mais peut donner de beaux résultats.

Toutefois il n'est pas juste de dire, comme on le fait à Nancy : hors de la suggestion, pas de salut. Les observations de Charcot, de Dumontpallier, de Luys, d'Aug. Voisin, de Ch. Richet, etc., prouvent qu'un grand nombre d'états nerveux peuvent être guéris par le sommeil hypnotique seul, sans que la suggestion intervienne. Certes l'alliance du sommeil et de la suggestion est préférable, parce que l'opérateur prend une influence directe sur le malade, et celui-ci doit alors être amené à la période somnambulique, pendant laquelle toutes les suggestions peuvent être données. Mais si on le met dans l'état léthargique, où le repos du corps et de l'esprit est absolu, et si on l'y laisse plusieurs heures, la guérison peut être complète au réveil.

L'insensibilité, que nous savons faire partie du cortège des phénomènes hypnotiques, a été depuis longtemps mise à contribution pour les *opérations chirurgicales*. Voici un relevé des observations, par ordre chronologique. En 1829, opération d'un cancer du sein par J. Cloquet. En 1846, douze opérations diverses par le Dr Loysel, à Cherbourg ; et trois amputations de cuisses ou de bras par les

Drs Fanton, Toswel et Joly, à Londres. En 1847, extirpation d'une tumeur de la mâchoire par le Dr Ribaud, à Poitiers. En 1859, amputation de cuisse, dans la même ville, par le Dr Guérineau; incision d'un vaste abcès de l'anus, par les professeurs Broca et Follin, à Paris; nombreuses et graves opérations par le Dr Esdaile, à Calcutta. Plus récemment, en 1886, incision d'un abcès de la cuisse, dans le service du Dr Pitres, à Bordeaux; extraction de plusieurs dents, sous les yeux des Drs Mabille et Ramadier, à l'asile de Lafond (Charente-Inférieure). Dans ces deux derniers cas, c'est par suggestion post-hypnotique, en suggérant au patient, pendant son sommeil, qu'à son réveil il se laisserait opérer sans protester et sans souffrir, qu'on a agi; dans les autres, c'est par hypnotisation simple, sans suggestion. Nous avons déjà vu (chapitre IX) qu'un sujet du Dr Bernheim crachait son sang et les dents qu'on lui arrachait, sans manifester la moindre douleur, en riant, parce qu'on lui avait suggéré, à l'état de veille, qu'il était insensible.

Les accoucheurs ont aussi fait appel à l'insensibilité hypnotique pour supprimer les douleurs de l'enfantement, quoique cette souffrance rentre dans la catégorie des innombrables maux que nous a valus le premier péché de notre mère Eve, s'il faut en croire la Bible. Leurs tentatives ont été parfois couronnées de succès. Ainsi le Dr Pritzl, assistant de Karl Braun (de Vienne), les Drs Dumontpallier et Mesnet (de Paris), ont vu les douleurs de l'accouchement très atténuées ou annihilées par l'hypnotisme. Le Dr Liébeault affirme que la suggestion hypnotique peut non seulement produire l'insensibilité pendant le travail, mais encore prévenir ou guérir les accidents qui compliquent la grossesse ou ses suites. D'autres sont moins enthousiastes : pour les Drs Mesnet et Auvard, l'hypnotisme est plus difficile à provoquer pendant l'accouchement qu'à l'état normal, et son influence insensibilisante est loin d'être constante.

J'en passe, et peut-être des meilleurs. C'en est assez pour montrer que l'hypnotisme, avec ou sans suggestion, peut avoir d'heureuses applications dans la pratique de la chirurgie et de l'art des accouchements. Pourquoi donc n'a-t-il pas supplanté le chloroforme, qui, il faut l'avouer, produit parfois des accidents funestes, rares il est vrai, mais incontestables ? Parce que tous les sujets ne sont pas hypnotisables ; parce que, même chez un sujet hypnotisé ou suggestionné, la sensibilité à la douleur peut être conservée en tout ou en partie ; parce que beaucoup d'opérations ont pour condition première de succès l'immobilité absolue du patient, qui ne peut être obtenue qu'au prix d'une complète insensibilité, sur laquelle le chirurgien est en droit de compter. Voilà pourquoi l'hypnotisme doit être réservé aux opérations courtes et peu compliquées, ce qui restreindra toujours son domaine chirurgical.

Arrivons maintenant à la médecine proprement dite. Là, le triomphe de l'hypnotisme est dans le traitement des maladies nerveuses, ou plutôt, nous l'avons vu, dans celles de ces maladies qui consistent dans un trouble des fonctions, à l'exclusion des affections où la structure elle-même est altérée. Tel est le cas de *l'hystérie*, le type des névroses, c'est-à-dire de ces maladies longues, difficilement curables, qui siégent évidemment dans le système nerveux, mais qui ne sont caractérisées par aucune lésion appréciable des parties en cause. Aussi l'hystérie est-elle le principal terrain, quelques-uns disent le seul, sur lequel l'hypnotisme a des chances de réussir. Et comme les manifestations hystériques sont extrêmement nombreuses et variables (crises de nerfs, convulsions, insensibilité, paralysies, douleurs, névralgies, modifications du caractère, etc.), ce terrain est vaste. Or, Charcot, Luys, Dumontpallier, Bernheim, Grasset, Bottey, Bérillon, et autres, en France, Lombroso, Purgotti, Chiltoff, etc., à l'étranger, ont successivement traité par l'hypnotisme et la suggestion toutes ces manifestations, et ont eu de bons résultats : non seulement on peut diminuer la durée et la force des grandes attaques, mais on arrive à guérir les symptômes qui existent dans l'intervalle, à faire reparaître la sensibilité ou le mouvement disparus, à améliorer l'état mental si compromis chez les hystériques, à faire cesser le délire, les idées de suicide, etc.

Au contraire, dans l'*épilepsie*, maladie voisine en apparence de l'hystérie, c'est à peine si on peut améliorer les symptômes par l'hypnotisme. Braid dit « qu'il y a des variétés de cette affection sur lesquelles il n'a aucune action. » M. Bernheim est du même avis : « Dans l'épilepsie ancienne, dit-il, je n'ai pas réussi à diminuer le nombre et la fréquence des accès d'une façon bien évidente. Dans deux cas, j'ai cru avoir des résultats momentanés ; les attaques paraissaient devenir plus rares ; mais, malgré la continuation de la suggestion, le résultat ne s'est pas confirmé. »

Dans le *tétanos*, Braid cite un succès de l'hypnotisme ; un autre médecin a eu un échec complet. Il faut attendre des expériences plus nombreuses pour avoir une opinion définitive.

Pour la *chorée* (vulgairement *danse de Saint-Guy*), il n'y a pas de doute : de nombreuses observations des D⁰ˢ Liébeault et Bernheim montrent qu'elle peut être guérie par suggestion hypnotique.

Dans la *rage*, on a proposé d'employer l'hypnotisme, en se fondant sur le fait que l'imagination a suffi parfois à engendrer une sorte de manie hydrophobique chez des individus mordus par un chien qu'on a ultérieurement reconnu non enragé ; on en a conclu que la suggestion détruirait ce que l'imagination avait enfanté. Le fait est vrai en lui-même ; mais cette anxiété avec horreur de l'eau, qui peut être guérie par le raisonnement, n'est pas la rage proprement dite. Celle-ci n'est justiciable que d'un traitement : celui de M. Pasteur.

Beaucoup de *névralgies*, même non hystériques, mais causées par une dent cariée ou par le froid, et la *migraine*, qui est une forme de névralgie, ont été guéries par suggestion : on pourra donc essayer de l'hypnotisme dans ces affections nerveuses, parfois si rebelles à tout traitement.

La *crampe des écrivains*, cette impotence des mains dont souffrent les pianistes et les graveurs comme ceux qui tiennent la plume, est aussi justiciable de l'hypnotisme, ainsi que l'*insomnie* survenue par habitude, qu'aucune maladie du cerveau n'a produite.

Il en est de même pour l'*incontinence nocturne d'urine*. Sur 77 enfants ou adultes qui pissaient au lit, le Dr Liébault annonçait, en 1886, 56 guérisons, 13 améliorations, 8 résultats négatifs : il suggérait aux malades que, pendant leur sommeil, ils sentiraient le besoin d'uriner, et s'éveilleraient pour satisfaire ce besoin.

On a cru pendant longtemps, quelques médecins soutiennent encore, que les *aliénés* ne sont pas hypnotisables, à cause de la difficulté qu'on éprouve à fixer leur attention. Le Dr Auguste Voisin a montré que c'était affaire de temps et de patience ; en variant les procédés d'hypnotisation, on arrive à endormir les fous, et, par le sommeil seul ou par suggestion, on obtient des résultats si rapides et si radicaux, on corrige si bien le délire, l'excitation, les hallucinations, l'impulsion irrésistible au mal, que le médecin ne peut hésiter à employer cette méthode.

Enfin, de l'aliénation mentale on peut rapprocher la *dipsomanie* ou manie d'ivresse, et la *morphiomanie* ou manie de morphine, qui depuis quelques années prennent des proportions inquiétantes. Il y a beaucoup d'analogies entre ces deux besoins irrésistibles. Celui qui en est atteint arrive à ne plus pouvoir se passer de son poison favori, sans lequel il est impropre à toute occupation matérielle ou intellectuelle ! les doses ingérées augmentent chaque jour, jusqu'à ce que le mort ou la folie survienne. Supprime-t-on brusquement le poison ? La guérison n'est pas certaine, des accès de fureur peuvent se déclarer. Rien de semblable n'est à craindre avec la suggestion hypnotique, qui rend à la volonté la force de résistance nécessaire : dipsomanie et morphiomanie peuvent être guéries par ce moyen, comme le montrent plusieurs observations de MM. Auguste Voisin, Forel (de Zurich), Ladame (de Genève).

Tel est le bilan des succès et des échecs thérapeutiques de l'hypnotisme. On voit que ce n'est ni une panacée, ni un agent sans valeur : l'important est de préciser ses indications et ses contre-indications. « On ne s'improvise pas plus médecin hypnotiseur que médecin oculiste : l'expérience journalière peut seule conférer une réelle sûreté dans l'application de la suggestion hypnotique comme moyen thérapeutique. »

De pareilles recherches ne pouvant être faites que par les hommes de l'art, je terminerais là ce qui a trait à l'emploi médico-chirurgical de l'hypnotisme, si un fait digne d'intérêt n'avait été récemment signalé : je veux parler de l'*action des médicaments à distance*. Voici en quoi consiste ce phénomène. On place dans un tube en verre une petite quantité de poudre d'ipécacuanha ; on bouche et on scelle le tube ; on l'entoure de papier pour qu'il soit impossible de voir la substance incluse. Puis, sans dire un mot, on place le tube derrière le cou d'une personne, d'une hystérique de préférence, qu'on a hypnotisée au préalable. Au bout de cinq minutes en général, elle entre en état de somnambulisme, et à ce moment elle est prise de malaises, de nausées ; elle finit par avoir des vomissements, qui cessent une fois le tube enlevé.

Si celui-ci contenait du cognac, le sujet aurait tous les symptômes de l'ivresse ; de l'opium ou du chloral, il dormirait ; avec le jaborandi, sueurs abondantes ; avec la strychnine, secousses involontaires et douloureuses ; avec l'émétique, vomissements et affaiblissement profond ; avec la scammonée, coliques et purgation ; avec les cantharides, excitation spéciale. Bref les substances enfermées dans le tube, et tenues pendant quelque temps au contact ou à distance de la peau, produiraient les effets qu'elles déterminent habituellement lorsqu'on les a avalées.

Ces mêmes corps, ou d'autres employés dans les

mêmes conditions, engendreraient des émotions de divers genres, gaies ou tristes, suivant leur nature. La valériane amènerait des idées de tristesse, de cimetière; l'eau de laurier-cerise, une extase religieuse; le haschich, la gaieté; l'essence de thym, une profonde terreur, avec gonflement considérable du cou. La crainte et l'effroi sont plus souvent signalés que la joie. Celle-ci succéderait particulièrement à l'application de certaines substances sur le côté droit : ainsi la morphine à gauche du cou donnerait l'expression d'une vive terreur, à droite le calme et la sérénité; la strychnine à gauche donnerait une expression d'étonnement en plus des secousses convulsives et de la raideur du tronc, à droite la gaieté, etc.

Tels sont les faits rapportés par MM. Bourru et Burot (de Rochefort) en 1885, par M. Luys en 1887. Ils sont de nature à modifier toutes les idées reçues sur le mode d'action des médicaments ; aussi ont-ils soulevé dans le monde médical un vif mouvement de curiosité. Les honorables médecins qui les ont relatés tentent de les expliquer par une sorte de vibration transmise à distance, analogue au rayonnement de la chaleur, à l'attraction exercée par l'aimant : mais en admettant de la part des sujets une impressionnabilité exceptionnelle, dont nous n'avons pas idée, comment les vibrations, si elles existent, franchiraient-elles le tube de verre d'abord, le papier qui l'enveloppe ensuite ? C'est ce qu'on ne nous dit pas.

Cependant, si ces faits étaient bien démontrés, nous n'aurions qu'à les enregistrer, quitte à en trouver plus tard l'explication. Mais à Paris, dans le service de M. Constantin Paul, M. Bourru appliqua derrière l'occiput d'un malade un flacon dont les assistants ignoraient le contenu, et qui, d'après les symptômes présentés par le sujet, devait, au dire de l'expérimentateur, renfermer de l'eau de laurier-cerise : or le pharmacien avait délivré de l'eau claire !

Devant une commission nommée par l'Académie de médecine, M. Luys a fait deux séries d'expériences : dans les premières, il s'est servi des tubes dont il faisait usage antérieurement, dans l'ordre qui lui est habituel, tous les phénomènes qu'il a décrits se sont reproduits; puis il s'est servi de tubes contenant des substances préparées par une personne étrangère : on n'a constaté aucune relation entre la nature de ces substances et les symptômes observés : certains tubes contenant une même substance ont produit des effets différents, un tube vide a déterminé des contractures et une expression de terreur.

J'ai moi-même assisté aux expériences que M. Luys faisait à la Charité sur deux jeunes femmes hystériques, j'y ai assisté plusieurs fois, et ma conviction absolue est que les deux sujets étaient de jolies farceuses, qui se moquaient agréablement du professeur et du public. Si l'on songe que c'est toujours sur des hystériques qu'on a expérimenté, que les hystériques ont un talent de simulation et de divination merveilleux, que les expériences réussissent quand elles sont faites toujours par la même personne, c'est-à-dire dans un ordre déterminé, dans un cercle de substances que le sujet a appris à connaître, qu'elles échouent dans les conditions inverses, on voudra bien admettre cette double conclusion : les expérimentateurs sont assurément de très bonne foi, mais ils ont été trompés ; il faut attendre de nouvelles expériences, dont les auteurs, les sujets, les conditions, seront beaucoup plus variés qu'ils ne l'ont été jusqu'ici, pour affirmer la réalité de l'action des médicaments à distance.

CHAPITRE XIV

L'HYPNOTISME ET LA PÉDAGOGIE

Causes de la perversité infanticide. — Insuffisance des moyens employés pour l'amoindrir. — Hypnotisation des enfants. — Effets pédagogiques et moralisateurs de l'hypnotisme. — Objections faites à cette méthode.

Dans un récent et fort intéressant ouvrage, l'*Enfant à Paris*, où l'élévation de la pensée le dispute à la précision des documents, M. A. Coffignon écrit ceci : « Il ne suffit point à la société de combattre, par tous les moyens en son pouvoir, les prédispositions morbides qui font dégénérer la race, qui peuplent de non-valeurs les hôpitaux et les hospices, qui l'obligent à s'imposer de lourdes charges ; il lui faut encore se défendre préventivement contre tous les individus que l'influence des mauvais instincts ou la fatalité des circonstances poussent à renforcer l'armée du crime. Lorsque l'enfant, dès son plus jeune âge, témoigne de sa précocité vicieuse, lorsqu'il se montre vagabond ou voleur, c'est qu'il est affligé de *perversité*, une maladie mentale dont les cas ne sont point rares à la Salpêtrière et à Bicêtre... La perversité demande un traitement suivi, méthodique, scientifique même ; si ce traitement est remplacé par des moyens de coercition, ou si l'on tarde à l'appliquer aux jeunes enfants, le mal fait son œuvre ; ils deviennent des incorrigibles, je dirais presque des irresponsables. »

Et, comme corollaire de ce qui précède, l'auteur donne le chiffre des arrestations d'enfants au-dessous de seize ans, opérées dans l'espace de cinq années (1883 à 1887). Le total, vraiment effrayant, est de 9,651 !.

La cause la plus importante de la perversité infantile est l'hérédité.

Sans doute il faut tenir compte de l'innéité, qui fait que, dans une famille parfaitement honnête, un enfant naît avec une disposition au mal qui lui est toute personnelle ; de l'influence du milieu, des fréquentations mauvaises, qui corrompent un être primitivement bon. Mais, neuf fois sur dix, on retrouve chez les descendants quelques traces des aptitudes des ascendants : c'est de ses parents que le nouveau-né tient son défaut d'équilibre mental, comme c'est d'eux qu'il hérite les troubles physiques que sa santé peut présenter.

L'hérédité, physique ou morale, peut-elle être corrigée ? Non, répondent les pessimistes : c'est un don de nature, auquel il n'est pas au pouvoir de l'homme de rien changer. Tel est l'avis de certains criminalistes distingués, comme le professeur Lombroso, et de quelques philosophes émérites, comme M. Th. Ribot : sans compter la foule des sceptiques par intérêt, qui aiment mieux se croiser les bras devant un mal soi-disant inévitable, que d'y chercher remède.

Soyez certain pourtant que, s'il naissait à un de ces incrédules un enfant atteint de pied-bot ou de bec-de-lièvre, il n'aurait rien de plus pressé que de faire appeler un chirurgien, avec l'espoir très naturel que celui-ci corrigera ou atténuera le vice de conformation physique. De même, si l'enfant est menacé de scrofule ou de phtisie pulmonaire par les antécédents d'un de ses parents, ceux-ci, si pessimistes qu'ils soient, s'empresseront de consulter leur médecin sur les moyens à employer pour préserver leur progéniture de ces tristes diathèses. C'est donc qu'ils reconnaissent qu'on peut prévenir les effets de l'hérédité physique.

Sans doute, si le cerveau est congénitalement atrophié, si le cœur est mal conformé, la médecine et la chirurgie n'y peuvent rien. Mais que sont ces exceptions en face des innombrables cas où un traitement suivi de bonne heure, où une opération faite à temps, amènent une guérison définitive du mal transmis par hérédité ? Et, si cette guérison est impossible, n'a-t-on pas encore la ressource de l'orthopédie, qui, en permettant l'usage d'un bras ou d'une jambe mal conformés, rendra la vie supportable ?

Eh bien ! il en est du moral comme du physique. Il est exceptionnel que les mauvais instincts transmis par hérédité soient tellement enracinés, tellement supérieurs aux dispositions heureuses, qu'on ne puisse espérer, en développant celles-ci, étouffer les premiers. Il est exceptionnel qu'un enfant soit, comme on dit, tout mauvais. Il est donc indiqué de chercher à cultiver les germes de bonne qualité ; on arrivera ainsi à empêcher l'ivraie de prospérer.

C'est là le but de l'éducation morale, de la pédagogie, qui heureusement suffit d'habitude ; elle est à l'esprit ce qu'une bonne hygiène est au corps. Mais si l'esprit est héréditairement malade, s'il est atteint d'impulsions au vice et au crime, l'hygiène devient insuffisante. Qu'a-t-on fait jusqu'à présent pour ces dégénérés, plus à plaindre qu'à blâmer ? Longtemps on s'est borné à les enfermer dans des pénitenciers, dans des maisons de correction, où quelques-uns s'améliorent, où l'immense majorité se corrompt davantage.

Depuis quelques années, grâce aux généreuses initiatives de MM. Bonjean, Pécaut, du Dr Roussel, du pasteur Robin, etc., la situation de ces petits malheureux, « pépinières des bagnes et des maisons centrales », est moins lamentable. Recueillis par diverses Sociétés de patronage (des jeunes détenus, des enfants insoumis, des enfants moralement abandonnés), ils trouvent auprès des membres de ces associations aide et protection contre les influences malsaines des milieux où ils ont vécu jusqu'alors..., et contre eux-mêmes. Car les intelligents créateurs de ces sociétés de bienfaisance, comprenant le parti qu'on peut tirer d'une orthopédie morale dans les vices de conformation de l'esprit, assimilables à ceux du corps, se proposent surtout de redresser ces jeunes cerveaux, de leur donner une direction convenable, opposée à l'impulsion vicieuse qui leur est naturelle. Ces efforts ont déjà été couronnés de succès : le nombre des enfants arrêtés pour vagabondage ou autres délits a diminué sensiblement.

Comment agissent ces philanthropes ? Par persuasion, c'est-à-dire par suggestion à l'état de veille. Or, il est bien évident que ce que celle-ci a déjà donné dans une large mesure, la suggestion hypnotique, qui imprime les idées avec beaucoup plus de force dans le cerveau, le réalisera d'une façon encore plus sûre et plus durable. Il n'est donc ni ridicule ni illogique de faire intervenir l'hypnotisme comme moyen de pédagogie, ou mieux de moralisation, dans un certain nombre de cas.

Dès 1857, le Dr Durand (de Gros) disait : « Le braidisme nous fournit la base d'une orthopédie intellectuelle et morale, qui certainement sera inaugurée un jour dans les maisons d'éducation et dans les établissements pénitentiaires. »

L'idée n'est donc pas absolument neuve. Mais elle était restée à l'état de conception théorique jusqu'à ces derniers temps, où elle a commencé à entrer dans la pratique, grâce aux efforts de MM. Liébeault, Aug. Voisin, Ladame, Bernheim, E. Hément, et surtout du Dr Bérillon. J'emprunte à ce distingué confrère la description de sa manière d'agir, qui lui a nombre de fois réussi.

« Après avoir éloigné les personnes dont la présence peut déplaire à l'enfant, et invité celles qui doivent assister à l'opération à observer le silence le plus absolu, il est facile, en interrogeant l'enfant avec douceur, de lui inspirer confiance. Dès qu'il n'a plus la moindre appréhension, on le fait asseoir commodément dans un fauteuil. Le plus souvent, il suffit de se placer devant lui, en lui disant simplement, d'une voix douce, persuasive : « Regardez fixement mes yeux... vos paupières vont se fatiguer... Elles deviennent très lourdes... vous éprouvez le besoin de les fermer... Vous vous engourdissez... L'engourdissement se propage à vos bras et à vos jambes... Vous allez avoir sommeil... Vous allez dormir... Dormez ! » On répète plusieurs fois ces injonctions d'une voix peu élevée, un peu monotone.

» Le plus fréquemment, l'enfant ferme naturellement les yeux. Quelquefois la résistance est plus grande, il reste les yeux ouverts. Alors en répétant les mêmes injonctions, on fait avec les deux pouces, au-devant de ses paupières, de légers mouvements de haut en bas. Les paupières, fatiguées par la fixation précédente de vos yeux, clignotent et se ferment. On peut maintenir pendant un instant les paupières du sujet fermées avec les doigts, en annonçant qu'elles sont clouées, qu'il ne peut plus les ouvrir. L'enfant, à ce moment, est déjà assez influencé pour qu'on puisse lui ordonner formellement de continuer à dormir et à dormir d'un sommeil de plus en plus profond......

» Avant d'endormir l'enfant, il est utile de s'entendre avec les parents sur la nature des suggestions qui doivent être faites. Autant que possible, il ne faudrait dans chaque séance viser qu'un ordre de symptômes ou qu'une seule habitude morbide. Les suggestions devront toujours être formulées avec précision et répétées plusieurs fois avec la même netteté. Lorsqu'elles sont faites d'une voix douce, persuasive, mais non dépourvue d'autorité, elles n'en ont que plus de prise : il n'est donc pas nécessaire d'enfler la voix pour que l'idée exprimée se fixe dans l'esprit de l'hypnotisé...

» Tout ce qui se dit et se fait autour du sujet fait naître dans son cerveau des idées correspondantes. L'expérimentateur doit donc s'observer constamment, et se garder de donner, par ses gestes ou par des paroles prononcées à la légère, des suggestions contraires à celles qu'il veut réaliser. Les personnes présentes s'abstiendront aussi avec soin de toute manifestation extérieure de leur pensée...

» Lorsque l'on constate chez un enfant une résistance inaccoutumée, au lieu de l'attribuer à une mauvaise volonté personnelle, il serait plus juste de rechercher s'il ne subit pas l'influence d'une personne intéressée à la non réussite de l'expérience.

» La docilité avec laquelle le sujet accepte la suggestion n'est pas toujours en rapport avec la profondeur du sommeil : certains sujets, chez lesquels on n'obtient jamais qu'un sommeil très superficiel, exécutent toutes les suggestions avec un automatisme complet.

» Dans les premières séances, les enfants ont une tendance à se réveiller rapidement. Pour prolonger le sommeil, il est nécessaire de leur répéter de temps en temps : « Continuez à dormir. » Mais ils ne tardent pas à acquérir l'habitude de l'hypnotisme. Dans ce cas, ils dorment jusqu'à ce qu'on les réveille. Pour les réveiller complètement, il suffit de leur dire : « Allons, réveillez-vous ! » en leur soufflant légèrement sur les yeux. »

Voici maintenant quelques observations qui prouveront que l'hypnotisme pédagogique n'est pas un vain mot. La première, due au Dr Aug. Voisin, concerne une pensionnaire de la Salpêtrière, Jeanne Schaff..., âgée de vingt-deux ans, dont les accès de délire maniaque étaient calmés par l'hypnotisation. « Mais elle restait insoumise dès qu'elle était éveillée ; son langage et sa tenue étaient aussi déplorables. J'eus alors l'idée de lui suggérer, pendant son sommeil hypnotique, des idées d'obéissance, de soumission, et de convenance avec les employées et avec nous, et de lui enjoindre de ne plus parler un langage ordurier et injurieux, de ne plus se livrer à la colère et d'exécuter tel ou tel travail, à telle heure. Mes injonctions ont été ponctuellement suivies, et je suis arrivé à la faire coudre pendant une heure à deux par jour. Elle est devenue obéissante, soumise au règlement; elle n'emploie plus de mots inconvenants; elle se tient proprement et même avec une certaine recherche. Je lui enjoignis d'apprendre des passages d'un livre de morale et de venir me les réciter trois ou quatre jours après, à une heure indiquée : elle l'a fait, avec une mémoire d'autant plus notable que ces pages se composent d'une suite de sentences détachées, et que cette fille n'avait pas lu une ligne depuis plusieurs années. Elle m'avait parlé avec haine de ses sœurs; elle menaçait de les tuer et se refusait à les voir : je lui ai enjoint, pendant un de ses sommeils, de m'écrire une lettre dans laquelle elle me promettait de se conduire en fille honnête, comme ses sœurs, et de bien les accueillir; elle a écrit la lettre à l'heure fixée, et, le lendemain, elle a reçu ses sœurs avec affection; sa tenue avec elles ne s'est pas démentie depuis ce jour. Cette femme a totalement guéri; elle a pu être admise comme infirmière dans un des hôpitaux de Paris, où sa conduite est irréprochable. L'hypnotisme a donc été, dans ce cas, un moyen de guérir la folie et un agent moralisateur. »

Le Dr Bérillon rapporte qu'un enfant de onze ans, Émile P..., avait contracté en nourrice, et conservé depuis, l'habitude de tenir constamment dans sa bouche, nuit et jour, deux doigts de sa main gauche, qui s'en trouvaient ratatinés, déformés, comme usés à leur extrémité. Il souffrait de troubles digestifs, produits par l'introduction dans la bouche de doigts souvent malpropres. Après une première séance d'hypnotisation, de cinq minutes de durée, pendant laquelle on fit à l'enfant la suggestion verbale de s'endormir, le soir même, sans mettre ses doigts dans sa bouche, il put, pendant deux jours, résister à la tentation. Le troisième jour, nouvelle séance d'hypnotisation, même suggestion. Le résultat fut complet et définitif; l'enfant n'a, depuis lors, jamais cédé à son habitude vicieuse.

Le même auteur cite une petite fille de douze ans, qu'il a corrigée d'une perversion grave du caractère; plusieurs petits garçons du même âge, qu'il a débarrassés de tics nerveux et disgracieux; une jeune fille de seize ans, chez laquelle il a fait disparaître une tendance irrésistible au vol, au mensonge, à la débauche; deux enfants de six et huit ans, qu'il a délivrés des terreurs nocturnes qui menaçaient leur santé; plusieurs cas d'onanisme, guéris de la même façon. De plus, le même moyen a suffi pour réveiller et développer, chez plusieurs collégiens, l'attention et l'aptitude au travail qui laissaient à désirer.

Le Dr Liébault rapporte également qu'un collégien, qui se refusait opiniâtrement au travail, devint assidu et appliqué après avoir reçu, pendant le sommeil hypnotique, la suggestion de travailler avec ardeur; et qu'un jeune idiot, inaccessible jusque-là à toute culture intellectuelle, connaissait les lettres de l'alphabet et les quatre règles de l'arithmétique au bout de deux mois, après de fréquentes séances d'hypnotisme, où on lui suggérait la faculté d'attention.

Voilà des faits qui prouvent bien, il me semble, que les instincts pervers, les habitudes vicieuses, la paresse intellectuelle, en un mot beaucoup de troubles mentaux, même congénitaux, même héréditaires, peuvent être corrigés par l'hypnotisme. D'ailleurs, tous ceux qui ont employé cette méthode chez les enfants, dans les conditions indiquées plus haut, sont unanimes à affirmer que jamais cette gymnastique morale n'a donné lieu au moindre accident actuel ou consécutif. On ne risque donc rien à l'employer, à supposer qu'elle reste inefficace, et on a beaucoup de chances de ramener au bien, pour le grand profit de la société, des intelligences qui resteraient incultes ou qui s'exerceraient à son détriment. Remarquons d'ailleurs que si la suggestion est surtout applicable à l'enfant, qui s'endort très facilement, qui est particulièrement suggestible, dont le cerveau reçoit facilement les idées qu'on tente d'y faire pénétrer, rien ne s'oppose à ce qu'on tente l'expérience chez l'adulte. C'est ce qu'a fait le Dr Voisin sur deux dames mariées, dont l'une, qui rendait l'existence de son mari très malheureuse par son caractère insupportable, ses colères, ses scènes continuelles, devint douce et affectueuse après quelques séances de suggestion. L'hypnotisme pourrait donc être essayé dans les prisons, à titre d'agent moralisateur, comme il l'est sur les enfants comme moyen pédagogique.

On a objecté que cette méthode porte atteinte à la liberté morale de l'enfant, que l'éducation ne doit pas tendre à transformer l'homme en une machine, que les idées morales sont innées dans l'homme, et qu'il faut se borner à en surveiller le développement. Ces objections ne tiennent pas debout. Quel est le système d'éducation qui ne porte pas atteinte à la liberté morale de l'enfant ? Quel professeur ne fait pas quotidiennement de la suggestion en s'efforçant d'inculquer à ses élèves les connaissances généralement admises, ou même ses idées personnelles ? Quel pédagogue s'abstient, sous prétexte d'atteinte à la liberté morale, de punir un élève qui ne travaille pas ? L'hypnotisme, pour être plus nouveau que les autres méthodes d'éducation, n'en a pas moins de valeur, et, en tout cas, ne mérite pas cette condamnation *à priori*.

Et d'ailleurs, ceux qui préconisent l'hypnotisme pédagogique ne prétendent pas du tout en faire un moyen général d'éducation. Jamais ils n'ont eu l'idée de l'employer chez les bons sujets; même chez les enfants simplement paresseux, ils se bornent à la suggestion à l'état de veille, aux conseils donnés avec douceur et patience, mais aussi avec autorité, pendant que la main est appliquée sur le front. Ils réservent les pratiques hypnotiques aux sujets vicieux, mauvais, chez lesquels ont échoué tous les autres moyens d'éducation et de moralisation.

On ne peut donc qu'approuver M. Félix Hément d'avoir demandé au ministre de l'intérieur l'autorisation d'essayer la suggestion hypnotique sur quelques jeunes détenus des établissements de correction. Cette permission sera-t-elle donnée? Quels résultats auront ces tentatives d'un nouveau genre? C'est ce que l'avenir nous apprendra.

CHAPITRE XV

L'HYPNOTISME ET LA MÉDECINE LÉGALE.

Les faux témoignages. — L'affaire Tisza-Eslar. — Billets à ordre et reconnaissances. — Substitutions d'enfants et infanticide. — Castellan et Joséphine Hugues. — Le dentiste Lévy et Berthe B. — Vol à l'Hôtel-Dieu. — Empoisonnement de M. Claretie par une pensionnaire de la Salpêtrière. — Rareté des dangers médico-légaux créés par l'hypnotisme. — Irresponsabilité des hypnotisés.

Plusieurs questions médico-légales de la plus haute importance, afférentes au droit civil ou au droit criminel, ont été récemment soulevées à propos de l'hypnotisme. Peut-on, par suggestion, obtenir un faux témoignage, ou la souscription de billets à ordre, de reconnaissances, etc.? Une substitution d'enfants peut-elle être faite au moment d'un accouchement terminé pendant l'hypnotisme? Dans quelle mesure les attentats peuvent-ils être consommés sur la personne des hypnotisés (avortement, viol, attentat à la pudeur), ou les crimes et délits peuvent-ils être commis par les hypnotisés sous une influence étrangère (homicide)? Quelle est la responsabilité encourue par les somnambules naturels ou artificiels, et comment peut-on démasquer la simulation de l'hypnotisme? Celui-ci peut-il être utilisé devant les tribunaux, à titre de complément d'information judiciaire? Autant de problèmes qui ont été diversement résolus par ceux qui les ont abordés.

Je crois, pour ma part, que les dangers médico-légaux de l'hypnotisme ont été considérablement exagérés. Mais voyons d'abord les faits et observations sur lesquels on se base pour croire à ces dangers; nous les discuterons ensuite.

En ce qui concerne les *faux témoignages*, l'enfance est surtout à craindre. « Lorsqu'il s'agit de l'enfant, dit le Dr Motet, il ne faut jamais oublier que sa jeune intelligence est toujours prête à saisir le côté merveilleux des choses, que les fictions le charment, qu'il objective puissamment ses idées, qu'il arrive avec une étonnante facilité à donner un corps aux fictions écloses dans son imagination; que son instinctive curiosité, son besoin de connaître, d'une part, et d'autre part l'influence qu'exerce sur lui l'entourage, le disposent à accepter, sans contrôle possible, tout ce qui lui vient de ces sources diverses. Bientôt il ne sait plus ce qui lui appartient en propre, ce qui lui a été suggéré; il est affranchi de tout travail d'analyse, et sa mémoire, entrant seule en jeu, lui permet de reproduire sans variantes un thème qu'il a retenu. »

C'est ainsi que les choses se sont passées dans l'affaire de Tisza-Eslar, qui émut l'Europe entière il y a quelques années. Une jeune fille protestante de ce petit village hongrois ayant disparu la veille de Pâques, les Juifs furent accusés de l'avoir assassinée pour mêler son sang au pain sans levain. Deux mois après, un cadavre repêché dans la Theiss fut reconnu par les uns comme étant celui de la jeune fille, tandis que la mère de celle-ci et plusieurs autres personnes niaient que ce fût elle. Le juge d'instruction cita devant lui le fils du sacristain de la synagogue, garçon de 13 ans, qui, savamment interrogé, chapitré, rudoyé même, finit par déclarer que son père avait attiré la jeune fille à la synagogue, qu'il avait entendu celle-ci crier, et qu'ayant collé son œil à la serrure, il l'avait vue étendue par terre, tenue par trois hommes et saignée par le boucher. A l'audience qui eut lieu trois mois après, le jeune garçon, qui avait été séquestré pendant ce temps, répéta sa déposition dans les mêmes termes; malgré les supplications de son père et des autres accusés : il avait fini par croire lui-même à la véracité de ses dires. Les malheureux Juifs échappèrent à la potence. Ce n'en est pas moins un saisissant exemple de ce que peut la suggestion en fait de faux témoignages : l'histoire conçue de toutes pièces par le magistrat, et inculquée par lui à un enfant seul, terrorisé, suggestible, s'était imprimée dans le cerveau de celui-ci, au point qu'il croyait avoir réellement vu la scène imaginaire, que cette histoire était devenue sienne, et qu'il en racontait tous les détails !

Le professeur Laségue racontait qu'un enfant de dix ans avait accusé un chemisier du voisinage de s'être livré sur lui à un ignoble attentat : le négociant put prouver son innocence, et on découvrit que l'enfant avait fait l'école buissonnière, qu'à son arrivée à la maison sa mère, on ne sait pourquoi, l'avait cru victime d'un attentat, lui avait suggéré toute une histoire que l'enfant avait retenue et qu'il débitait imperturbablement. — Le même auteur eut à intervenir dans une autre affaire du même genre : un jeune fille de quatorze ans, après une disparition de huit jours, rentre à la maison paternelle, et raconte qu'elle a été victime d'un enlèvement dont l'auteur, il n'y avait pas à se tromper d'après les détails circonstanciés qu'elle donnait, n'était autre que le duc de Morny (c'était en 1856); quelques jours après, on apprenait que la jeune fille avait tout simplement passé sa semaine d'escapade chez la mère d'une de ses amies de pension.

Le faux témoignage n'est pas le monopole des enfants : il émane aussi des adultes, et surtout des hystériques qui, outre leur dessein de mentir et de se rendre intéressantes, ont une tendance marquée à l'autosuggestion. Je ne puis énumérer tous les cas dans lesquels les hystériques ont été prises en flagrant délit de mensonge judiciaire : ce serait d'ailleurs dépasser les limites de mon sujet. Je me borne à rappeler qu'aux individus suggestibles on peut, pendant le sommeil somnambulique, donner des hallucinations rétroactives, qui, au réveil, se traduiront par les accusations les plus graves portées contre un innocent, un inconnu même; et que la personne ainsi suggestionnée, croyant réellement avoir vu ou entendu ce qu'on lui a persuadé, persistera envers et contre tous dans son faux témoignage, sans jamais nommer l'auteur de la suggestion, puisqu'elle est intimement convaincue que tout ce qu'elle dit vient de son propre fond, ne lui a été soufflé par personne. Nous avons vu précédemment (Chapitre VIII) deux preuves expérimentales que cette suggestion de faux témoignages est dans l'ordre des choses possibles.

Dans le même chapitre, j'ai dit que M. Liégeois s'était fait signer plusieurs fois, par suggestion, des *billets à ordre, reconnaissances, quittances,* etc. Voici un de ces faits : « Mademoiselle P... reçoit facilement et réalise aussitôt toutes sortes de suggestions ; je lui dis : Je vous ai, vous le savez, prêté cinq cents francs ; vous allez me signer un billet qui constatera ma créance. — Mais, monsieur, je ne vous dois rien, vous ne m'avez rien prêté. — Votre mémoire vous sert mal, mademoiselle ; je vais préciser les circonstances du fait. Vous m'avez emprunté cette somme, et j'ai consenti

volontiers à vous la prêter ; je vous l'ai remise hier, ici même, en un rouleau de pièces de vingt francs.
— Sous l'action de mon regard, et en présence de mon affirmation faite d'un ton de sincérité, mademoiselle P... hésite, sa pensée se trouble ; elle cherche dans sa mémoire ; enfin celle-ci, docile à ma suggestion, lui rappelle le fait dont je viens d'évoquer le souvenir ; elle reconnaît sa dette et signe un billet ainsi conçu :

« Je reconnais devoir à M. L... la somme de cinq cents francs qu'il m'a prêtée, et promets de la lui rembourser le 1ᵉʳ janvier 1884.

Nancy le 30 novembre 1883.

Bon pour cinq cents francs.

Signé : E...

« Mademoiselle P... est majeure ; le *Bon pour* est écrit de sa main, conformément à l'article 1326 du Code civil ; le billet est donc conforme à la loi : si je le remettais entre les mains d'un huissier, il en poursuivrait le paiement. »

Les autres exemples sont à peu près calqués sur celui-là : inutile de les raconter en détail. J'arrive maintenant à ce qui concerne cette grande fonction physiologique de la femme, l'accouchement, ou, pour préciser d'avantage, à *l'avortement*, à *l'infanticide*, à la *substitution d'enfants*.

Dans les *Archives de l'Anthropologie criminelle* et

des Sciences pénales, du mois de mars 1886, M. Charles Fourneaux s'exprime ainsi : « On peut déterminer chez une femme, pendant le sommeil magnétique, la contraction et les douleurs spéciales à l'enfantement. L'expérience en a été faite devant nous. *C'est l'avortement possible à tous*, assuré, mais impunissable jusqu'à présent. » Cette dernière phrase me paraît beaucoup trop absolue. Mais je me borne à citer pour le moment : nous apprécierons plus tard.

Relativement à la substitution d'enfants, le cas observé par M. Mesnet à l'Hôtel-Dieu de Paris est plein d'enseignements. « Tout était terminé depuis une demi-heure quand nous réveillâmes la malade; ce fut l'affaissement de son ventre qui lui donna le premier éveil de son accouchement. Bien qu'elle eût paru ressentir vivement les dernières douleurs, aucun souvenir de cette dernière phase n'existait à son réveil. L'accouchement s'était fait complètement à son insu puisque, réveillée, elle n'en avait aucune notion, aucune connaissance. Ce trouble de la mémoire pourrait devenir, dans telles circonstances particulières, l'occasion facile de *substitutions d'enfants* au moment de l'accouchement, telles que substitution d'un enfant vivant à un mort et *vice versa*, substitution d'un garçon à une fille et réciproquement, etc. »

Les conséquences ne sont pas moins intéressantes pour ce qui est de *l'infanticide*. Quand le nouveau-né a succombé à l'asphyxie, la mère prétend souvent qu'il a été étouffé sous les couvertures, au moment même de l'accouchement, qui s'est effectué pendant qu'elle dormait. Autrefois on regardait cette éventualité comme impossible. Il faut en rabattre aujourd'hui qu'on sait que, pendant le sommeil hypnotique, une femme peut accoucher sans le savoir, et sans qu'elle en ait aucun souvenir.

Le *viol* et les *attentats à la pudeur* peuvent, sans aucun doute, être commis sur des personnes hypnotisées. Les deux faits suivants, qui ont eu leur dénouement en cour d'assises, suffisent à le prouver.

Le 31 mars 1865, un mendiant nommé Castellan, âgé de vingt-cinq ans, boiteux, simulant la surdi-mutité, arrivait au hameau des Gouils (Var), et demandait l'hospitalité au sieur Hughes, qui habitait avec sa fille Joséphine, âgée de vingt-six ans. Pendant le repas et la veillée, il affecta certaines pratiques étranges, ne remplissant son verre qu'en trois fois, ne le vidant qu'après avoir fait sur cet objet et sur lui-même plusieurs signes de croix, se déclarant, par écrit, le fils de Dieu, etc. Après une nuit passée au grenier, il sortit avec le père Hughes, mais revint bientôt, et trouva Joséphine seule, occupée au ménage. Celle-ci avait eu dès la veille une grande terreur du mendiant, et son effroi augmenta quand celui-ci se mit à tracer autour d'elle des signes de croix. A midi, ils dînèrent ensemble ; mais Castellan ayant fait le geste de jeter quelque chose dans la cuiller de la jeune fille, celle-ci s'évanouit : alors il se livra sur elle aux derniers outrages, sans qu'elle pût, raconta-t-elle plus tard, faire aucune résistance, quoiqu'elle eût conscience de ce qui se passait et voulût s'y opposer. Vers quatre heures, revenue à elle, mais poussée par une force irrésistible, elle sortit avec le mendiant, qui lui inspirait peur et dégoût, le suivit, passa avec lui la nuit suivante, dans un grenier à foin. Pendant plusieurs jours, cette triste odyssée se continua de village en village, Joséphine se lamentant sur sa malheureuse situation, menaçant de se noyer, mais toujours retenue par l'influence de Castellan, qui n'avait qu'à lui parler, à la regarder, à la toucher, pour la mettre hors d'état de résister à ses volontés, quelles qu'elles fussent. Des paysans ayant chassé le mendiant, la jeune fille tomba comme morte, si bien qu'on le rappela pour qu'il lui rendît l'usage de ses sens. Enfin elle parvint à s'échapper, fut ramenée chez son père à moitié folle, tandis que Castellan était arrêté. Il avoua que, grâce à des passes magnétiques, il avait plusieurs fois abusé d'elle sans qu'elle s'en doutât. Avec les connaissances en hypnotisme que nous possédons actuellement, nous pouvons affirmer que, par ses passes, et étant donné le tempérament exceptionnellement nerveux de Joséphine, Castellan exerçait sur elle une fascination qui tantôt la plongeait dans un état de somnambulisme (quand elle s'attachait à ses pas), tantôt en état de léthargie (elle était alors victime d'actes coupables dont elle n'avait pas conscience ou qu'elle ne pouvait empêcher). Il a été condamné à douze ans de travaux forcés.

Le second fait s'est passé à Rouen, au mois d'avril 1879. Une blanchisseuse amena sa fille Berthe, âgée de 20 ans, chez un dentiste nommé Lévy, qui, sous prétexte de se livrer sur celle-ci à certaines investigations qui n'avaient rien de commun avec les molaires malades, eut des rapports avec elle. La jeune fille, après plusieurs séances de cette nature, faites (chose à peine croyable) pendant que la mère était dans la pièce, le dos tourné, devint enceinte à son insu. Une plainte fut déposée contre Lévy, qui convint que sa victime était vierge quand il l'avait vue pour la première fois, et qu'il était l'auteur de la grossesse. Restait à savoir si Berthe B. pouvait n'avoir eu aucune notion des violences auxquelles elle avait été soumise : M. Brouardel, consulté sur ce point, déclara qu'elle avait pu être plongée par Lévy, sans agent anesthésique, dans un sommeil artificiel, pendant lequel elle avait perdu complètement les différents modes de la sensibilité. Le dentiste fut condamné à dix ans de réclusion.

Un dernier mode d'attentat qui pourrait être commis sur la personne des hypnotisés, attentat à la vie celui-là, et personnel, c'est le *suicide*. « Nous avons provoqué par la suggestion, dit le docteur Bottey, des suicides sous différentes formes et à échéances diverses. Quelques sujets, sur notre ordre, pendant l'état hypnotique, se sont tiré des coups de revolver, soit immédiatement après le réveil, soit quelques heures après. D'autres se sont empoisonnés. S. L... a avalé, deux jours après la suggestion, un breuvage noirâtre que nous avions fait recouvrir de la suscription *poison* sur étiquette rouge ; avant d'accomplir ce suicide présumé, elle avait eu soin d'écrire une lettre dans laquelle elle annonçait qu'elle allait se donner la mort et qu'il ne fallait en accuser personne. Le plus curieux fut que, lorsqu'elle eut ingurgité le poison, qui n'était autre que de l'eau colorée, elle ressentit de violentes coliques dont nous eûmes toutes les peines du monde à la dissuader. »

Passons maintenant aux crimes ou délits que les hypnotisés peuvent commettre au préjudice d'autres personnes, sous une influence étrangère. Dans les chapitres VII, VIII et IX, consacrés aux suggestions, nous avons vu un certain nombre d'expériences de *vol*, d'homicide par le *poison*, le *fer* ou le *revolver*, rapportées par MM. Bertheim, Pitres, Liégeois. Je me bornerai donc à citer deux nouveaux exemples de ces suggestions d'actes criminels.

Voici un exemple de *vol*, raconté par le docteur Mesnet. « Tel jour, à ma visite, ce malade, avec qui je causais, fixa les yeux sur moi et s'endormit ; il continuait à me répondre sans plus entendre ni voir mes élèves qui m'entouraient. Les conditions étaient favorables pour tenter l'expérience ; je l'emmenai dans mon cabinet afin de ne pas être entendu du dehors, je fixai énergiquement mon attention, et je lui dis, en lui montrant un de nos externes : « Vous voyez la chaîne de montre de M. X... ? — Oui. — Eh bien ! je vous ordonne demain, pendant ma visite, de prendre adroitement cette chaîne et la montre, de mettre le tout dans votre poche et de vous en aller aussitôt ! M'avez-vous bien compris ? » Il eut un mouvement de surprise avec secousse dans les membres et une expression de mécontentement très évidente. Il ne me répondit pas. J'insistai en lui disant : « Je vous l'ordonne, je le veux. » Il répondit : Oui, avec un geste brusque et saccadé. Je le ramenai à son lit et le réveillai aussitôt, en lui soufflant sur les yeux.

« Le lendemain, nous étions tous réunis près de la table où je signais mes cahiers, lui presqu'en face de moi, à ma droite, M. X... de l'autre côté, à ma gauche. Le malade, qui ne prêtait pas attention à notre conversation, était debout, immobile, les yeux fixés sur la chaîne de montre de M. X..., qui apparaissait dans l'entrebâillement de son paletot. La physionomie était calme, son regard contemplatif, il se détachait évidemment de plus en plus du milieu qui l'entourait, il s'hypnotisait à la vue des anneaux brillants qu'il avait devant les yeux ; et nous fûmes tous témoins d'une lutte intérieure, dont nous suivîmes pas à pas les différentes phases.....

« Après avoir, à diverses reprises, incliné sa tête et son corps vers M. X..., il fit lentement un pas en avant, puis lentement un autre pas et porta ses deux mains vers la chaîne, qu'il ne toucha pas. Plusieurs fois il retira ses mains avant de les mettre au contact du métal; puis, brusquement, dans un mouvement rapide, il détacha la clef de la boutonnière du gilet, retira la montre et la mit dans la poche de son pantalon. Au même instant, il quitta la salle en courant, traversa le couloir, le palier, et descendit précipitamment l'escalier. Au bas de l'escalier, je le retrouvai aux prises avec un infirmier qui l'avait suivi; il était dans un état d'égarement complet; je lui soufflai sur les yeux, et, à l'instant même, il se mettait en rapport avec nous.

» Reconduit dans mon cabinet, je lui demandai ce qu'il avait. Il me répondit qu'il n'avait rien. — D'où venez-vous? Qu'avez-vous fait? — Monsieur, je ne sais pas! Je retirai de sa poche la montre qu'il y avait mise, en lui demandant : « Comment » avez-vous cette montre? Est-elle à vous? — Non. » — Mais je le sais bien qu'elle n'est pas à vous, » puisque vous venez, en notre présence, de la » prendre à M. X... » A ces mots, il s'exclama avec énergie : « Je ne suis pas un voleur! c'est une » infamie! » et il se mit à fondre en larmes avec des sanglots et des soupirs, accusant une grande émotion. »

En 1884, lorsqu'il écrivait dans le journal *le Temps* ses inoubliables chroniques, M. Jules Claretie a raconté la scène suivante à ses lecteurs : c'est un *homicide* par suggestion post-hypnotique. « J'ai été empoisonné par une pensionnaire de la Salpêtrière, à qui l'on avait suggéré l'idée de m'empoisonner. M. Gilles de la Tourette, interne de M. Charcot, fait passer devant moi, à l'état somnambulique, une jeune femme, Blanche W..., aux traits fins et doux, avec des yeux bleus tranquilles et bons. Dans cet état, Blanche W... obéira automatiquement à la suggestion qu'on imprimera dans son cerveau. « Ce monsieur qui est là (on me montrait), tu le vois bien? — Oui. — Eh bien! Il a tué René! — René? (c'est le nom d'un interne.) — Il l'a tué? » répète la jeune femme. Et ses traits expriment la plus profonde horreur pour l'assassin, qui est moi. « Veux-tu venger René? — Oui! Oui! — Eh bien! tu iras tout à l'heure présenter ce verre à ce monsieur. Il y a du poison dedans. — Bien! » On réveille Blanche W... Elle sourit, ne semble pas avoir souvenir de ce qu'on lui a dit; puis, doucement, avec une bonne grâce charmante et un sourire d'une féminité adorablement perfide, la pauvre inconsciente me présente le verre qu'elle croit empoisonné en me disant : « Il fait bien chaud, ne trouvez-pas? Est-ce que vous ne voulez pas boire? — Si, avec plaisir. » Elle a tout aussitôt un rapide sourire, joyeux, bientôt dissimulé. Puis elle porte le verre à sa bouche, feint d'y tremper ses lèvres, et me le tend ensuite. « Faites semblant d'être malade, me dit à voix basse un interne. Si elle croyait que le poison n'a pas produit son effet, elle serait capable d'avoir, de fureur, une crise ! » Je dis alors, tout haut, que je ne sais ce que j'éprouve. Ce verre d'eau m'a fait mal. Il me brûle. On m'emmène dans une pièce à côté, et une des personnes présentes dit alors à la jeune femme : « Qu'est-ce que tu as donc fait boire à ce monsieur ? Il est empoisonné ! » Alors, avec une inoubliable expression d'effroi, — je la regardais à travers une fente de la porte, — elle pousse un cri, elle répète avec une volubilité effarée qu'une actrice comme Sara Bernhardt aurait peine à rendre avec cette éloquence : Ah ! mais ce n'est pas moi !... Vous avez l'air de m'accuser là... ce n'est pas moi ! J'ai bu la première ! La première. Vous l'avez bien vu ! tout comme une coupable terrifiée et se débattant devant le juge d'instruction.

« Et ne dites pas que toute cette scène était une comédie. J'ai eu la preuve de l'absolue sincérité des faits observés. Une détonation bruyante a, par exemple, le don de faire tomber les hystériques en catalepsie ! Eh bien ! on met entre les doigts de Blanche W..., à l'état somnambulique, un journal, un morceau de papier, en lui disant : « C'est un » pistolet. Tire ! » Réveillée, elle presse la gâchette imaginaire, elle *tire* ce journal qu'elle croit un pistolet, et, entendant réellement la détonation qui n'existe pas, elle tombe raide, en plein état cataleptique. Raideur des membres, pose incroyable, voilà qui n'est pas, ne peut pas être simulé. »

Jusque-là, rien à dire. M. Claretie a été témoin d'un fait, il le raconte : c'est fort bien. Mais plus loin, entraîné par ce besoin d'interprétation et de généralisation qui caractérise l'homme d'imagination plus encore que le savant, il ajoute : « Quand on pense qu'un homme doué du pouvoir d'hypnotiser (et chacun de nous a ce pouvoir) peut se dire, en prenant sa tasse de café ou en fumant son cigare au coin du feu, qu'à telle heure, au moment même où il regarde s'envoler la fumée bleue de son londrès, l'être à qui il a ordonné de tuer, de voler, d'insulter, de frapper, obéit ponctuellement, — sans sourciller, sans hésiter, sans comprendre, — à l'idée criminelle qu'on lui a suggérée; quand on pense que l'automate n'aura jamais conscience de ce qu'il aura fait, qu'il répondra qu'il a commis ce vol ou tué cet homme « sans savoir pourquoi », ou « parce que la victime l'aurait bien mérité », on éprouve un petit frisson intérieur, et l'on se demande si bien des crimes qui ont épouvanté l'humanité n'ont pas été des forfaits suggérés. »

Voilà qui est très effrayant, très émouvant, mais aussi très exagéré, heureusement pour la sécurité des générations présentes et futures. Sur quoi reposent, en effet, les terreurs de ceux qui s'en vont répétant que la suggestion est une épée de Damoclès suspendue sur la tête de chacun de nous, que tout le monde est exposé à être acteur ou victime dans les drames de l'hypnotisme? Principalement sur des expériences de cabinet, fort intéressantes sans doute en ce qu'elles permettront d'expliquer certains crimes ou délits... quand il s'en présentera; mais incapables de nous renseigner sur la fréquence de pareils faits dans la vie réelle.

Il est bien entendu que j'écarte l'hypothèse trop facile de la simulation. J'admets la parfaite sincérité de Blanche W... voulant empoisonner M. Claretie, du photographe de M. Bernheim frappant à coups de poignard une porte qu'il prend pour son ennemi; je veux bien croire même que mademoiselle D... ne jouait pas la comédie en tirant sur sa mère un coup du revolver chargé par M. Liégeois. Mais dans ces cas, comme dans toutes les expériences du même genre, les expérimentateurs faisaient agir des sujets depuis longtemps éduqués, entraînés, qu'une longue suite d'hypnotisations antérieures avait rendus aptes à subir entière l'influence de leur hypnotiseur habituel, à réaliser toutes les suggestions qu'il lui plaisait de leur faire. De là, deux premières difficultés pour celui qui veut tirer impunément profit d'une suggestion criminelle. En premier lieu, il lui faut trouver un individu qui non seulement soit hypnotisable, qui non seulement puisse être plongé en somnambulisme (c'est exclusivement dans cet état que les suggestions d'actes sont réalisables), mais qui soit encore suggestible à tous les degrés : or nous avons vu (chapitre V) que, sur 100 individus, 15 seulement peuvent être somnambulisés, 2 à peine sont capables de réaliser les suggestions d'actes, autrement difficiles à obtenir que les suggestions d'hallucination, ou de simples mouvements.

En second lieu, ces sujets rares trouvés, il faudra compter avec la résistance qu'ils pourront opposer à une suggestion contraire à leurs instincts ou à leurs habitudes. Car le pouvoir de l'hypnotiseur a des limites. La spontanéité du somnambule a disparu, sa volonté est réduite au minimum, nul ne le conteste : mais enfin, si obscurcie qu'elle soit, cette volonté est un facteur assez important pour permettre à l'hypnotisé de ne pas obéir, au moins du premier coup. Témoin cette jeune fille citée par le professeur Brouardel, qui, après avoir parfaitement accepté la suggestion qu'elle était auprès d'une rivière, eut une attaque de nerfs quand on voulut lui persuader de se déshabiller pour y prendre un bain. Que sera-ce quand on essaiera de faire entrer une idée de vol ou d'homicide dans un cerveau honnête? Ainsi il faudra faire en quelque sorte l'éducation du sujet, et rien ne dit que celui-ci se prêtera de bonne grâce à ce genre de tentative.

Ce n'est pas tout. Si la suggestion d'actes simples est relativement facile, la moindre complication suffit à empêcher la réalisation d'une suggestion qu'on a fait admettre par le somnambule. Si habile que soit l'hypnotiseur, il ne saurait prévoir tous les incidents qui peuvent venir à la traverse de son plan : que la plus légère difficulté paraisse, que le moindre obstacle surgisse, et voilà ce plan irréalisé, en raison même du défaut de spontanéité du somnambule qui l'empêche de tourner l'obstacle. Dans les expériences de cabinet ou d'amphithéâtre, chacun s'empresse à faciliter l'épreuve; celui-ci se laisse voler, celui-là reste en face du revolver qu'il sait inoffensif, rien de mieux. Mais dans la vie réelle, comment l'hypnotiseur pourrait-il espérer que toutes les voies seront ouvertes devant son agent docile? Comment compterait-il sur l'impunité, avec un complice qui peut le trahir dès les premiers pas? Car le moindre souffle sur la face le réveille, ce complice : il a alors perdu tout souvenir de la suggestion, et de son auteur, c'est vrai; mais dans une nouvelle hypnotisation la mémoire lui reviendra, et, si ce nouveau sommeil n'est pas provoqué par une personne étrangère, rien ne dit qu'il ne viendra pas spontanément; car nous savons que les personnes qui ont subi des hypnotisations répétées sont sujettes aux accès de somnambulisme spontané.

Enfin, quoi qu'on en ait dit, celui qui accomplit une suggestion posthypnotique, même à échéance très éloignée, n'a pas, au moment de l'exécution, un aspect si naturel qu'il ne puisse attirer l'attention des assistants. Rappelez-vous les hésitations du jeune somnambule auquel M. Mesnet avait suggéré de voler la montre d'un étudiant en médecine. Ces hésitations se reproduisent dans beaucoup des observations rapportées; on y note aussi l'air égaré, l'œil hagard, l'allure bizarre, les tremblements parfois, du criminel malgré lui. N'y a-t-il pas là de quoi donner l'éveil aux esprits les moins prévenus?

Ainsi, difficulté de trouver un sujet présentant toutes les conditions requises, nécessité d'entraîner ce sujet pendant un certain temps, incertitude du résultat, impossibilité de compter absolument sur l'impunité : voilà bien des circonstances qui s'opposent, et s'opposeront encore longtemps, à ce que la suggestion nous mette à la merci des voleurs et des meurtriers; ceux-ci préfèrent opérer eux-mêmes. Dormez sur vos deux oreilles, bourgeois de Paris et d'ailleurs, ce n'est pas par la suggestion que vous périrez.

Défiez-vous de la même exagération en ce qui concerne le suicide suggéré, l'avortement suggéré. Que celui-ci ait été réalisé une fois, je veux bien le croire, puisqu'un homme honorable affirme en avoir été spectateur, et quoique vraiment la relation du fait manque un peu de détails : mais en conclure que « l'avortement est possible à tous et assuré », c'est pousser le paradoxe un peu loin. Nous savons, en effet, que la production, par suggestion, des phénomènes organiques qui échappent à la volonté du sujet, comme l'effet d'un vésicatoire fictif, l'apparition de l'hémorragie, n'a été réalisé que dans des cas extrêmement rares, malgré les recherches faites en ce sens : comment l'avortement, qui est un de ces phénomènes, serait-il possible à tous?

Il en est de même pour le suicide. Il a fallu que l'hypnotiseur qui l'a vu réalisé par suggestion eût acquis sur son sujet une influence qui datait de loin. Mais c'est bien quand l'instinct de conservation personnelle est en jeu qu'on verra, plus que jamais, se manifester la faculté de résistance dont dispose le somnambule.

Le viol et les attentats à la pudeur, eux, sont beaucoup plus faciles à accomplir à la faveur de l'hypnotisme. Mais, contrairement à ce qu'on dit à Nancy, et comme l'a montré M. Brouardel, ce n'est pas pendant la période somnambulique qu'ils sont possibles; c'est pendant la catalepsie, et surtout pendant la léthargie, parce qu'alors l'hypnotisé est incapable d'opposer la moindre résistance à l'hypnotiseur. Alors la suggestion n'a plus à intervenir : c'est sur un être inerte que le criminel assouvit sa passion. Mais quoi ! l'hypnotisme n'est pas alors plus coupable, n'a pas permis plus d'attentats que les autres agents anesthésiques, le chloroforme par exemple.

Là où la suggestion rentre en scène, où elle peut incontestablement offrir des dangers légaux entre des mains malhonnêtes, c'est à propos des faux témoignages, et des billets ou quittances. C'est certainement fâcheux, mais beaucoup moins que ce que nous venons de voir. D'ailleurs, il est évident qu'une personne ayant signé un billet ou une reconnaissance en état d'hypnotisme, ne reconnaîtra pas sa dette, refusera de l'acquitter, provo quera au besoin une enquête : celle-ci fera connaître l'état mental du débiteur prétendu, montrera s'il est hypnotisable et suggestible; et le Code civil contient les lois nécessaires pour annuler un contrat, un engagement, effectués sous une pression étrangère et délictueuse.

Quant aux faux témoignages, ils ne s'affirment, comme le fait remarquer M. Bernheim, que quand on interroge le sujet, quand on évoque le souvenir imaginaire de ce qu'il a vu ou fait. « Voici un jeune homme qui, suggestionné par moi, accuse une personne de l'avoir volé; il affirme avec conviction, quand je l'interroge; mais si dans la journée, il rencontre son pseudo-voleur, il ne lui viendra pas à l'idée de l'accuser, de lui reprocher son vol, de le dénoncer à la justice. » Il est évident que la victime d'un vrai vol ne se comporterait pas ainsi. De plus un magistrat instructeur habile saura toujours s'y prendre de façon à mettre le faux témoin en contradiction avec lui-même ou avec les circonstances du fait; et il sera mis en défiance par la constante succession dans laquelle se déroulera le récit, dans les mêmes termes, avec les mêmes détails, si espacés que soient les interrogatoires.

Tout le monde est d'accord sur l'irresponsabilité acquise à l'hypnotisé qui a exécuté l'ordre d'autrui, comme au somnambule naturel qui, pendant un accès spontané, a accompli un acte répréhensible. Mais deux dernières questions se posent.

D'abord, ne peut-on pas avoir affaire à un simulateur, qui compte bénéficier de cette irresponsabilité ? A cela le médecin expert répondra facilement, grâce à certains symptômes déjà connus de nous, qu'il est impossible de simuler : respiration de l'ammoniaque sans suffocation, décharges électriques non senties, piqûres et brûlures non perçues, immobilité cataleptique gardée sans fatigue bien au-delà du temps habituel, etc.

Seconde question : L'hypnotisme ne peut-il intervenir dans la procédure criminelle, soit comme moyen de forcer l'accusé à avouer son crime ou à fournir des renseignements qu'on n'a pu lui arracher, soit pour faire raconter à la personne qui a été suggestionnée antérieurement, et qu'on endort de nouveau, les détails de ce qui s'est passé pendant son premier sommeil. Le docteur Ladame a répondu depuis longtemps à cette question ?

« Quand même on pourrait arriver de cette manière à la découverte du véritable criminel, nous pensons que la justice réprouvera toujours un moyen qui enlève à l'accusé son libre arbitre et sa volonté pour le livrer forcément à ceux qui chercheront à lui faire faire des révélations inconscientes, compromettantes pour lui-même et pour les autres. » Et le docteur Cullerre ajoute : « Cette sorte de *question* serait aussi peu justifiée que l'ancienne. » On ne saurait mieux dire.

En résumé, la médecine légale a grand intérêt à

connaître exactement ce que peut donner l'hypnotisme, et il faut savoir gré à M. Liégeois d'avoir spécialement attiré l'attention sur ce sujet. Mais ses expériences, si bien faites qu'elles soient, ne prouvent pas que le péril soit aussi grand qu'il le dit : pratiquement, on arrivera fort rarement, par suggestion, à faire commettre un vol ou un meurtre. Il serait puéril de nier que l'hypnotisme puisse être le moyen de crimes ou de délits : mais combien ceux-ci sont et resteront exceptionnels, comparativement aux atteintes à la santé physique et mentale dont sont responsables les représentations publiques d'hypnotisme, et même les séances privées mal conduites ! Là est le danger, bien plus que dans des coups de poignard ou de revolver, qui n'ont jusqu'à présent été donnés ou tirés que dans des conditions que la vie commune ne comporte pas:

CHAPITRE XVI

L'HYPNOTISME ET LA PHILOSOPHIE

Dualité fonctionnelle du cerveau. — Supériorité du cerveau gauche sur le droit. — Dédoublement de la personnalité humaine. — Le livre de la vie. — L'homme plante et l'homme animal. — Le Dr Véron et les danseuses de l'Opéra. — Le libre arbitre.

Depuis les temps les plus reculés jusqu'à nos jours, les philosophes n'ont pas connu d'autre moyen d'accroître leurs notions psychologiques que l'observation intime, l'étude du moi. La méditation est certainement une méthode de grande valeur, mais plus propre à engendrer de brillantes dissertations, qu'à satisfaire le besoin d'exactitude qui caractérise cette fin de siècle. On tend de plus en plus aujourd'hui, et avec beaucoup de raison, à regarder la psychologie comme une des branches de la physiologie : or, cette dernière science ne se contente pas d'observer les faits qui se présentent d'eux-mêmes; elle expérimente, c'est-à-dire qu'elle sollicite artificiellement la production de certains phénomènes, afin de déterminer leurs causes, leurs lois, leurs manières d'être.

L'hypnotisme fournit à la psychologie le procédé d'expérimentation qui lui manquait jusqu'ici. En permettant de provoquer les manifestations psychiques dans des conditions déterminées, fixées à l'avance, en portant ces manifestations à leur plus haut degré, il donnera le moyen de discerner la façon dont elles ont lieu à l'état normal : on peut du moins l'espérer. C'est, suivant l'expression de M. Liégeois, une véritable vivisection intellectuelle.

Ce nouveau genre d'études est de date encore trop récente pour avoir donné tous les renseignements qu'on en peut attendre : ceux qui sont déjà acquis présentent un assez grand intérêt pour encourager de pareilles recherches. C'est le cas du dualisme cérébral, qui avait été soupçonné par les physiologistes et les pathologistes, et que l'hypnotisme a mis hors de doute.

Le cerveau de l'homme se compose, on le sait, de deux parties, hémisphère droit, hémisphère gauche, qui, au premier abord, sont exactement semblables, et qu'on considère généralement comme ayant les mêmes fonctions. Pourtant Broca a affirmé que presque toujours l'un de ces hémisphères a un poids plus considérable, un développement plus prononcé que l'autre : pour lui, c'est le droit qui l'emporte ; d'après Luys, c'est le gauche ; d'autres auteurs soutiennent que c'est tantôt l'un, tantôt l'autre, qui est le plus développé.

D'autre part, on a soutenu qu'à l'hémisphère gauche était particulièrement dévolu l'exercice des fonctions intellectuelles, tandis que l'hémisphère droit avait la sensibilité physique pour principal attribut.

De leur côté, les aliénistes ont observé que les fous atteints d'hallucinations de l'ouïe entendent souvent des injures imaginaires, des paroles désagréables, par une oreille; des encouragements, des choses agréables, par l'autre.

On soupçonnait donc que les deux hémisphères cérébraux pouvaient fonctionner isolément, et même d'une façon entièrement opposée: mais c'est l'hypnotisme qui en a donné la preuve expérimentale. Nous avons déjà vu (ch. VI) que, chez un individu en état de catalepsie, il est très facile de plonger un côté du corps en léthargie, alors que l'autre côté reste cataleptisé ; qu'on peut, de même, produire le somnambulisme d'un côté, la catalepsie de l'autre. Voici une expérience de M. P. Richer, propre à remémorer ce fait. « Si devant une malade en catalepsie, on place un pot à eau, une cuvette et du savon, aussitôt que son regard tombe sur ces objets, ou que sa main entre en contact avec eux, elle se met, avec une spontanéité apparente, à verser de l'eau dans la cuvette, et à se savonner les mains. Si on abaisse la paupière de l'œil droit, le côté droit tombe en léthargie, le côté gauche continue seul l'opération commencée. »

Cette opposition observée dans les mouvements, MM. Dumontpallier et Bérillon l'ont retrouvée dans la sphère psychique. Ces habiles expérimentateurs ont fait, par l'intermédiaire de l'ouïe, chez des sujets en état de somnambulisme, une double suggestion verbale. Dans une oreille, ils soufflaient l'accomplissement d'une mauvaise action, dans l'autre ils en conseillaient une bonne : chaque moitié du visage exprimait une émotion différente, en rapport avec la suggestion faite à l'une et à l'autre oreille. Ainsi un sujet dérobait un objet d'une main, et de l'autre en offrait un qui lui appartenait. Chez un second sujet, on faisait faire au bras gauche un geste d'adieu, et on faisait prendre au bras droit l'attitude du commandement : le visage prenait, à droite, l'expression sévère d'une personne qui ordonne, à gauche l'expression douce d'une personne qui sourit. Ces expériences, impossibles à réaliser à l'état de veille, où la physionomie ne peut être différente des deux côtés du visage, prouvent bien, grâce à la suggestion, que les deux hémisphères cérébraux peuvent fonctionner séparément, et même entrer en antagonisme.

Mais, partant de là, certains auteurs arrivent à des conclusions vraiment prématurées. Ainsi M. F. Myers (de Cambridge) affirme que la personnalité de l'homme est, même à l'état normal, double comme son cerveau; que celle de l'hémisphère gauche est la bonne, celle de l'hémisphère droit la mauvaise, la brutale, la sauvage, de telle sorte qu'un homme sera un jour intelligent et honnête, un autre jour bête et malfaisant, selon qu'il est sous l'influence de tel ou tel hémisphère. C'est s'avancer beaucoup trop. De même que, quoique nous ayons deux yeux, nous voyons un objet simple et non double, quand notre vue est bonne, de même chez l'homme sain, éveillé, les deux moitiés du cerveau agissent probablement d'une façon synergique, coordonnée. Leurs fonctions ne se dissocient que dans certains états anormaux, chez les fous ou chez les somnambules. L'hypnotisme démontre que cette dissociation *peut* avoir lieu, que par suite les deux hémisphères peuvent fonctionner indépendamment l'un de l'autre : c'est déjà bien joli ; mais jusqu'ici rien ne prouve que ce dualisme, ou plutôt cet antagonisme cérébral, intervienne à tous les instants de l'existence.

Un autre fait que l'hypnotisme a mis en lumière, ce sont les transformations de *personnalité* qu'on peut provoquer chez un même sujet, par suggestion. M. Ch. Richet, qui donne à ce phénomène le nom d'*objectivation des types*, a fait à ce sujet de curieuses expériences, dont le récit fera mieux comprendre ce dont il s'agit que toute définition. Endormies et soumises à certaines influences, A... et B... oublient qui elles sont : leur âge, leurs vêtements, leur sexe, leur situation sociale, leur nationalité, le lieu et l'heure où elles vivent. Tout cela a disparu. Il ne reste plus dans l'intelligence qu'une seule image de l'être nouveau qui apparaît dans leur imagination. Au lieu de concevoir un type, elles le réalisent, l'objectivent. Ce n'est pas à la façon de l'halluciné, qui assiste en spectateur à des images se déroulant devant lui ; c'est comme un acteur qui, pris de folie, s'imaginerait que le drame qu'il joue est une réalité, et qu'il a été transformé, de corps et d'âme, dans le personnage qu'il est chargé de jouer. Pour que cette transformation de la personnalité s'opère, il suffit d'un mot prononcé avec une certaine autorité. Je dis à A... : « Vous voilà une vieille femme »; elle se voit changée en vieille femme, et sa physionomie, sa démarche, ses sentiments, sont ceux d'une vieille femme. Je dis à B... : « Vous voilà une petite fille »; et elle prend aussitôt le langage, les jeux, les goûts d'une petite fille.

« Voici quelques-unes des *objectivations* de A...

» *En paysanne*. Elle se frotte les yeux, s'étire. « Quelle heure est-il? quatre heures du matin! » (Elle marche comme si elle faisait traîner ses sabots). « Voyons, il faut que je me lève! allons à
» l'étable. Hue! la rousse! allons, tourne-toi ! (Elle
» fait semblant de traire une vache.) Laisse-moi
» tranquille, Gros-Jean. Voyons, laisse-moi tran-
» quille, que je te dis! Quand j'aurai fini mon
» ouvrage. Ah! oui, oui! plus tard... »

» *En actrice*. La figure prend un aspect souriant, au lieu de l'air dur et ennuyé qu'elle avait tout à

l'heure : « Vous voyez bien ma jupe. Eh bien! c'est
» mon directeur qui l'a fait rallonger. Ils sont
» assommants ces directeurs. Moi je trouve que
» plus la jupe est courte, mieux ça vaut. Simple
» feuille de vigne, mon Dieu! c'est assez. Dis donc,
» mon petit! (Elle se met à rire.) Tu es bien timide
» avec les femmes, tu as tort. Viens donc me voir
» quelquefois. Tu sais, à trois heures, je suis chez
» moi tous les jours. Viens me faire une petite
» visite, et apporte-moi quelque chose. »

» *En général.* Passez-moi ma longue-vue. C'est
bien! c'est bien! Où est le commandant du premier
zouaves? Il y a là des kroumirs! Commandant,
prenez une compagnie et chargez-moi ces gens-là.
Qu'on prenne aussi une batterie de campagne...
Qu'est-ce que vous me voulez, vous? Comment,
pas d'ordre? (*A part.*) C'est un mauvais officier,
celui-là; il ne sait rien faire... (*Haut.*) Voyons, mon
cheval, mon épée! (Elle fait le geste de boucler son
épée à la ceinture.) Avançons! Ah! je suis blessé!

» *En prêtre.* (Elle s'imagine être l'archevêque de
Paris, sa figure prend un aspect très sérieux. La
voix est d'une douceur mielleuse et traînante qui
contraste avec le ton rude et cassant qu'elle avait
dans l'objectivation précédente.) (*A part.*) « Il faut
» pourtant que j'achève mon mandement. » (*Haut.*)
« Ah! c'est vous, monsieur le grand vicaire... Oui,
» c'est aujourd'hui le premier janvier, et il faut
» aller à la cathédrale. Toute cette foule est bien
» respectueuse; il y a beaucoup de religion dans

» le peuple, quoi qu'on fasse. Ah! un enfant! Qu'il
» approche, je vais le bénir. » Elle lui donne sa
bague (imaginaire) à baiser, fait à droite et à gauche
des gestes de bénédiction, etc.

Dans ces expériences, et dans d'autres du même
genre qu'ont faites, chacun de son côté, MM. Bernheim et Liégeois, il n'y a pas seulement, comme
on l'a dit, déboublement de la personnalité; celle-ci peut revêtir des formes multiples, est susceptible de nombreuses transformations. Mais elles
sont toujours suggérées par l'expérimentateur.
Chez un sujet qui a été observé par MM. Camuset,
Legrand du Saulle, Ribot, G. Voisin, et dont l'histoire entière est racontée par MM. Bourru et Burot
dans la *Revue de l'hypnotisme*, on a constaté toute
une série d'états différents, nullement suggérés, se
rapportant à autant d'époques de son existence où
il a présenté des phénomènes particuliers, physiques ou psychiques. Il s'agit d'un jeune homme
de vingt-deux ans, hystéro-épileptique, qui a
habité successivement Chartres, l'asile de Bicêtre,
celui de Bonneval, la colonie pénitentiaire de Saint-Urbain, le Tonkin, Rochefort, et qui, à chacune de
ces étapes, a présenté quelques désordres du mouvement ou de la sensibilité, en même temps que
des troubles mentaux. Or quand on applique convenablement l'aimant, l'électricité, un métal, à la
surface du corps de cet individu, on voit apparaître
la paralysie du mouvement, les contractures, ou
la perte de sensibilité, dont il a été atteint à une

des époques morbides de sa vie ; et en même temps, on le voit prendre les allures grossières et brutales, ou douces et polies, qui le caractérisaient à l'âge où il présentait le trouble physique qu'on vient de faire naître chez lui. Inversement, quand on lui suggère de se réveiller dans un des endroits qu'il a habités, sa mémoire s'y transporte, ses facultés intellectuelles et affectives sont ce qu'elles étaient alors, mais il est pris de la paralysie ou de l'anesthésie dont il souffrait au même moment.

MM. Bourru et Burot ont ainsi vu se dérouler, chez ce sujet, six états différents. Ils ignoraient alors les caractères physiques et psychiques de son existence, celle-ci n'ayant été reconstituée que plus tard, par les observations des médecins qui avaient soigné ce malade. Mais dès ce moment, ils pouvaient lire aisément dans tous les feuillets du *Livre de sa vie*, qui leur était complètement ouvert. « C'est ce livre que nous avons dû feuilleter pour connaître la vie de notre malade, que nous ignorions absolument. Il y avait beaucoup de pages arrachées, il fallait les reconstituer. Il a suffi d'appliquer un aimant sur le bras, sur le sommet de la tête, sur la nuque ou sur la cuisse pour faire apparaître tel ou tel état physique entraînant sa mémoire propre... Chaque page correspond à un état de conscience nouveau, mais privé du lien ordinaire des états de conscience successifs, qui est la mémoire ; chacune a sa mémoire psychique et organique, mais cette mémoire commence avec la page et finit avec elle. La feuille tournée, une personnalité nouvelle apparaît. »

De ces expériences et observations devons-nous conclure que la personnalité de l'homme est infiniment variable? que l'unité de la mémoire est un vain mot, comme l'unité du cerveau? qu'il existe deux mémoires au moins, l'une consciente, normale, permanente, l'autre inconsciente et temporaire? que la volonté humaine est essentiellement instable, un morceau de verre qui brille ou l'application d'un aimant suffisant à bouleverser de fond en comble l'état psychique comme l'état physique? Et en dernier ressort, pouvons-nous affirmer que la théorie du libre arbitre est bonne à rejoindre les vieilles lunes?

Autant de questions que l'hypnotisme soulève, mais qu'il ne permet pas encore de résoudre dans un sens ou dans l'autre. Les physiologistes savent depuis longtemps que le cerveau accomplit deux sortes d'actions bien distinctes : les unes sont purement instinctives, automatiques, impulsives ; les autres sont volontaires, conscientes et libres. Comme l'a dit un correspondant anonyme de la *Revue de l'Hypnotisme*, l'homme est à la fois un animal et un végétal, il a un système nerveux végétatif et un système nerveux animal. Eh bien! le mérite de l'hypnotisation, c'est de mettre en évidence les manifestations extérieures de ces deux systèmes, en faisant alternativement prédominer l'un ou l'autre. L'état léthargique permet de voir l'homme plante, qui respire, mais reste inerte là où il est. Dans la catalepsie, c'est un automate parfait, passif ou actif au gré de l'expérimentateur, comme une machine dont on monte le ressort. Dans le somnambulisme, c'est la machine pensante, mais esclave de l'idée suggérée.

Dans la vie réelle on retrouve cette alternance d'automatisme et de conscience. Nous avons vu (Chapitre IX) combien de mouvements que nous croyons voulus sont inconscients, combien d'idées que nous croyons personnelles nous sont suggérées par les milieux où nous vivons, combien d'actes que nous croyons raisonnés sont instinctifs ! L'habitude aussi a une grande influence sur nos actions, témoin l'anecdote suivante, rapportée par Chambard : « Alors qu'il était directeur de l'Opéra, le docteur Véron invita un jour à sa table les demoiselles du corps de ballet et leurs mères. Après un repas bien arrosé, les respectables matrones tombèrent dans un sommeil plein de douceur. Une idée bizarre et bien digne d'un médecin, né homme d'esprit, s'empara de l'amphitryon : « Cordon, s'il vous plaît ! » clama-t-il d'une voix tonnante. Et l'on vit alors les dormeuses faire machinalement, mais avec un ensemble parfait, le geste traditionnel, trahissant ainsi l'exercice d'une profession dont leurs filles rougissaient et qu'aucune n'aurait avouée quelques instants auparavant. »

Suggestion par habitude (comme dans le trait précédent), suggestion par intimidation ou par abus d'autorité (affaire Tisza-Eslar), suggestion par séduction ou par surprise (entraînement produit par la voix d'un tribun), suggestion par les milieux sociaux (opinions religieuses, politiques, esthétiques, morales) : la suggestion joue dans notre existence un rôle très important, sur lequel la suggestion hypnotique a puissamment contribué à attirer l'attention. Mais gardons-nous de la considérer comme l'unique mobile de nos actions : nous tomberions dans un fatalisme dangereux, qui, en pratique, supprimerait toute spontanéité et toute responsabilité, et contre lequel d'ailleurs le sens intime proteste énergiquement. La fameuse apostrophe de Guizot aux électeurs de Lisieux : « Vous sentez-vous libres ? » peut être transportée du terrain politique sur le terrain intellectuel et moral. Oui, nous nous sentons libres, et toutes les expériences de l'hypnotisme ne prévaudront pas contre cette vérité. Car, ne cessons pas de le répéter, l'homme qui, hypnotisé, obéit passivement à son hypnotiseur, exécute les ordres quelconques que celui-ci lui donne, cet homme n'est pas dans un état normal. Chez le somnambule la partie végétale, instinctive, la partie plante, prédomine sur la partie animale, consciente ou volontaire ; chez le cataleptique, la première existe seule, la seconde est annihilée. Au point de vue mental, c'est un malade, un malade d'esprit, de mémoire, de volonté. Il serait aussi absurde de généraliser à l'homme sain, éveillé, les observations que ce malade présente, que de juger ce qu'est le mouvement normal des jambes par ce qui se passe chez le paralytique. Mais, de même que l'étude des maladies nerveuses a accru nos connaissances sur le fonctionnement régulier du système nerveux, de même l'hypnotisme contribuera à nous faire connaître la façon dont s'accomplissent ordinairement les opérations de l'esprit. N'assimilons pas l'état morbide à l'état sain ; mais efforçons-nous de tirer de la comparaison de ces deux états les enseignements qu'elle peut donner.

« Notre illusion du libre arbitre, a dit Spinoza, n'est que l'ignorance des motifs qui nous font agir. » C'est le rôle de l'hypnotisme de diminuer cette ignorance : mais à mon humble avis, il ne prouve pas que le libre arbitre soit en tout et pour tout une illusion. Car, nous l'avons vu, l'hypnotisé lui-même est souvent capable d'une résistance qui déroute l'hypnotiseur. A plus forte raison l'homme sain et éveillé, chez lequel la partie pensante et consciente égale au moins en puissance la partie instinctive et automatique, pourra-t-il dans la majorité des cas se montrer rebelle à toute suggestion.

Concluons donc qu'il y a deux parts à faire dans nos actions, les unes suggérées par une foule d'influences étrangères, les autres parfaitement conscientes et volontaires; que la personnalité humaine peut, chez un même individu, revêtir des formes très différentes, mais qu'en général elle est stable et définie ; enfin que la doctrine du libre arbitre est à peine ébranlée par les expériences d'hypnotisme, qui donnent amplement à réfléchir, sont très instructives pour le psychologue, mais ne permettent pas encore d'édifier des théories nouvelles en face de celles de la vieille école.

CHAPITRE XVII

L'HYPNOTISME ET LA RELIGION

Le P. Lacordaire et le magnétisme. — Intolérance de l'évêque de Madrid. — Opinion d'un professeur de théologie. — Histoire de Louise Lateau. — Stigmatisé par suggestion. — Explication des stigmates et des guérisons miraculeuses.

Dans une des brillantes conférences de carême qu'il fit à Notre-Dame de Paris, de 1843 à 1851, le P. Lacordaire fut incidemment amené à dire un mot du magnétisme. Loin de le condamner comme une de ces pratiques mauvaises qui ne peuvent être inspirées que par l'esprit du mal, le grand dominicain le considérait « comme le dernier rayon de la puissance adamique, destiné à confondre la raison humaine et à l'humilier devant Dieu. » En somme c'était, sinon une adhésion formelle, au moins une autorisation accordée aux fidèles de se livrer en toute liberté d'esprit aux expériences de cette nature.

A diverses reprises, le Saint-Siège s'est occupé du magnétisme, dont il a condamné l'usage mauvais, coupable, sans jamais englober dans ses anathèmes l'emploi qui peut en être fait dans un but purement scientifique. C'est ainsi que dans l'acte le plus important que la Cour pontificale ait fait paraître à ce sujet, dans la lettre encyclique rédigée par la Congrégation du Saint-Office, en 1856, il est uniquement question des « *abus* du magnétisme », ce qui est implicitement reconnaître que tout n'est pas condamnable en cette matière. Jusqu'ici les évêques français, s'inspirant de l'esprit de ce document, se sont élevés contre certaines manœuvres coupables des magnétiseurs, contre certaines interprétations opposées aux lois de l'Église, mais non contre le magnétisme pris en lui-même.

Il n'en est pas de même en Espagne, où l'évêque de Madrid a formellement condamné l'hypnotisme, même scientifique, même thérapeutique, dans une lettre pastorale de la fin de l'année 1888. « Quelle que puisse être son importance, et sa plus ou moins grande utilité comme élément thérapeutique, il n'est pas permis d'en user dans les conditions périlleuses où il est manifesté, parce que, dans l'emploi des moyens physiques pour produire des phénomènes qui ne sont pas naturels, on ne trouve pas la proportion rationnelle qui doit toujours exister entre la cause et ses effets... On doit tenir pour réprouvées les pratiques hypnotiques, toutes les fois que la personne qui y aura été soumise ne pourra s'en tirer, étant donnés les maux physiques et moraux qu'elles produisent, au témoignage même des hypnographes, sans un grave dommage pour sa dignité, sans l'affaiblissement de sa conscience, sans de répugnants désordres dans les affections de son cœur, sans un amoindrissement de sa liberté et sans de grands désordres en tout son être. »

Tolérance d'un côté, réprobation universelle de l'autre : voilà qui montre bien que les médecins n'ont pas le privilège des dissensions *entre confrères*. Je serais, pour ma part, fort perplexe entre ces opinions contraires, si l'abbé Élie Méric, professeur à la Sorbonne, n'était intervenu dans ce débat scientifico-religieux, juste à point pour nous fournir la réponse à faire à l'évêque de Madrid. « L'auteur (de la lettre pastorale) affirme que l'hypnotisme est très dangereux au point vue physique, pour la santé des malades. Je réponds oui, il en est ainsi quand l'hypnotiseur est un imprudent ou un charlatan; non, quand l'hypnotiseur est un homme de science, un médecin consciencieux. — L'auteur ajoute : L'hypnotisme est très dangereux au point vue moral, parce que le magnétiseur peut abuser de la femme magnétisée et commettre un crime. Je réponds : oui, quand le magnétiseur est un misérable; non, quand le magnétiseur est un médecin honnête. Les troubles physiques et moraux ne découlent pas irectement de l'hypnotisme, ils sont l'effet de la malice personnelle de celui qui les produit. Qui voudrait proscrire l'usage de la morphine, de l'opium du chloroforme, parce qu'un misérable peut profaner, outrager le sujet endormi ?...

» Je fais respirer à un homme un linge imbibé de quelques gouttes de chloroforme, il s'endort. Je ne sache pas que l'on ait jamais condamné le chirurgien qui fait une opération chirurgicale sur un malade endormi. Mais si j'abuse de ce sommeil pour suggérer au malade une pensée mauvaise — le sujet, ainsi endormi, cause quelquefois avec son chirurgien, tandis que la sensibilité est abolie — je me rends coupable d'un acte mauvais. Il faut donc distinguer avec le Saint-Siège et avec la science le phénomène de l'hypnose et l'usage que des misérables peuvent en faire, et il ne faut pas prétendre, comme on l'a fait quelquefois avec une témérité qui irrite les savants, que le magnétisme est condamné...

» Quand il croit nécessaire de recourir à la suggestion, que fait le médecin? Est-il vrai que, dans ce cas du moins, il diminue ou supprime la liberté? Je ne le crois pas. Dans l'immense variété des affections nerveuses, le rôle de l'hypnotiseur consiste simplement à réveiller l'énergie de l'âme, à lui suggérer de la force vitale, à déterminer la volonté à faire sentir au corps son action, sa puissance, son influence plastique. Le malade ainsi hypnotisé, puis réveillé, reste libre, absolument libre, dans l'ordre moral et religieux. Il nous paraît donc qu'il n'est pas exact d'affirmer que l'hypnose abolit la liberté morale, dégrade l'homme, et qu'on doit la flétrir.

» Ainsi donc, quand je considère l'hypnotisme médical, thérapeutique, soit en lui-même et sans l'élément suggestif, soit quand il est uni à la suggestion, je constate qu'il laisse intact le domaine religieux et moral; il respecte la raison, la conscience, la liberté morale placée en face de la loi du devoir naturel et surnaturel. Que l'on flétrisse les magnétiseurs de foire et de carrefour, qui cherchent dans l'hypnose unie aux suggestions un amusement coupable aux dépens des facultés morales et de la dignité de l'homme, c'est un devoir; mais nous estimons qu'il n'est pas permis de traiter avec cette rigueur le médecin expérimenté, prudent, intègre, qui a recours, dans des cas déterminés, à l'influence hypnotique. »

Il y a certainement des réserves à faire au sujet de « l'influence plastique de l'âme sur le corps », qui est bien le comble de l'animisme et du vitalisme réunis. Mais sur tous les autres points, on ne peut qu'approuver l'argumentation de l'abbé Méric, particulièrement en ce qui concerne la distinction entre les « magnétiseurs de foire et de carrefour » et les hypnotiseurs honnêtes et expérimentés. Ces derniers, n'étant pas plus nuisibles au point de vue psychique que physique, laissant intacte la liberté morale de l'homme, n'utilisant leur ascendant momentané que pour guérir les malades et faire avancer la science, ne portent aucune atteinte à la dignité humaine, et n'ont pas plus à redouter les foudres ecclésiastiques que le jugement de leur propre conscience. Mais il est bon de voir une plume autorisée permettre aux catholiques de recourir à l'hypnotisme médical et thérapeutique, comme à tout autre moyen de soulager l'humanité souffrante.

Le savant professeur de la Sorbonne accepte-t-il également l'explication scientifique que l'hypnotisme prétend donner de certains phénomènes considérés jusqu'ici comme miraculeux? j'en doute; et pourtant je n'hésite pas à présenter cette explication à mes lecteurs, parce qu'elle s'appuie sur des faits bien observés, dont il est impossible de ne pas tenir compte.

Voici d'abord le cas de Louise Lateau, la stigmatisée de Bois-d'Haine (Belgique). Cette jeune fille, depuis longtemps anémique, affaiblie, nerveuse, avait dix-huit ans, lorsque le 24 avril 1868, un vendredi, douze jours après Pâques, elle se plaignit de douleurs dans la main gauche, qui bientôt présenta une marque rouge, d'où le sang sortit spontanément : c'est le premier stigmate. Le vendredi suivant, mêmes manifestations au niveau du pied gauche : second stigmate. Huit jours après, stigmates à la main et au pied droits, ainsi qu'au côté gauche de la poitrine. Cinq mois plus tard, le sang ruisselait du front, toujours spontanément.

On avait ainsi les stigmates au grand complet, toute la lyre : les empreintes des clous aux pieds et aux mains, la marque du coup de lance au côté, les traces de la couronne d'épines sur la tête. En même temps, la malade, complètement insensible, en état d'extase, mimait très exactement les diverses scènes de la passion du Christ.

Il n'en fallait pas tant pour faire crier *au miracle* par les croyants, *à la supercherie* par les autres, et six ans plus tard Virchow s'en tenait encore à son fameux dilemme : *Supercherie ou miracle !* Pourtant, dès 1869, M. Delbœuf, professeur à l'Université de Liège, avait invoqué l'influence possible du moral sur le physique pour expliquer la production des stigmates de Louise Lateau, et s'était demandé si, dans certains cas exceptionnels, l'imagination ne pouvait pas déterminer une modification organique ordinairement soustraite à notre volonté, une hémorragie réelle, par exemple. Mais c'était là une conception théorique ; l'hypnotisme, ou plutôt la suggestion hypnotique, s'est chargée récemment de lui donner une sanction pratique.

MM. Bourru et Burot avaient dans leur service hospitalier, à Rochefort, un jeune homme, V... paralysé et insensible du côté droit du corps. Un jour, un de ces médecins dit à V..., après l'avoir mis en état de somnambulisme : « Ce soir, à quatre heures, après t'être endormi, tu te rendras dans mon cabinet, tu t'assoiras dans le fauteuil, tu te croiseras les bras sur la poitrine, et tu saigneras du nez. » A l'heure dite, il s'endort, va s'asseoir dans le fauteuil indiqué, et perd quelques gouttes de sang par la narine gauche.

Un jour, on traça le nom du malade sur ses deux avant-bras avec un stylet mousse, en lui suggérant qu'à quatre heures du soir, il saignerait au niveau des lignes tracées, et que son nom paraîtrait en lettres de sang. Au moment fixé, le malade s'endormit de lui-même : bientôt les caractères apparurent en rouge vif au bras gauche, en même temps que quelques gouttes de sang suintaient. Le bras droit paralysé ne présenta ni sang, ni stigmates.

Transféré à Lafond, près de La Rochelle, le même individu fut, entre les mains du docteur Mabille, directeur de cet asile, le sujet d'expériences semblables, qui réussirent aussi bien. Là un fait nouveau se produisit : un jour que V... avait été mis en état de somnambulisme en vue de combattre ses insomnies, il se mit à renouveler *spontanément* la série des expériences auxquelles il avait été soumis antérieurement ; et, à la fin de cette crise, on constata sur son bras la présence d'un V couvert de sang à la place où cette lettre avait été suggérée deux jours auparavant : le V reparut deux fois dans la même nuit, sans aucune suggestion actuelle.

Comment ne pas établir un rapprochement entre ce jeune homme et la stigmatisée du Bois-d'Haine ! Chez le premier, le sang coule du nez, afflue vers l'avant-bras, sans la moindre lésion physique, par la seule action psychique de l'idée suggérée :

l'expérimentateur commande au sujet de saigner en tel point du corps, à tel moment du jour, et l'ordre s'exécute au point et au moment fixés. Louise Lateau, d'esprit mystique, se livre pendant la semaine de Pâques à toutes les macérations et méditations commandées par l'Église, son imagination exaltée assiste à tous les actes de la Passion, voit se dérouler toutes les scènes du crucifiement ; l'idée des souffrances produites par les clous, la lance, la couronne d'épines, s'impose à cette âme sensible, et un vendredi, quinze jours après le Vendredi saint, cette idée s'extériorise sous la forme matérielle d'un premier stigmate ; les autres stigmates apparaissent justement les vendredis suivants, jours commémoratifs de la mort du Christ. Chez l'un, la suggestion est venue d'autrui ; chez l'autre, il y a eu autosuggestion ; dans les deux cas, la résultante est la même : envahissement du cerveau par une pensée unique ou prédominante, et transformation de cette pensée en un fait physique.

Cette transformation est certainement très curieuse ; mais elle n'est pas plus miraculeuse que les purgations ou vésicatoires d'origine imaginative que nous avons déjà signalés (chapitres VIII et IX). Elle montre que la volonté peut avoir une réelle influence sur des phénomènes organiques qu'on en croyait jusqu'ici complètement indépendants, et explique les stigmates de Louise Lateau et autres personnages célèbres, saint François d'Assise, par exemple. « Il en fut marqué, dit M. A. Maury, le jour de l'Exaltation de la Croix, sur le mont Alverne, par Jésus-Christ, qui lui apparut sous la figure d'un Séraphin ailé, et des blessures duquel s'échappèrent des traits de flamme qui percèrent ses membres et un côté. Saint Bonaventure dit avoir vu ces plaies, et ajoute qu'elles rendaient du sang. Depuis, Benoît de Reggio, Charles de Saeta, Angel del Pas, Mathieu Carery, Agolini de Milan, le frère lai Dodo, Philippe d'Acqueria, et principalement des femmes, parmi lesquelles il faut placer sainte Gertrude, sainte Sidoine, sainte Hélène de Hongrie, sainte Ozanne de Mantoue, sainte Ida de Louvain, sainte Christine de Strumbelen, sainte Jeanne de la Croix, sainte Lucie de Marni, ont présenté sur leurs membres des impressions analogues. Plusieurs stigmatisées appartiennent à ce siècle; telles sont : Colombe Schanolt, Madeleine Lorger, Rose Serra, Anne-Catherine Emmerich, la stigmatisée du Tyrol et celle des environs de Grasse. »

C'est encore par une extrême concentration de la pensée sur un épisode connu de l'histoire religieuse qu'on peut expliquer les extases dans lesquelles tombaient sainte Thérèse, sainte Marie de l'Incarnation, sainte Brigitte, etc. « Les yeux se ferment d'eux-mêmes, ou, s'ils demeurent ouverts, ils ne voient presque rien; ils ne sauraient lire, quand ils le voudraient; ils connaissent bien que ce sont des lettres, mais ils ne peuvent pas les distinguer ni les assembler, parce que l'esprit n'agit point alors; et si l'on parlait à cette personne, elle n'entendrait rien de ce qu'on lui dirait; elle tâcherait en vain de parler, parce qu'elle ne saurait ni former ni prononcer une seule parole. Toutes les forces extérieures l'abandonnent, et celles de son âme augmentent pour pouvoir mieux posséder la gloire dont elle jouit. »

Physiologiquement, cela signifie que, sous l'empire d'une idée fixe, le mouvement cesse, la sensibilité générale est abolie, la vie de relation est suspendue. La respiration et la circulation du sang continuent, mais la vie organique est réduite au minimum, d'où la possibilité de passer sans manger et sans boire un temps relativement extraordinaire; les sens sont fermés aux choses extérieures, mais traduisent les conceptions erronées du cerveau, d'où les visions surnaturelles et les hallucinations de l'ouïe. Ce que l'exaltation religieuse a produit chez les extatiques célèbres de tous les temps, l'hypnotisme le réalise facilement de nos jours, soit par suggestion, soit par un procédé physique comme la fixation du regard, l'audition d'un bruit monotone, etc. Dans tous les cas, le système nerveux est placé dans un état spécial, qui le fait temporairement fonctionner d'une manière anormale.

La part de l'imagination n'est pas moins grande dans les guérisons surprenantes que la foi religieuse a réalisées et réalise encore chez les croyants. Autrefois, un pèlerinage à Saint-Denis, au tombeau de saint Louis, suffisait; aujourd'hui, il faut aller à Lourdes. Les esprits superficiels se contentent de lever les épaules et de nier les cures constatées; les savants acceptent tous les faits qui sont bien observés, et en cherchent l'explication naturelle. Eh bien, il n'est pas douteux que l'eau de la source de Massabielle n'ait guéri, d'une façon même définitive, des maladies purement nerveuses, paralysies, contractures, anesthésies, etc. Une émotion morale vive, un ensemble d'événements qui frappent fortement l'imagination, sont souvent l'occasion de semblables guérisons, au dire du professeur Charcot, qui en a observé des exemples. Comment le fervent catholique qui s'en va tremper dans le bassin de la grotte de Lourdes sa jambe paralysée, ne serait-il pas vivement ému? Pourquoi cet ébranlement de l'imagination ne produirait-il pas la guérison que procurent si souvent les émotions d'un autre ordre, ou qu'amène l'hypnotisme, avec ou sans suggestion?

En ce siècle de science et de liberté de conscience, il convient d'être indulgent pour nos prédécesseurs qui ne possédaient pas tous nos moyens d'investigations, et d'être respectueux des convictions d'autrui. Mais ce n'est, je crois, aucunement atteindre la véritable foi religieuse que d'affirmer le caractère naturel, physiologique de certains faits qu'on a longtemps considérés comme merveilleux. Les stigmates, les extases, les visions, les guérisons soi-disant miraculeuses, rentrent dans cette catégorie, et ce n'est pas un des moindres services rendus par l'hypnotisme que d'en avoir, par l'étude de la suggestion, rendu l'explication toute simple et scientifique. Démontrer qu'il n'y a dans ces phénomènes ni supercherie ni miracle, c'est à la fois rendre hommage à la véracité de ceux qui les ont relatés, et satisfaire l'esprit positif de ceux auxquels le surnaturel inspire plus d'éloignement que d'enthousiasme.

CHAPITRE XVIII

L'HYPNOTISME DANS LES ARTS, LE ROMAN ET LA PRESSE

La possession démoniaque dans les fresques du dix-septième siècle. — L'hypnotisme et les peintres contemporains. — *Ursule Mirouet* et *Joseph Balsamo*. — *Jean Mornas* et *Alphonsine*. — Nécessité de vulgariser la connaissance de l'hypnotisme.

Bien avant que l'hypnotisme eût reçu de Braid le baptême scientifique, avant même que Mesmer eût édifié sa doctrine du fluide animal, on avait observé l'extase et la léthargie, la catalepsie et le somnambulisme, avec les crises convulsives qui les précèdent ou suivent fréquemment, avec la suggestion et l'autosuggestion qui en sont souvent le point de départ. Mais l'explication de ces phénomènes laissait fortement à désirer : on les attribuait à Dieu ou au diable, aux bons génies ou aux esprits malfaisants, et ceux qui les présentaient s'appelaient des *possédés*, des *sorciers*, des *démoniaques*, des *convulsionnaires*.

Or, si à ces époques lointaines le roman n'existait guère plus de fait que de nom, les beaux-arts florissaient déjà et, comme il arrive encore de nos jours, traduisaient en grande partie les idées du temps. C'est pourquoi on trouve dans des toiles fort anciennes des scènes de possession et d'exorcisme, qu'il est intéressant d'étudier au point de vue de la vérité scientifique, telle que nous la possédons aujourd'hui, car si les mots ont changé, si l'interprétation diffère, les faits n'ont pas varié; ils se déroulent sous nos yeux comme ils se passaient devant les vieux maîtres, et il est curieux, en hypnotisme comme en toute autre chose, de juger la façon dont ceux-ci ont rendu ce qu'ils voyaient.

Tel a été le but de MM. Charcot et P. Richer, qui ont eu l'idée « de rechercher, parmi les œuvres d'art les plus diverses : ivoires, émaux, tapisseries, gravures, tableaux, etc., celles qui ont spécialement trait aux représentations de démoniaques convulsionnaires. » C'est le christianisme, nous l'avons dit, qui a importé dans les esprits l'idée du diable, inconnu des anciens. Aussi faut-il arriver aux premiers siècles de l'ère chrétienne pour voir cette conception prendre place en peinture. Au moyen âge, « la possession est figurée d'une manière toute conventionnelle. Le possédé n'offre rien de caractéristique ni dans ses traits, ni dans son attitude. Selon le mode antique qui avait déjà représenté l'âme s'échappant du corps sous la forme d'une petite figure nue, le démon est figuré par un petit être, parfois ailé, qui s'échappe soit de la bouche, soit du crâne de l'exorcisé. Plus tard, cette figure d'exorcisé prend des traits plus précis; le démon a des cornes, une queue, des griffes; il revêt des formes d'animaux étranges. Mais le symbole tend à devenir l'accessoire, et le démoniaque lui-même acquiert peu à peu des caractères de réalité saisissante. »

C'est dans les œuvres du seizième et du dix-septième siècle que cette réalité atteint son apogée, dans les fresques d'André del Sarto ou du Dominiquin. Tous deux ont représenté des scènes d'exorcisme, et on ne peut douter qu'elles ont été peintes d'après nature, tellement l'incurvation du corps en arrière et l'attitude entière des exorcisés sont conformes à ce qu'on observe dans ce que nous nommons actuellement l'hystérie. « La reproduction est même si fidèle, dit M. Charcot, que lorsqu'il se présente à ma consultation un jeune garçon atteint de crises nerveuses dont le diagnostic paraît douteux, j'ai coutume de placer sous les yeux de la mère une copie de la fresque du Dominiquin, et si elle me dit : « C'est bien comme cela » que fait mon enfant », je n'hésite pas à affirmer qu'il s'agit là non pas de l'épilepsie, mais de l'hystérie. »

Rubens seul a égalé, surpassé même ces maîtres, par le talent d'observation et le respect absolu de la vérité. Chez lui, rien de conventionnel, rien de fantaisiste : c'est la nature prise sur le fait, c rendue dans toute son effrayante réalité. « La possédée du tableau du musée de Vienne, *Saint Ignace guérissant les possédés*, est à cet égard particulièrement instructive. Elle offre l'image d'une crise de grande hystérie des plus classiques et portée à son plus haut degré de développement : gonflement énorme du cou, convulsion des globes oculaires, renversement du corps en arrière, mouvements de violence des mains dont l'une déchire les vêtements, tandis que l'autre arrache les cheveux..., rien n'a été omis. Cette figure de possédée est une image si fidèle de la nature que, sous tous ses aspects, elle demeure vraie, aujourd'hui encore. »

A la fin du dix-neuvième siècle, il ne saurait être question de diables ailés et cornus, munis de griffes et de queues ; l'allégorie est morte, au moins celle qui s'éloignerait à ce point de la réalité. Comme nous ne croyons plus à la possession démoniaque, ni à l'exorcisme qui en était la conséquence, la représentation symbolique de pareils sujets aurait un succès modéré. Aussi lorsqu'un peintre contemporain veut nous montrer une scène d'hypnotisme, il s'en va d'abord à la Salpêtrière, assiste aux leçons du professeur Charcot, grave dans sa mémoire l'attitude de l'hystérique ou de l'hypnotisée, et nous rend aussi fidèlement que possible tous les détails de l'expérience qu'il a eue sous les yeux. C'est ce qu'a fait M. Brouillet, dont nous avons retrouvé avec grand plaisir, au

teur, l'impitoyable disséqueur des hommes et des choses, n'hésite pas, dans *Ursule Mirouet*, à mettre en scène une brave somnambule, qui, avec une lucidité presque égale à celle de madame Blavatsky, l'initiatrice des théosophes, voit par la pensée à plus de vingt lieues, de Nemours à Paris. Bien mieux, le spiritisme le tente, et, dépassant les prodiges des tables tournantes, jaloux de la gloire de la Pythonisse d'Andor, il réveille un mort, mon confrère Minoret, qui, en quittant la terre, avait oublié de révéler à l'intéressée un secret important dont il était dépositaire.

Dumas n'est pas moins hardi dans les *Mémoires de Joseph Balsamo*, où le fluide magnétique a, comme on sait, un rôle considérable, et joue des tours pendables à ces deux névrosées qui ont noms Andrée de Taverney et Lorenza. Cagliostro, ce type du rastaquouère de l'ancien temps, possède une puissance bien supérieure à celle de Mesmer, son émule, puisqu'il lui suffit de vouloir pour endormir ses victimes et les asservir à sa volonté, quelle que soit la distance qui le sépare d'elles.

Un auteur contemporain qui aurait recouru à de pareils artifices serait accueilli par des témoignages presque unanimes d'incrédulité. Aussi les romanciers du jour évitent-ils avec soin cet écueil : quand ils veulent faire intervenir l'hypnotisme, ils font comme M. Brouillet, ils vont l'étudier, d'après nature, à la Salpêtrière.

C'est ainsi qu'a procédé M. Jules Claretie, dont

les visites dans le fameux asile nous ont valu non seulement la chronique du *Temps* que j'ai reproduite ailleurs (chapitre xv), mais encore *Jean Mornas*, un ouvrage qui a révélé la suggestion hypnotique au grand public, et qui a le grand mérite de ne rien contenir qui ne puisse véritablement arriver. En effet, l'auteur nous montre une jeune fille hystérique, qui, après avoir été souvent hypnotisée par un même individu, devient éminemment suggestible, soumise à toutes les volontés de son hypnotiseur habituel; de sorte que, le jour où celui-ci lui ordonne par suggestion d'aller à Versailles dérober à un vieillard paralytique et aveugle les billets de banque enfermés dans un vieux bouquin, dont le misérable lui indique exactement la place, elle obéit inconsciemment, malgré ses instincts d'honnêteté native.

Dans *Alphonsine*, de M. Ad. Belot, l'intrigue est plus compliquée : le criminel, Louis Chassin, ne se borne pas à faire assassiner Charles de Givray par Alphonsine, qu'il a hypnotisée, et qui, malgré son irresponsabilité, est condamnée aux travaux forcés; il épouse la femme de sa victime, prend sur elle la même influence qu'il avait sur Alphonsine, lui fait écrire par suggestion de nombreuses lettres à des amants imaginaires, et répond par la menace d'un procès en adultère au baron Robert, qui a pris la défense de madame Chassin. Mais le baron, qui est initié aux mystères de l'hypnotisme, fait servir celui-ci à la découverte de la vérité, à

Palais des Beaux-Arts du Champ-de-Mars, la toile exposée déjà au Salon de 1887 : *Une leçon de clinique à la Salpêtrière.*

Je laisse aux critiques d'art le soin d'apprécier le dessin, le coloris, la composition de ce tableau. Je me borne à constater, après avoir assisté à ces instructives leçons, l'exactitude scrupuleuse avec laquelle la scène est rendue. A ce point de vue, la ressemblance et le groupement des assistants sont évidemment secondaires; la position du professeur et de ses aides, si naturelle qu'elle soit, n'est pas encore le fait capital : ce qu'il faut louer avant tout, c'est l'expression de physionomie de la jeune femme au début de la crise, c'est la position de son corps qui s'incurve en arrière, raide et contracturé, c'est cet ensemble inoubliable d'une hystérique hypnotisée. Cette constatation faite, je me demande pourquoi ce tableau, comme bien d'autres, est trouvé trop réaliste par ceux mêmes qui admirent, à bon droit, les fresques du Dominiquin ou de Rubens. Est-ce parce que M. Charcot est autrement vêtu que saint Nil ou que saint Ignace ? Est-ce parce que l'auteur, marchant avec son siècle, a bravement appelé un chat un chat, une hystérique une hystérique, au lieu d'employer les vieux mots de possédé et d'exorcisé ? Remarquez bien que je ne compare pas le talent de M. Brouillet à celui de Rubens. Je m'en tiens au choix du sujet, au milieu tout moderne dans lequel il se passe, et, après m'être étonné des chicanes cherchées au peintre à ce propos, je le félicite d'avoir été plus heureux que M. Gervex, dont le *Rolla* s'est vu refuser l'admission au Salon parce que son héros était vêtu d'une chemise et d'un pantalon, comme vous et moi au saut du lit, au lieu d'être déguisé en cygne ou en taureau, comme Jupiter allant à la conquête de Léda ou d'Europe.

Quoi qu'il en soit, ce n'est pas d'hier que l'hypnotisme, la suggestion et l'hystérie ont, sous un nom ou sous un autre, pris en peinture une place honorable. Ils y ont eu pour introducteurs des maîtres célèbres : rien ne s'oppose à ce que ceux-ci soient imités par leurs descendants.

En littérature, l'hypnotisme a parcouru les mêmes étapes, avec une phase intermédiaire où l'influence du magnétisme s'est fait sentir. Il faudrait remonter, sinon au déluge, du moins aux Hindous, aux Grecs et aux Romains, pour tracer complètement l'histoire littéraire de la première période, période de mysticisme et de religiosité à outrance. Ayant déjà esquissé cette histoire (chapitre 1er), dans les limites que comporte cet ouvrage, nous pouvons arriver tout de suite à la première moitié de ce siècle, où deux féconds romanciers, Balzac et Alexandre Dumas, ont abordé notre sujet.

Il faut avouer que, si ces deux auteurs ont fait preuve de grande imagination, ils se sont peu souciés de la vérité scientifique en ce qui concerne l'hypnotisme. Balzac lui même, le grand observa-

la condamnation du véritable auteur du meurtre, et à la satisfaction des cœurs sensibles.

Mais peu nous importent les développements du roman. Ce qu'il faut retenir, c'est que dans les deux ouvrages il n'est plus question de fluide, de magnétisme, de puissance mystérieuse : il s'agit uniquement de suggestion hypnotique, et les conditions dans lesquelles elle se réalise sont conformes à ce que nous enseigne l'expérience. Les auteurs ont choisi leurs héroïnes dans la classe des individus spécialement hypnotisables; ils ont fait pétrir, assouplir longtemps à l'avance la volonté de la future voleuse ou meurtrière, par celui qui dirigera sa main; ils ont habilement groupé les circonstances propres à rendre possible la réalisation de l'ordre suggéré, et à empêcher de reconnaître, au moins sur-le-champ, le vrai coupable. En somme, c'est sous une forme romanesque la reproduction exacte des tentatives expérimentales faites à la Salpêtrière ou à Nancy.

Ainsi il en est de la littérature comme de la peinture : l'une et l'autre, si étrangères qu'elles paraissent au mouvement scientifique, le suivent consciemment ou non; la place prise par l'hypnotisme dans le roman et les beaux-arts, les diverses manières dont il a été interprété par les littérateurs et les peintres, montrent une fois de plus que toutes les conceptions de l'esprit humain se rattachent les unes aux autres, et à travers les âges, par un lien mystérieux.

Est-il bon qu'il en soit ainsi ? Est-il bon que la grande voie de la presse se soit jointe aux autres moyens de diffusion de la pensée pour faire connaître à tous l'existence de l'hypnotisme et de la suggestion ? Oui, cela est utile, mais à la condition expresse que tous ceux qui tiennent une plume ou un pinceau se bornent à rendre ce qu'ils ont vu, et, quand ils ne sont ni médecins, ni physiologistes, ni psychologues, évitent de tirer une interprétation hâtive des expériences auxquelles ils assistent. Ce n'est pas dans les séances des Donato et des Hansen que le journaliste trouvera les éléments nécessaires à l'instruction de ses lecteurs, mais bien dans les expériences des savants qui savent ce qu'ils cherchent, et qui comprennent ce qu'ils voient. Il ne s'agit pas d'effrayer le public, de frapper les imaginations, par le récit de faits surprenants, toujours suspects de compérage et de fourberie ; il faut simplement dire ce qu'est l'hypnotisme, le parti qu'on en peut tirer, les dangers qu'il peut avoir. En agissant ainsi, la presse fera une fois de plus œuvre utile et moralisatrice : elle contribuera à combattre cet amour du merveilleux et du surnaturel qui se trouve au fond de tous les esprits simples, et qui est un des plus puissants auxiliaires de l'obscurantisme.

FIN

TABLE DES MATIÈRES

Au Lecteur.. v
Chapitre premier. — Considérations historiques générales.. 1
Chapitre II. — Mesmer et le magnétisme animal... 24
Chapitre III. — Les successeurs de Mesmer, Puységur et le somnambulisme....................... 42
Chapitre IV. — Braid et l'hypnotisme moderne.... 57
Chapitre V. — Procédés d'hypnotisation, sujets hypnotisables.. 69
Chapitre VI. — Principaux phénomènes observés dans l'hypnotisme.................................. 93
Chapitre VII. — Suggestions hypnotiques......... 114
Chapitre VIII. — Suggestions post-hypnotiques.... 142
Chapitre IX. — Suggestions pendant la veille..... 166
Chapitre X. — L'école de Paris et l'école de Nancy.. 191
Chapitre XI. — Les somnambules lucides et les magnétiseurs de profession, — le spiritisme et les sciences occultes.. 203

TABLE DES MATIÈRES

Chapitre XII. — Dangers de l'hypnotisme 229
Chapitre XIII — L'hypnotisme et la thérapeutique. . 244
Chapitre XIV. — L'hypnotisme et la pédagogie. . . . 261
Chapitre XV. — L'hypnotisme et la médecine légale. 274
Chapitre XVI. — L'hypnotisme et la philosophie. . . 298
Chapitre XVII. — L'hypnotisme et la religion. 312
Chapitre XVIII. — L'hypnotisme dans les arts, le roman et la presse. 325

ÉMILE COLIN — IMPRIMERIE DE LAGNY

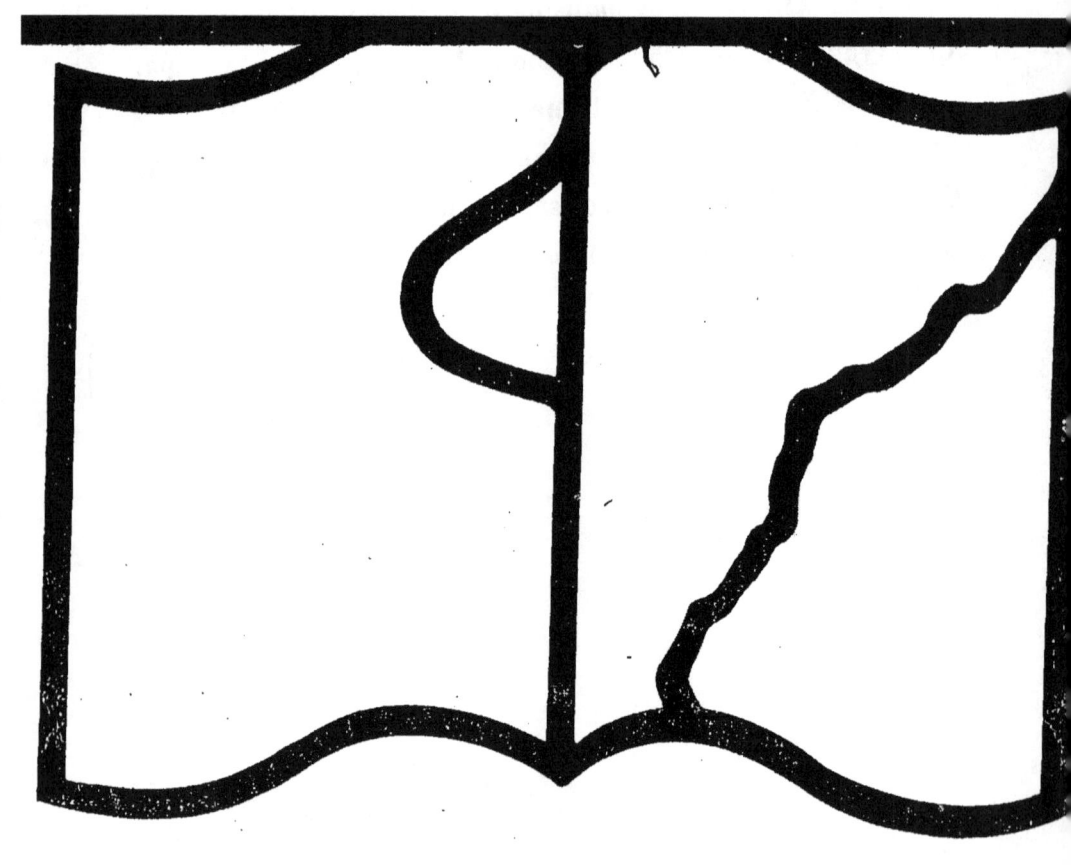

Texte détérioré — reliure défectueuse

www.ingramcontent.com/pod-product-compliance
Lightning Source LLC
Chambersburg PA
CBHW060329170426
43202CB00014B/2724